한국의 대학: 도전과 변화

나남
nanam

권 태 준

1937년생. 서울대 법과대학을 졸업했고,
미국 SMU(Southern Methodist University)와 예일대학에서 각각 법학석사,
그리고 미국 뉴욕 주립대(버팔로)에서 정책학 박사학위를 받았다.
서울대 법대, 행정대학원 교수를 거쳐 환경대학원 교수로서
동 대학원 원장과 유네스코 한국위원회 사무총장을 역임했다.
동 환경대학원 교수로 정년퇴직한 뒤 현재 동 명예교수와 에코포럼 공동대표로 있다.
그 사이 경제정의실천시민연합(경실련) 공동대표도 지냈으며,
《한국의 세기 뛰어넘기》, 《분배의 의식화시대》, 《정책학개론》,
《지역사회개발론》 등을 저술 또는 공저했다.

나남신서 1566
한국의 대학: 도전과 변화

2011년 7월 5일 발행
2011년 7월 5일 1쇄

지은이_ 權泰埈
발행자_ 趙相浩
발행처_ (주) 나남
주소_ 413-756 경기도 파주시 교하읍
　　　출판도시 518-4
전화_ (031) 955-4600 (代)
FAX_ (031) 955-4555
등록_ 제 1-71호(1979.5.12)
홈페이지_ http://www.nanam.net
전자우편_ post@nanam.net

ISBN 978-89-300-8566-3
ISBN 978-89-300-8001-9(세트)
책값은 뒤표지에 있습니다.

나남신서 1566

한국의 대학: 도전과 변화

권태준 지음

나남
nanam

Korean Universities: Challenge and Change

by

Tai-Joon Kwon

nanam

머리말

이 책은 나의 자성록(自省錄)과 다름없다. 본업에 충실치 못했던 대학교수 36년에 대한 자성이다. 퇴직한 지 10년 가까이 되니 이제야 지난 현직 시절 내 모습을 좀 담담하게 되돌아 볼 수 있게 되어, 혹 우리 대학발전에 조금이나마 도움이 되지 않을까 싶어 써보기로 했다.

나는 우리네 대학에 관해서 남들보다 조금은 더 알고 있다는 생각에서이기도 하다. 이 글은 학생 시절과 조교로 봉직한 기간까지 합치면 46년 동안의 체험에 근거한 것이다. 게다가 선고(先考)께서도 해방과 독립 이후 15~16년 동안 대학교수로 계셨기에, 나의 대학에 관한 견문(見聞)과 체험 기간은 한국 대학의 역사와 거의 같다. 이런 견문과 체험에 따른 생각이 오늘 대학을 걱정하고 있는 이들에게 조금이나마 조언(助言)이 되지 않을까 싶어서이다.

지난 현직 시절을 돌이켜 보면, 과분한 대우를 받고 지냈다는 생각이 앞선다. 교수 발령을 받은 이후 10여 년간의 봉급은 생계가 어려울 정도였지만, 내 직업의 사회 신분적 대우는 과분할 정도였다. 몇 년 전까지만 하더라도 자식의 장래 직업에 대한 부모들의 선호 순위에 대학교수직은 줄곧 1, 2위에 있었다.

1960년대 초 대학을 졸업하고 미국에 유학할 때 처음 안 사실이지만, 당시 그곳의 대학교수에 견주어 한국의 우리 선생님들이 훨씬 더 높은 사회적 대우를 받았다. 1960년대 초와 오늘을 비교하면 옛날이 훨씬 더 좋았던 것 같긴 하지만, 지금도 사회적 대우는 다른 나라에서보다 높은 것 같다. 사실 미국을 포함한 이른바 선진국들의 경우 대학 안에서 아무리 유명한 교수라도 대학 밖에까지 이름이 알려진 사람은 별로 없다. 저들의 유명 교수는 오히려 우리가 더 잘 알고 있는 것 같다.

사회적 대우가 높다는 것은 대학 밖에서 교수의 발언과 참여에 대한 호응과 기대가 그만큼 넓고 크다는 것을 의미한다. 세계에서 두 번째로 많다는 교수들의 이른바 '산학협동'(産學協同) 연구기회도 그 덕이다. 돌이켜 보면 나를 포함한 많은 교수들이 사회적 대우와 기대에 부응(副應)하는 데 급급해, 대학 밖의 일에 너무 많은 시간과 관심을 기울이면서 그만큼 대학 안의 본업에 소홀했던 것 같다.

게다가 1960년대 이후 학생들도 강의실을 박차고 나아가 정치사회운동의 일선에 나섬으로써, 대학 캠퍼스는 가히 정치적 동원의 무대처럼 되었다. 우리 대학생들의 정치참여는 세계에서 유례가 없을 만큼 오래 지속되었고, 한국 대학역사의 초기 30여 년 동안 대학의 본업인 교육은 거의 공백기(空白期)라 해도 과언이 아니다.

최근 10여 년 이래 사정은 상당히 달라졌다고들 한다. 많은 대학들의 승진 또는 정년보장 등의 인사요건이 엄격하게 바뀌어, 연구실적 쌓기에 바빠진 교수들의 대학 밖 일을 위한 시간이 훨씬 적어졌다고들 한다. 그래도 우리 교수들의 캠퍼스 밖의 활동을 보면, 여전히 다른 나라의 경우에 견주어 더 많은 관심과 시간을 바치고 있는 것 같다.

대학이라는 고등교육기관이 시작한 지 반(半)세기 남짓한 동안 그 주인인 교수들의 적극적인 사회참여는 대학발전을 위해서도 다소간의 도움은 되었을 것이다. 하지만 역시 교수의 캠퍼스 밖 활동은 대부분 개인적인 선택이기에, 그에 관심과 시간을 할애한 만큼 대학 안에서 동료 교수들과 협력해서 대학 일을 추진해 나가는 데 소홀해지기 마련이다.

교수들이 이처럼 캠퍼스 밖에서 개인적으로 많은 시간을 바치고 널리 알려지는 동안, 대학 안의 학문/교육 공동체(共同體) 형성과 자율(自律) 자치(自治)의 문제는 등한시 되었다. 교수들은 자신들의 대학문제는 총장과 학장, 재단 이사장 그리고 정부에 맡겨 놓고, 이들 관리책임자들의 방침과 대책에 찬성 또는 비판하는 식으로 수동적으로 반응하는 게 보통이다.

최근 4명의 학생이 연이어 자살하는 불행을 겪은 한 일류 국립대학교에서 그 원인으로 총장의 급진적인 학사(學事)개혁을 거론하면서 그에 반응하는 교수들의 모습과, 1, 2년 전 한 재벌기업의 회장 출신 재단 이사장의 폭넓은 조직개편에 찬반 엇갈린 반응을 하던 서울의 한 유명 사립대학교 교수들의 모습 등이 그 전형적인 예이다.

그런 동안 아들 딸 대학 보내기에 세계 최고 열의를 가진 부모들과 그에 화답한 역대 정권들이, 이 나라 대학의 모든 문제는 곧 입학시험문제라고 치부해 버렸다. 그래서 모든 대학의 입학시험은 정부가 통제 관리하는 것이 당연한 것처럼 되었다. 교수들은 이에 별이의(異議)를 제기하지 않는 동안 지배적 여론은 대학입학시험이 초·중·고등학교 전체 공교육 문제의 뿌리라고까지 여기게까지 되었다.

대학 입학이 이처럼 민감한 국가 정치과제가 됨으로써 엄청나게 많은 대학이 개설된 끝에, 한국의 대학들은 이제 새로운 위기를 맞이하고 있다. 한 대학교 전체 또는 이런저런 학과들이 신입생을 뽑지 못해 폐교·폐과의 위기에 처해 있다.

이 위기는 앞으로 상당히 오랫동안 지속될 것이고, 나라 안 대학끼리뿐만 아니라 나라 밖 대학들과의 경쟁 여하에 따라 조만간 많은 대학의 존폐가 결정될 것이다. 그리고 이 범(汎)지구적 경쟁에는 정부도 대학당국도 별로 큰 힘이 되지 못할 것이다.

범지구적으로 개방된 경쟁과정에서는 대학 또는 학과 통폐합, 축소 같은 기구 조직 개편 정도의 대응효과는 제한적이고 단기적일 것이다. 교육의 목적, 수준, 방법 등에 변화는 없는 기업의 '구조조정' 같은 개혁은 학교 전체의 재정 효율에는 다소간 도움이 되겠지만, 학생 유치에는 별 효과가 없을 것이다.

시대적 변화에 따른 교육 수요변화에 부응하려면 전공과정 구성, 교육방법, 교육효과 관리 등에 획기적인 변화가 있어야 한다. 그렇게 되려면, 교육의 주체인 교수들이 앞장서야 한다. 그리고 교수들의 이런 노력은 한 대학교 전체 교수진의 자율 자치적인 공동체 조직을 통하지 않고서는 성공하기 어렵다. 정부를 비롯한 외부 기관 단체의 지원도 각 대학 교수들의 자율 자치적인 노력의 결의와 실적에 따라 실효성이 좌우될 것이다.

다른 한편 오늘 우리 대학들이 당면하고 있는 도전이 범지구적임은 세계의 다른 나라들도 같은 도전에 처해 있음을 간과할 수 없다. 적어도 이른바 중진국(中進國) 이상 되는 나라들의 대학은 모두 우리와 같이 도전적이고 불확실한 미래를 맞이하고 있다는 말이다.

정녕 그럴진대 이 시대는 한국의 대학들이, 근대적 대학으로서 일천(日淺)한 전통에도 불구하고, 이른바 선진국 대학들과 같은 차원에서 세계중심적 교육기관으로 다시 태어날 수 있는 기회이기도 하다. 이런 시대에 이 나라 교수의 본업은 나의 재직 시절보다 훨씬 더 도전적이고 보람찰 수 있을 것이다. 나의 재직 시절에 대한 자성이 이 시대 교수들의 보람에 조금이나마 보탬이 되기를 바라마지 않는다.

끝으로 이 졸고(拙稿)를 출간한 나남출판의 조상호 사장의 배려와 편집진의 노고에 진심으로 감사드린다.

2011년 6월

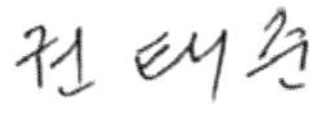

나남신서 1566

한국의 대학: 도전과 변화

차 례

우골탑

1. 대학발전에 기적은 없다

'한강의 기적'이라 불린 경제성장을 체험한 탓인지, 요즘 우리는 대학도 반(半)세기쯤 되었으면 당연히 세계 일류 수준에 와 있어야 된다고 생각하는 것 같다. 최근 수년 내 우리 대학들의 세계적 순위에 대한 관심이 부쩍 늘고, 여태 노벨상 수상자가 나오지 않는 것을 안타까워하는 이들이 많아지는 것도 그 때문이 아닌가 싶다. 아쉽지만 그러나 대학의 수는 '기적'같이 많아질 수 있을지언정, 질(質)의 발전에는 결코 기적 같은 일은 있을 수 없다.

해방 직후 8천 명 정도였던 대학생 수가, 온 나라를 초토화한 전쟁 3년을 포함한 15년 만에 14만 명이 되고 이어 또 30년 만에 20배쯤 늘었다. 이렇게 급속하게 큰 대학들이 세계적 수준으로 발전했기를 기대함은 그야말로 기적을 바라는 것과 같다. 대학의 이런 성장속도는 세계적으로 유례가 없는 데다, 그동안 온 나라가 겪은 고난은 남들보다 훨씬 더 험난했던 터에 어찌 대학만 무사히 발전할 수 있었겠는가.

대학의 발전에는 학문의 발전이 같이 해야 하고, 학문의 발전에는 기적이 있을 수 없다. 대학은 학문발전의 온실이자 성과이다. 학문에서는 남들이 2~3백 년에 성취한 것을 반세기 만에 이루어 낼 수 없다. 학문발전은 기본적으로 누적(累積)과정이다. 앞선 사람들의 연구와 교육 위에 다음 세대 사람들의 것이 쌓여 새로운 실적이 생산된다. 간혹 어떤 '천재'가 전무후무(全無後無)한 업적을 내놓는 경우도 없진 않지만, 그런 경우도 깊이 살펴보면 앞 세대의 연구에 대한 불만 또는 비판에서 출발한 것이다.

20세기 이후 지식과 학문의 세계는 다른 어떤 영역보다 빠르고 넓게 개방되었다. 그래서 뒤처진 나라의 대학이 앞선 나라로부터 수입한 지식에 의지하여 좀 빠른 첫걸음을 내디딜 수는 있다. 지난 반세기 동안 한국 대학들의 약진, 특히 이공학(理工學) 분야의 약진은 상당 부분 그 덕이다.

그러나 장기적으로 보면, 한 대학의 지속적인 발전은 그 대학의 학문적 업적과 능력이 쌓여가는 과정이다. 그럼에도 우리 사회는 모두들 대학에 대해 너무 크고 조급한 기대를 했고 지금도 그렇다. 나를 포함한 교수와 학생도 그랬고 거의 모든 학부모와 정치가들이 그랬다. 이런 조급한 기대와 주문이 대학의 양적 팽창을 부추겼고 대학 캠퍼스를 '정치화'하는 데도 일조(一助)했다. 그래서 대학의 내실(內實) 다지기를 소홀히 하여, 세계의 대학들이 국경을 넘어 생존경쟁을 하는 오늘 21세기에 이르러 새삼 당황하고 있다.

1956년부터 1962년—군대복무 2년 휴학을 포함해서—까지 나의 대학 시절 캠퍼스의 대세는 지적(知的) 자유분방(自由奔放)이었다. 자유분방이라기보다 무질서 상태라 하는 것이 더 정확할지 모르겠다. 이때는 '국립 서울대학교'가 개교한 지 8~12년 된 시기였고, 휴전이 된 지 3년이 되었을 무렵이다. 온 나라가 전쟁의 공포로부터 벗어난 지 얼마 안 된 때였다.

요즘도 그런 것 같지만, 그때 대학 신입생들에게 가장 큰 즐거움은 틀에 박힌 중고등학교 교육으로부터의 해방을 한껏 즐기는 것이었다. 요즘 학생들은 그 즐거움을 다 누리지도 못한 채 취업준비에 몰두하는 모양이지만, 그때 학생들은 취업걱정은 해도 별 수 없는 것이어서 대부분 4년을 어영부영 지내는 형편이었다. '전후'(戰後)(*après guerre*) 피로감 탓이었는지, 1970년대 이후 대학 캠퍼스처럼 국가 정치경제체제에 관한 의식화 운동이나 토론도 시들했다.

대학 재학기간을 그나마 실용적으로 선용(善用)한 친구들은 주로 법과대학에 입학한 '지방' 출신 학생들이었다. 이들은 대부분 1학년 2학기쯤부터 '고등고시'—지금의 사법고시 또는 행정고시—에 열중했다. 이들과 그 부모들은 대학을 나라 중앙으로 '출세'하는 지름길로 여겼기 때문일 게다. 그러나 당시 재학 중 합격자도 극소수였는 데다, 이들은 거의 하루 종일 도서관이나 학교 밖 산속 공부방에서 독학(獨學)자습하는 것이 보통이었기에, 캠퍼스 전체 분위기엔 별 영향을 미치지 못했다.

이 무렵 교실 안팎의 지적 자유분방을 선동하는 이들은 교수들이었다. 대학은 생계를 위해 직업기술을 연마하는 곳이 아니고, 세상의 넓고 깊은 진리를 탐구하고 사색하여 교양을 넓히는 곳이어야 한다고, 우리 선생님들은 항상 강조하였다. 이분들은 해방 전 자신들의 대학생 시절의 사회적 대우와 '낭만'을 자랑해서 우리들의 부러움을 샀다.

우리가 입학한 무렵 한국의 대학교수들은 대부분 해방 전 한국이나 일본 그리고 극소수 서양에서 대학 4년 교육을 마친 학사(學士)들이었고, 석사학위를 가진 이들조차 드물었다. 학사학위 소지자로서 대학 강단에 설 수 있는 사람도 많지 않은 때였다.

참으로 죄송스러운 말씀이지만, 대학 4년의 공부만으로 대학에서 스스로 전문적으로 연구하고 교육할 수 있는 학자가 되기는 벅찼을 게다. 이분들에게 있어 전공이란 대학교수가 된 이후 강좌를 맡으면서 비로소 자습(自習)해가는 것일 수밖에 없었다.

1960년대부터 외국에 유학 가는 이들이 조금씩 늘어나서, 60년대 말쯤부터 박사학위를 받고 돌아오는 이들이 있었다. 그러나 그 수는 아주 적어서 한 대학 교수진의 연구와 교육 분위기를 바꿀 수 있는 정도는 아니었다.

유학 간 이들이 돌아오지 않은(*brain drain*) 가장 큰 이유는 유학하고 있는 곳에 견주어 한국의 너무 낮은 봉급수준이었다. 산업기술개발을 위해 정부가 집중 투자해 파격적인 봉급을 약속하여 외국 유학생들을 유치하기 시작한 첫 기관이, 1969년 문을 연 KIST이다.

학계의 전반적인 연구인력 확대를 위한 투자는 적어도 1980년대까지는 지지부진했다. 1970년대까지 대학에서는 기존 교수들의 박사학위 취득을 위한 일종의 편법이 시행되었다. 이른바 '구제'(舊制) 박사 제도라는 것이다. 박사과정 수학(修學)을 생략하고 논문만 심사해서 학위를 주는 제도다. 이 제도로 인해 상당히 많은 현직 교수들이 '박사' 칭호를 얻을 수 있었지만, 그 학문적 공과(功過)에 관한 논란은 시작부터 분분했다.

이 시절 대학교수들의 생활형편은 연구와 교육에만 몰두하기에 참으로 어려웠다. 해방 독립 이후 적어도 30여 년 동안 우리네 대학교수들의 봉급은 최저생계비 수준에도 못 미쳤다. 많은 이들이 본교에서 일주일 9~12시간의 책임수업을 하고서도, 10~20시간 정도 타 대학에 시간강사로 나가야 생계를 유지할 수 있었다. 1950년대까지는, 흔한 경우는 아니지만, 심지어 한 대학의 전임교수가 다른 대학의 전임을 겸직하는 것도 묵인되었다.

이처럼 어려운 형편 때문이었던지, 한 학기 법정강의일수 전부를 휴강 않고 강의하는 교수는 10~20% 정도였고, 2시간 또는 3시간 수업을 정해진 시간에 맞춰 강의를 시작하고 마치는 이도 극히 드물었다. 내가 수강(受講)한 어떤 선생님은 한 학기에 2, 3번 정도 강의하고, 그 나마 3시간 연속강의를 한 시간쯤에 마쳤다. 정시(定時)에 강의를 시작해서 정시에 마치는 분은 오히려 좀 별난 사람으로 소문 날 정도였는데, 학생들은 대부분 이런 선생님은 별로 좋아하지 않은 반면 한 학기에 2, 3번, 한 번에 한 시간쯤 왔다 가시는 선생님을 더 환영했다.

내가 대학생이었던 시절은 이 나라에 몇몇 대학교가 문을 연 지 10여 년쯤 되었을 때인데, 그 몇 안 되는 대학에서나마 전공별로 내용과 수준이 서로 비슷한 교재도 없었다. 다만 전국의 법과대학 학생들 사이에서는 '고등고시' 출제위원으로 선발된 교수들의 책이 널리 읽히기는 하였다. 강의 계획서란 것은 어느 대학 어느 학과 어느 강좌에도 본 일 없었고, 있다는 말을 들은 적도 없다. 강의 내용이나 분량은 전적으로 담당교수의 재량에 맡겨져 있었다.

우리 선생님들은 대개 자신들이 대학 시절 배운 것 또는 이런저런 기회에 독학(獨學)자습한 책의 내용을 전수해 주는 게 보통이었다. 어떤 교수들은 자신이 사사(師事)한 일본 교수의 책을 문자 그대로 암송(暗誦)강의했다. 그럼에도 이 무렵 대부분의 교수들은 각자 자기 분야에서 그야말로 최초의 '권위자'로 자타가 인정하였으니, 학생들은 그 이상 바랄 수도 없는 터였다. 특히 서울대학교 교수들 간에는 그런 자부심이 가득했다.

나는 1962년 미국 대학에 가서야, 학기 초에 각 과목 담당교수의 강의 계획서라는 것을 생전 처음 받아보았다. 그리고 거기서 처음으로 한 전공분야의 교재내용이 여러 대학 간에 서로 비슷함을 알게 되었다. 강의 계획서에는 매주 강의할 내용의 개요와 주교재와 참고서적이 꽤 자세히 적혀 있었기 때문이다.

각 교수의 강의요지가 여러 해 동안 이렇게 학생들에게 공개됨으로써, 같은 과목내용의 대강과 교재가 전국적으로 비슷해진 것이다. 어느 나라나 대학교육에는 초·중·고등교육에서처럼 국가나 기타 공공기관에서 지정하거나 추천하는 '교과서'가 없는 터에, 각 전공 '학계'(*academic community*)에 이심전심 형성된 묵시적, 집단적인 합의결과였다.

이에 견주어 1950~60년대 각 분야의 몇 안 되는 '최초의 권위자'들이 군림하고 있는 우리네 대학에서는, 무엇을 어떻게 가르쳐야 하는지는 전적으로 가르치는 사람의 개인적 선택이었다. 무엇보다 이 무렵 이 나라에는 각 전공분야별로 극히 소수의 교수들이 있었고, 한 분야의 전공교수가 전국적으로 10명 이내인 경우도 허다하였다.

이런 형편에선 각 전공분야에 교육내용과 수준 잣대의 보편성이 형성될 수 없었다. 이런 상황이니 대학 캠퍼스에는 학문하는 것에 대한 자부심은 대단하면서도 학문적 규율(*discipline*)에는 별 관심도 능력도 없었다.

2. '폴리페서'의 터전

학문적 수준과 규율 여하에도 불구하고 대학교수들에 대한 사회적 신망은 다른 어떤 분야보다 높았다. 해방과 독립 이후 새롭게 전개되고 있는 세상에 대한 국민적 이해가 부족했던 만큼 이들 '최초 권위자'들에 대한 기대가 남달리 컸기 때문이다. 다시 말해 대학교수는 이 시대 신지식의 '최초 권위자'로서 새로이 전개되는 세상의 이치(理致)를 잘 알고 있는 사람들이라고 여겨졌기 때문일 게다.

게다가 과거 조선조(朝鮮朝) 시대의 '선비' 우대전통의 여파라는 설도 있지만, 어쨌든 이들은 다른 어떤 전문직업인들보다 훨씬 높은 사회적 신망을 누렸다. 좀 아이러니컬하게 들릴지 모르지만, 이처럼 높고 넓은 사회적 신망 때문에 오히려 더 학문적 해이(解弛) 내지 자만심(自慢心)에 빠지지 않았는지 모르겠다.

또 이런 사회적 신망 때문이었는지, 특히 인문사회계열 교수들의 경우에는 강의시간 이외에 학교 연구실에 남아 있는 이들이 별로 없었다. 학계에서 널리 알려진 '권위자'들일수록 정치·경제·행정 등 다른 분야의 이른바 고위층 인사들과의 교류에 더 바빴다. 이런 행태는 지금도 크게 변한 것 같지 않다.

1970년대 이후 지금까지는 중앙과 지방 정부가 만든 수천 개에 달하는 자문위원회도 교수들이 '사계(斯界)의 전문가'로서 캠퍼스 밖에서 시간을 보내는 중요한 구실이 되어 있다. 나도 대학에 있던 동안 이런저런 위원회에 꽤 많이 관여했다. 하지만 지금 돌이켜 보면, 캠퍼스 밖의 사람들을 사귄 것 이외에는 별다른 의미 있는 일로 기억에 남은 게 별로 없다.

한국의 대학교수들이 다른 어떤 나라의 경우 보다 더 많이 총리, 장관 등 정치·행정 고위직에 발탁된 것도 유별난 사회적 신망 때문일 게다. 1960~70년대 속칭 '어용교수', '주(晝)테-야(夜)테 교수'(낮에 테니스 치고 밤에 텔레비전 출연하는 교수)나 최근에 '폴리페서'(*poli-fessor*) 또는 '운동권 교수' 같은 웃지 못할 별명도 이런 행태를 두고 비아냥거리는 말이렷다.

당시 학교 안 사정을 돌이켜 보면, 이런 행태를 개인들의 학자답지 못한 탈선으로만 치부할 일은 아닐지 모른다. 무엇보다 연구의 도구인 책을 구해 보기 어려웠다. 한국의 대학 가운데 장서(藏書)가 제일 많다고 하는 서울대학교 도서관만 하더라도 1980년대 초무렵까지 그 대부분이 일제 경성제국대학 때 수집된 것이었다.

내가 경험한 바로도 1940년대 이전 책은 제법 구비되어 있었는데 그 이후 것은 10권을 찾으면 1, 2권 정도 볼 수 있는 형편이었다. 최신 학술연구 동향에 발맞추는 데 필수적인 외국의 정기간행 학술지는 거의 없었다. 지금도 상당히 많은 대학들의 도서관 형편이 이와 비슷한 줄 안다.

이런 형편에선 제대로 된 학술논문이나 석·박사학위 논문을 쓰기 위한 자료는 도저히 구할 수 없다. 사정은 인문 사회계열이나 이공계나 별다를 바 없었고, 책을 구하려면 서점에 가야 하는데 서양 책은 서점에서도 구하기 어려웠다.

확실치는 않지만 1980년대 초까지는 국립 서울대학교 도서관에조차 도서전문 사서(司書, *librarian*)도 없었고, 도서관장은 사서에는 아무런 전문지식도 필요 없는 원로교수들의 보직에 불과했다. 새 책은 매년 각 교수들로부터 몇 권씩 추천받아 구입했고, 전체 예산도 보잘 것 없어 장서(藏書)를 체계적으로 구비할 수도 없는 형편이었다. 서울대학교의 경우 이런 형편이 크게 개선된 계기는,

정부의 지원에 앞서 1980년대 한 기업인의 통 큰(4천여만 달러) 기부였다.

교수들은 대부분 자기 수단껏 책을 구하는 수밖에 없었다. 그나마 1960~70년대까지는 개인이 외화(外貨) 계정으로 자유로이 외국에 책을 주문할 수도 없었으니, 스스로 외국 여행길에 또는 외국에 있는 친구들에게 부탁하여 몇 권씩 구하는 수밖에 없었다. 수년 전 한 동료교수가 한국의 대학교수들은 '보따리 장사 같았다'고 한 말이 참으로 그럴 듯하다. 때때로 외국 나가는 길에 새로운 학문동향을 귀동냥 하거나 책 몇 권씩 사들여 와서 상의를 이어갔다는 말이다.

이공계열에선 책만큼, 아니 그보다 더 중요한 것이 실험시설일 터인데, 이 또한 거의 없는 것이나 마찬가지였다. 책도 실험실도 이런 형편이었으니, 연구실이나 실험실에 앉아 있어 보았자 학문연구에 별 진전이 있을 수 없었다.

이런 형편에서 교수에게 연구와 교육 양편에 시간을 어떻게 나누어 써야 하느냐는 식의 질문은 무의미한 것이었다. 이 질문이 대학사회에서 현실적으로 의미 있는 것이 되려면, 승진이나 계약연장에 출판된 논문의 양과 질이 결정적인 잣대인 "출판 안 하면 사라져라"(*publish or perish*)의 기준이 적용되어야 한다. 30~40년 전까지 한국의 대학 형편에서는 이런 규칙은 공염불(空念佛)에 지나지 않은 것이었으니, 직급별로 근무연수만 채우면 자동 승진케 한 것은 당시로써는 당연한 것이라 해도 좋을 게다.

서양의 대학에서는 교수가 연구실에 남아 있어야 할 또 한 가지 의무로 학생들에 대한 개인적인 지도를 든다. 하지만 우리네 대학에선, 지금도 다분히 그런 줄 알지만, 그때는 더욱 학생들이 감히 개인적으로 연구실로 찾아와 교수에게 질문하거나 토론하자고 하는 일은 상상키도 어려웠다. 이런 형편에서 당시 대학 캠퍼스 안에서 교수의 일상(日常)은 강의 이외에는 동료들과 사적인 한담(閑談)이나 하는 정도였으니, 학교 밖에서의 이런저런 만남이 더 의미 있게 여겨졌을 터이다.

이렇게 시작한 한국의 대학교수 역사는 이제 반세기 조금 넘었을 뿐이다. 이른바 선진국의 일류대학들의 역사는 적어도 1세기, 길게는 4~5백 년이나 된다. 남들의 반(半)의 반에도 못 미치는 동안의 험난한 성장과정이었음을 감안하면, 요즘 대학의 세계적 경쟁력에 대한 기대는 대학과 교수들에게 그야말로 환골탈태(換骨奪胎)를 주문하는 것과 같다.

3. 미숙한 학문 공동체

영어권에서는 학계를 보통 '학문 공동체'(*academic community*)라고 한다. 그런데 저들의 이 '공동체'에선 학문적인 문제에 관해선 구성원들 상호 간에 철저히 냉정하다. 다시 말해 다른 사회적 공동체처럼 구성원 간의 온정적 집단의식은 없는 게 특징이다. 학문적 쟁점에 관해 서로 견해가 다르면 냉철히 따지거나 비판을 서슴지 않는다. 이런 냉철한 학구적인 태도로 서로 의사소통하는 집단이란 뜻으로 공동체일 뿐이다.

그런데 이 나라 교수사회에선 서로 조금이라도 아는 사이에 학술문제를 놓고 시비(是非)하는 것은 웬만한 배짱 아니고서는 하기 어려운 일이다. 교수들이 학문적으로 의사소통하는 데는 대학과 학회(學會)인데, 대학에서도 학회에서도 구성원들 간의 관계는 개인적인 연줄에 의해 더 많이 좌우된다. 각 대학 각 학과마다 교수들 간의 이런저런 파벌은 출신학교, 출신지역 등 개인적 친소(親疏)관계로 맺어진 사적 연줄에 따른 것이 대부분이다. 다시 말해 학술적 의미의 '학파'(學派)와는 별 상관이 없다.

학술 발표/토론회에서도 발표된 내용에 관해 갑론을박(甲論乙駁)하는 장면은 드문 일이다. 발표가 위주이고 토론은 거의 인사치레 정도에 그치는 경우가 보통이다. 학회는 대부분 전공을 같이하는 사람들의 모임이어서, 이런저런 개인적인 인연을 공유하는 부분집단들이 있기 마련이다.

게다가 최근 20~30년 이래, 인문·사회과학 분야의 이른바 좌(左) 우(右) 분파화 경향은 대학과 학회에도 이어져 있다. 이 분파도 우리네 교수사회에서는 이념적·이론적 논쟁보다 편 모으기 세력다툼에 더 열심이다. 대학에서는 대학운영의 주도권 다툼이고, 학회에서는 대부분 서로 분가(分家)하는 길을 택한다.

정치적 좌우(左右) 분파화의 이념적 근거에 관한 논쟁은 근대 사회과학의 바탕철학과 인식론에 관한 논쟁인데, 우리 학계에선 그런 심각한 논쟁은 찾아보기 어렵다. 이런 높은 수준의 학문적 쟁점에 관해서도 '논쟁'을 하면 서로 얼굴을 붉히게 되니, 차라리 그런 기회를 갖지 않는 것이 좋다는 태도인 것 같다.

이 나라 교수사회의 이런 풍토는 지난 세월 격동적인 변화과정과 그 가운데 대학의 급성장과 무관(無關)치 않다. 대학도 학계도 결국 역사적 산물일 수밖에 없기 때문이다.

나는 대학에 입학하기 전부터 특히 서울대학교 교수들 간의 파벌을 어렴풋이나마 눈치 챌 수 있는 처지였다. 선고(先考)께서 이 대학의 인문계열 교수이셨고, 1960년대 초 총장이셨다. 가깝게 지내시던 동료교수들과의 관계를 어머님을 통해 귀동냥할 수 있었다. 60여 년 전 일들이지만 지금도 때와 비슷한 행태들이 남아 있다.

선고께서는 해방 이후 서울에 이주해 오신 경상도 분이셨는데, 서울대학교에서 같은 '파벌'이라 할 만큼 가깝게 지내시던 동료교수들은 모두 평안도, 경상도, 전라도, 제주도 등 서울 밖 '지방' 출신들이었다. 다시 말해 서울 출신들에 대립하는 '기타 지방' 출신들의 파벌이었던 셈이다.

이 두 집단 간의 골은 단순히 더 친하고 덜 친하기 때문에 만들어진 것이 아니고, 총장, 학장, 처장 등의 자리를 두고 다투는 '캠퍼스 정치'갈등과 관련된 것이었다. 당시 이 같은 캠퍼스 정치갈등 현상은 서울대학교에만 있는 것도 아니었고, 때로는 캠퍼스 밖의 이런저런 정치세력과 연결되기도 했다고 들었다. 캠퍼스 밖 정치세력들의 입장에서도 대학 지식엘리트들과의 연계는 잃을 것보다는 얻을 것이 더 많았을 터이다. 이런 경향은 지금도 다분히 남아 있다.

1945년 해방과 1948년 대한민국 독립은 이 나라 역사상 처음으로 수도 서울이 전국적으로, 아니 전 세계적으로 개방되는 시기였다. 500년 조선왕조체제를 뿌리 뽑았던 일제 식민세력이 하루아침에 쫓겨나고, 세계대전의 승자(勝者)인 미군이 진주하고 이어 '모든 국민은 법 앞에 평등'함을 선언한 대한민국이 개국하였으니, 서울은 정치사회적인 새로운 중심이면서 동시에 '깨끗한 서판'(書板, *tabula rasa*)과 같은 곳이 된 시기였다.

해방직후 약 3~4년 사이 수십만의 동포가 중국 등 해외에서 그리고 전국 각지에서 물밀듯이 서울로 이주해 와 새로운 삶의 터를 찾기 시작한 때였다. 우리 가족도 이 무렵 중국(만주)에서 귀국했다. 서울은 그 전까지만 해도 상당히 폐쇄적인 지역사회였다. 본디 인구가 1백만도 안 되는 곳으로 수백 년 동안 이 나라 지배계급의 온실과 같은 곳으로, 이들 '토박이'들의 텃세가 꽤 센 곳이었다. 나도 해방 직후 초등학교 시절 사투리에 대한 친구들의 야유 때문에 괴로웠던 기억이 생생하다.

어느 날 갑자기 수십만의 외지인(外地人)들이 몰려와서 새로운 지배층을 형성하려는 모습은, 여러 대를 이어 이곳에 살던 사람들에게는 참으로 충격적이었을 것이다. 특히 서울대학을 위시한 주요 대학에 교수직을 맡을 만한 이 지역 출신들은 대부분 오랜 동안 서울의 상류층에 속하는 이들이었으니, '시골' 출신들과의 유유상종(類類相從)이 달갑지만은 않았을 게다. 반면 서울 밖이나 외국에서 온 이들은 또 이 '새 나라'의 수도에서 그 옛날 체제의 '토박이'들의 텃세에 순응만 하고 있고 싶지 않았을 게다.

이처럼 급속하고 거국적인 변혁의 시대에는 무엇보다 사람들 사이의 인간적인 동류의식이 상부상조(相扶相助)의 끈이 되었을 터이다. 1960년대 군대 쿠데타 이후 전국적인 산업화와 개발독재체제 아래서 영남과 호남지역 출신들 사이 각계에서의 분파적 갈등도 같은 맥락의 또 한번의 사회 변혁과정에서 빚어진 현상이다. 학문이 일천(日淺)했던 만큼 대학이 정치사회적 변혁과정의 갈등에 초연하지 못했던 것이다.

대학교수 수가 비교적 많은 전공분야에선 꽤 일찍부터 전국적인 '학회'가 조직되어 활동해왔다. 그러나 지난 세월 그 안에서의 상호 관계도 대학 내의 그것과 크게 다르지 않았다. 대부분 회원들의 주 관심은 누가 회장이 되느냐 같은 문제에 집중되어 있었고, 회원들의 선호는 대체로 후보자와의 출신학교 선후배 관계 같은 개인적 관계나 기타 연공서열(年功序列) 등에 따라 좌우되었다.

이런 전통(?)은 아직도 상당한 정도 남아 있다. 이처럼 인간적 연줄에 따른 회장 선출에 대한 관심으로 인해, 결국 회장 임기를 가능한 한 짧게 — 대부분 2년 — 해서, 될 수 있는 대로 많은 이들이 서로 돌아가면서 하자는 '정치적 타협' 구도가 일반화되어 있다.

이렇다 보니 학문적 업적의 수준을 평가하는 잣대에 관한 합의 형성과정이 여전히 안정되어 있지 못하다. 교수들의 연구실적 심사 결과에 대한 시비가 잦은 것도 그 때문이다. '학회'라는 것의 가장 중요한 기능이 전문분야 공동체의 학문적 수준을 유지 향상하는 일인데, 많은 학회들이 아직 이런 일에는 적극적이지 않다.

논문 표절(剽竊)이 명백함에도 학회에선 회원제명을 단행하지 못하는 예가 허다하다. 평소의 인정이 크게 작용하기 때문일 게다. 몇몇 대학들이 이제야 교수 논문의 표절 여부에 관한 내규(內規)를 제정하게 된 것도, 이런 학계의 정서(情緖)탓이었을 게다.

여전히 간혹 불거지고 있는 교수채용의 공정성 시비도 이런 전통이 아직 성숙치 못한 채 개인적인 연줄 같은 것이 크게 작용하기 때문이다. 1990년대 초 무렵 몇몇 교수들이 모여 만든 '교수 공정 채용을 위한 모임'이라는 단체의 대표를 맡아, 이런저런 공정성 시비 사례들을 직접 들은 바도 있다. 그 자리를 맡고 있던 한 1~2년 사이 여러 명으로부터 자신들의 사례들을 전화와 문서 등으로 전해 온 것을 듣고 본 바 있다. 그러나 대부분 본인의 성명 밝히기를 거부했던 것을 보면, 훗날 또 다시 인간적인 냉대를 받을 것을 두려워하는 게 아닌가 싶어 안타까웠다.

이 글을 쓰고 있던 2010년 늦봄에는 지방의 꽤 오래 되고 큰 사립대학의 40대 중반의 시간강사가 부정한 교수채용제안을 받았다는 유서로 남기고 자살했다는 충격적인 보도마저 있다. 몇몇 대학에서 자신에게 6천만 원, 1억 원의 돈을 내면 교수로 채용하겠다는 제의를 받았다는 것이다. 이런 이야기는 전에도 간혹 들은 바이지만, 아직도 근절되지 않아 한 사람을 자살에까지 이르게 한 현실이 안타깝기 그지없고, 전직 교수의 한 사람으로서 부끄럽기 짝이 없다.

요즘 많은 대학에서 시행하는, 채용광고를 신문에 내고 논문을 심사하고 때로는 공개강의까지 하게 하는 등의 '공개채용' 절차는, 스승 또는 선배 교수님들의 가방 들고 좇아다니기 —'가방 모찌'— 가 가장 확실한 길이라고 여겨졌던 과거 형편에 비하면 그야말로 격세지감(隔世之感)이다. 그럼에도 여전히 정실이나 금전거래 인사 사례와 의혹이 사라지지 않는 것을 보면, 우리네 학계는 아직 명실상부(名實相符)한 학문적 규범공동체로 충분히 성숙하지 못한 모양이다.

최근 미국 대학의 한국계 교수가 2년간 서울대학교 초빙교수로 재직하다가 떠나면서 한 신문과의 인터뷰에서, 서울대학교에 아직 '지적(知的) 공동체'가 형성되어 있지 않다고 아쉬워했다. 덧붙여

"교수들 사이에 진지한 학문적 토론을 볼 수 없고, 모여서 술이나 마시고 시시콜콜한 정치 이야기만" 하니, "그걸 지적 공동체라 할 수 없다"라고 한다. 직설적인 표현이 좀 귀에 거슬릴지 모르지만, 되새겨볼 만한 충고이다.

우리네 학계에 '지적 공동체', '학문 공동체' 규범의 보편화가 늦어지면 질수록 교수와 학생들의 '두뇌 유출'은 전보다 더 많아질 것이다. 지식사회의 세계적 개방은 다른 어떤 분야보다 빠르기에, 우수한 인재들일수록 인간적 연줄에 연연치 않고 어디든 자신의 능력을 발휘할 수 있는 곳으로 갈 것이다.

4. 대학의 정치화

위와 같은 국가 사회적인 변혁과정 탓인지, 한국의 대학교수사회는 초창기부터 캠퍼스 안팎에 걸쳐 상당히 '정치화'되었다. 총 학장 지지/반대세력의 분파화, '4·19 학생혁명 지지 교수집회', '민주화 교수협의회' 같은 집단적 참여에서부터 '어용교수', '반체제 교수' 등의 개인적인 참여에 이르기까지, 지난 반세기 동안 한국의 대학은 세계 다른 어떤 나라의 경우보다 정치화되었다.

교수들에 이어 1960년대 이후에는 학생들까지 현실정치투쟁을 캠퍼스 안으로 끌어들임으로써, 대학 캠퍼스는 이 나라에서 가장 치열한 정치무대가 되어버렸다. 한국의 대학 캠퍼스는 국내에서뿐만 아니라 세계적으로도 가장 치열하고 그리고 가장 오랫동안 국가적 정치무대였다 해도 과언이 아닐 것이다. 대학 학번(80년대 학번)이 한 세대의 정치적 성향을 의미하는 기호인 '386'으로까지 통하는 나라가 또 있을까?

나는 1966년에 대학교직을 시작한 이후 20여 년 동안 이른바 '데모'로부터 자유로운 학기를 지낸 기억이 없다. 1970년대 80년대에는 1년 2학기 가운데 한 학기는 휴학이었던 해가 대부분이었다.

1978년부터 84년까지 6년 동안 환경대학원 원장직을 맡고 있던 동안 매주 열린 서울대학교 학장회의에서 학생 데모문제와 그에 대한 정부의 지침과 대책 이외의 안건을 심각하게 의논한 기억이 별로 없다. 마치 학생데모 현장단속을 위한 일선 책임자들의 회의 같았다 해도 과인이 아니다.

이런 회의에 참석할 때마다 1960년대 말 일본 여행길에 선고(先

考)의 소개로 동경대학의 오코치(大矢) 총장을 만났던 기억이 회상되었다. 그 무렵 동경대학 캠퍼스에는 서울대학에 못지않은 격렬한 학생데모가 일고 있는 중이었다. 내가 방문한 지 얼마 후에 그 유명한 '야스다 강당 화재사건'으로 이어진 학생데모가 총장실 바로 앞에서 벌어지고 있던 때였다.

이런 상황에서도 총장실은 교수 연구실보다 더 한적하고 조용한 모습에 놀라지 않을 수 없었다. 총장 비서실에는 여비서 2명인가밖에 없는데다, 총장은 나를 만나 꽤 장문의 선고의 편지를 다 읽고 난 다음, 마치 일본 다도(茶道)를 가르쳐 주려는 듯 차를 권하며 담소(談笑)를 나누었다. 총장실 밖 학생데모에 걱정이 많으시겠다는 나의 인사에는, 뭐 별로 대수롭지 않다는 듯 태연자약한 모습이 놀라울 뿐이었다.

같은 시기 서울대학교의 총장 비서실은 언제나 신문기자들, 관할 경찰서 형사들과 기타 정부 관련기관 담당자들 그리고 여러 단과대학 학생담당 보직교수들로 북새통이었다. 그야말로 '국가적 사건'의 현장 지휘책임자의 사무실 상황이었다. 서울대 총장은 동경대학 총장처럼 옛 친구의 아들을 맞아들여 한담(閑談)이나 하고 있을 형편은 결코 아니었다.

이런 국가적 사건의 현장 책임자에게 법규상 임기(任期)는 별 의미 없는 것이었다. 적어도 주요 국립대학 총장들은 사건현장의 동향 여하에 따라 취임한 지 1~2년 만에 사표를 내야 하는 경우가 허다했다. 선고께서도 4년 임기를 다 채우지 못하시고 2년 반쯤에 사직하셨다. 사립대학의 경우도 서울의 몇몇 큰 곳에서는 사태가 심각해지면 '자진 사퇴'하는 예가 없지 않았다.

이렇다 보니, 결코 길지 않은 우리네 대학 역사의 전반부 30여 년 동안 총 학장들의 관심은 연구나 교육여건의 발전보다 외부 정치사회동향에 더 집중되어 있었다. 그리고 그 때문에 그들의 재임 기간은 세계적으로도 유례없이 짧은 것이 되었다. 선진국 대학총장의 경우에는 한 사람이 10년 이상 연임하는 예도 허다하다. 이에 견주어 이 나라에서는 3년 또는 4년으로 정해진 임기를 채우기도 어려웠으니 연임(連任)은 예외적인 경우였다.

이런 선례가 전통이 되어서인지, 교수들에 의한 선거가 대세인 최근에도 단임(單任)이 대세다. 이른바 '캠퍼스 민주화'로 인해 대학에도 '정권교체'가 시대적 과제가 된 듯하다. 이런 추세가 계속되어서는 세계적 경생력을 키워나가기 어렵다.

최근에 이르러 총장 직선제(直選制)를 그만 둔 대학들이 더러 있는 모양이지만, 직선제를 하는 경우를 보면 그 과정이 캠퍼스 밖의 선거정치와 크게 다를 바 없다. 그 결과는 대부분 '인기' 있는 교수 또는 개인적으로 친화력 있는 교수가 당선되는 것이 보통이다. 대학이란 조직의 책임자로서 적합한 사람을 이런 방식으로 찾는 것이 과연 합당한지, 이야말로 오늘 이 나라 교수들이 깊이 생각해봐야 할 가장 중요한 과제 가운데 하나이다.

서유럽, 미국, 일본 등의 이른바 선진국 대학들도 1960년대 후반부터 70년대 중반에 걸쳐 월남전 반전(反戰)운동, '신좌파' 운동, 환경보호 또는 여성권익 신장운동 등의 '신 사회운동'으로 인해 상당한 진통을 겪었다. 그러나 이들의 경우는 기본적으로 이념적인 '운동'이었고, 현 정치나 교수사회의 학문적 분위기에 큰 영향을 미치지는 않았다.

이런 이념적인 사회운동과 함께 이 무렵 저들 대학 캠퍼스에 눈에 띄게 달라진 모습은 학생들의 차림새와 생활 양태(樣態)였다. 이른바 '히피'(*hippie*)문화의 만연이었다. 젊은이들의 머리 모양과 옷차림새와 생활이나 수업태도 등이 그 전 세대와는 사뭇 다르게 파격적이고 무절제해지고 감성적으로 변했다. 앞선 세대 학생들의 깔끔하고 부지런하고 이성적인 행태와는 크게 다른 모습이었다. 그야말로 '탈(脫)산업사회'적인 모습이었다.

나는 우연히도 1960년대 초와 70년대 초에 미국 대학에 머물 기회가 있어서, 이 두 시대 간의 변화를 직접 체험할 수 있었다. 70년대 초에는 강의도 맡으면서 박사과정을 이수하고 있던 처지여서, 교수사회와 학생사회의 변화를 동시에 체험할 수 있었다.

학생들이 교수의 실적을 평가하여 그 결과를 교수의 승진 또는 계약연장에 반영하라는 등의 학생들의 요구에는 교수들도 다소 긴장했었다. 학생들의 이처럼 과감한 요구는 1960년대에는 상상도 할 수 없는 일이었다. 그런 가운데서도 교수집단의 전반적인 분위기는 크게 동요치 않았다.

교수들이 큰 사회적 변혁과정에서도 자신들의 직업적 본분에 이렇게 의연함은 역시 자신들의 동아리, 즉 '학문 공동체'의 연구와 교육을 뒷받침하는 전통이 안정되어 있었기 때문이다. 앞서 말했듯이 지식탐구야말로 참으로 누적(累積)적인 작업이기에, 학계는 다른 어떤 분야보다 보수적일 수밖에 없고 그래서 그만큼 전통의 무게가 무겁기 마련이다.

그에 견주어 우리네 학계는 학문의 기초가 튼튼치 않은 만큼 상호관계 규범도 여전히 불안정하다. 그래서 학계 내외에 걸친 개인적인 친소(親疎)관계가 더 큰 몫을 한다. 요컨대 교수로서의 전문직업관이 깊지 못한 탓이다. 이런 상태에선, 몇몇 학자의 개인적인 노력으로 세계적인 업적을 이루어낼 수는 있으되, 학계의 공동체적 수준 향상을 기대하기 어렵다.

우리네 대학과 학계가 여전히 안정되어 있지 못한 또 한 가지 까닭은 어느 시기 불현듯 대학 설립이 국가적 과제가 되었기 때문이기도 하다. 다시 말해 서양의 경우처럼 지식탐구를 평생의 업(業)으로 하려는 이들이 상당수 자생(自生)한 터에 스스로 모여 자율(自律) 자치(自治)하는 조직으로서의 대학이 생기기 전에, 불현듯 국가 주도로 대학이 만들어졌기 때문이다. 저들의 경우 대학은 연구자들 스스로 자율 자치적인 조직을 만들어 외부로부터의 간섭과 통제를 거부하면서, 자기들끼리 협력하고 비판하며 학문적 규범의 보편성을 확보하려고 시작한 것이다.

저들의 대학은 적어도 2~3백 년에 걸친 세속적 지식발달의 산물이다. 종교개혁, 계몽시대, 시민혁명, 산업혁명을 거치면서 교회와 왕조로부터 자유와 자율의 토대를 굳히고 넓히면서, 꾸준히 지식탐구와 전수(傳授)의 도장(道場)으로 발전해 온 조직이다.

그래서 역사가 오랜 대학일수록 전근대적인 모습이 근대적 조직 규범 안에 조화롭게 보존되어 있다. 수백 년에 걸친 자율 자치적인 발전과정의 결과이다.

시민사회의 근대화 과정을 거치면서 종교적 제약은 완전히 탈피했음에도, 가령 공식적인 학내 행사, 복장이나 졸업장 등의 격식(格式)에는 여전히 중세적 전통이 다소간 남아있는 게 그 증거가 아닌가 싶다. 이런 중세적 전통의 형식적 잔재는 역사가 오랜 대학들의 위용(偉容)에 보탬이 되기도 한다. 오늘날에는 이런 전통을 유지하고 있는 대학은 소수임에도, 그 격식과 권위는 여전히 대학사회 전체의 모범이 되어 있다.

이 나라 역사에도 이처럼 오래된 대학 전통의 뿌리가 없지 않다. 역사학자들에 의하면 저네들보다 오히려 더 오래 되었다고 한다. 7~8세기 경 신라의 '국학'(國學)에서부터 고려와 조선의 '성균관'과 여러 지방 서원(書院)들이 곧 저들의 중세시대 대학에 견줄 만한 것이라고 한다.

이 땅의 전근대 대학들도 주로 유교(儒教)의 교리를 연마하고 전파하는 기관이었다는 점에서 저들의 경우와 크게 다르지 않다. 유교는 가톨릭처럼 제도적 종교는 아니지만 그래도 역시 개인생활과 사회질서에 관한 도덕적·윤리적 교리였기에, 저들의 경우와 크게 다름이 없다.

그럼에도 우리는 저들처럼 스스로 개혁하여 근대화하지 못하고, 서양이 이미 이루어놓은 사상과 지식과 기술을 도입하여 '개화'(開化)하게 됨으로써, 오늘의 대학은 우리네 역사적 뿌리와 단절된 전혀 새로운 제도로 출발했다. 그나마 또 서양의 문물(文物)이 막 이 땅에 흘러들어오기 시작할 무렵 일본인들이 중개자 역할을 함으로써, 해방 독립 이후에도 이 나라 대학에는 일본 식(式)의 흔적이 여기저기 남아 있었다.

이런 터전에서 지난 60여 년 이래 대학은 무엇보다 '조국 근대화'의 도장(道場)으로 중요하게 여겨졌다. 일제 식민지배로부터의 해방 독립 직후 이 땅에 '대학 만들기'는 국가 사회의 서양식 '근대화'의 중심 만들기와 같은 것이었다. 근대적 지식과 기술의 연마와 교육이야말로 국가 사회 '근대화'의 첩경으로 여겨졌기 때문이다. 우리보다 한 발 앞섰지만, 이웃 일본이 이른바 '메이지유신' 이후 도쿄대학, 교토대학 등의 국립대학을 개설하고 와세다를 비롯한 사립대학들의 개교를 부추긴 것도 같은 역사적 맥락의 국가적 과제였다.

이런 '역사의 단절'이 신생국 대한민국의 대학 발전의 딜레마를 초래한 요인이다. 대학발전의 자율과 자치능력이 자생(自生)하기를 기다리기에는 국가적으로 너무나 긴급하고 중대한 과제인 반면, 현대적 지성과 지식의 보루로서 대학은 타율적인 간섭과 지원만으로 단기간에 온전하게 발전할 수 없는 제도라는 명제 사이의 딜레마란 말이다.

지난 수십 년 이래 대학입학시험의 자율과 정부간섭 간의 우왕좌왕(右往左往)도 바로 그런 근본적인 딜레마의 한 단면이다. 대학입학제도가 온 국민적 관심사가 되어버린 동안, 대학은 스스로 어떤 학생을 어떻게 선발해서 교육해야 할지 확신을 갖지 못했고 지금도 여전히 그렇다.

그런 동안 대학의 기능과 진로에 대해 대학 안에서보다 대학 밖에서 훨씬 더 심각하고 분분한 논란이 계속되어 왔다. 특히 대중매체와 정치계에서 거의 매일 대학교육의 아주 구체적인 문제들에 대해 이런저런 주문과 처방을 내놓고 있다.

한때는 산업화에 필요한 기술과 인재를 양성하는 데 총력을 기울여야 한다고 다그쳤다. 대학들이 그에 신속히 부응치 못한다고 정부가 직접 KIST 같은 고급기술 연구와 교육을 위한 기관을 따로 만들고 산업현장 기술자 양성을 위한 많은 전문대학을 허가하기도 했다. 좀더 최근에 이르러서는 '세계화'에 대응하여 외국인 교수를 하루 속히 그리고 많이 채용하고 영어로 강의해야 한다고 재촉하고 지원하기도 한다.

요컨대 한국의 대학은 정치·사회·경제 등 모든 분야의 변화를 위한 온갖 기대를 한 몸에 받고 있다. 산업역군의 양산(量産)과 신기술의 개발은 물론 정치·행정의 지도자에서부터 민주화 역군의 교육까지, 그리고 이 모든 일을 모든 대학이 단기간에 해낼 것을 주문받아 왔다. 불과 반세기 만에 세계 일류대학이 될 것을 기대하고, 다른 어떤 직종보다 대학교수면 국무총리나 장관직도 잘 수행해나갈 것이란 기대가 일반적인 것도 그런 맥락의 현상이다.

5. 기적 같은 성장의 허상

대학에 대한 사회적 기대와 주문이 이렇게 절실하고 거셌던 데 부응해서인지, 불과 반세기 사이 대학의 수는 엄청나게 늘어났다. 현재 대학교육협의회라는 곳의 회원인 4년제 정규대학이 206개이고, 전문대학까지 합치면 340여 개라 한다. 그야말로 우후죽순(雨後竹筍)처럼 생겨났다.

일본을 포함한 이른바 선진국의 고등학교 졸업생 가운데 대학 진학률이 50% 전후인데 한국의 그것은 85%에 가깝다. 한국의 대학생 수는 인구규모와 소득수준에 견주어 세계 최고일 게다.

대학의 수가 이렇게 빨리 그리고 많이 늘어나는 데 앞장선 것이 사립대학들이다. 1950년대까지 20여 개였던 사립대학이 반세기 만에 270여 개 — 전문대 130여 개 포함 — 에 이르렀다고 한다. 전국 대학의 거의 80%가 사립이다. 잘 모르긴 하지만 이처럼 단기간에 이렇게 많은 사립대학이 설립된 예도 세계에 한국 이외에 더 없지 않을까 싶다.

특히 1990년대 이후 일정한 교육시설 기준만 충족하면 정부의 인가를 받을 수 있게 됨으로써 지난 20여 년 사이 사립대학의 수가 급증했다. 경제성장과 국민소득수준이 상당한 정도에 이른 터에, 대학 '입시 지옥'이란 말로 표현된 불만이 만연하면서 정부가 대학 설립규제를 크게 완화한 결과이다.

대학 교육시설의 적합성 여부를 실사(實査) 평가하는 정부의 능력도 부족한 데다, 인가과정의 부정과 비리도 한몫했다. 많은 신설 대학들의 도서관이 일반 독자를 위한 월간지, 주간지까지 모아 장서기준을 맞췄다는 소문이 그 대표적인 예다. 얼마 전까지 국립 서울대학교의 도서관도 앞서 말한 바와 같았는데, 신설 사학(私學)들의 형편은 오죽했겠는가.

어느 나라에서도 수가 이렇게 급성장한 만큼 대학교육의 질이 걸맞게 따라올 수 없다. 경제가 '한강의 기적'이라 불릴 만큼 양적, 질적으로 급속히 발전한 나라이니, 대학도 능히 남들이 넘볼 수 없는 속도로 발전할 수 있었으리라 기대했을지 모른다. 그러나 대학은 어느 나라에서도 돈벌이에만 매진하는 기업처럼 급성장할 수 없다.

그동안 한국 대학의 양적 급팽창이 실속 내실화(內實化)를 얼마나 앞섰는지 다음 수치가 증언한다. 학생 수는 1961년에 14만 명이던 것이 2007년에 320만 명이 되어 23배가량 늘었는데, 교수 수는 1970년 9천 명쯤에서 2008년에 5만 8천 명이 되었다. 해서 전반적인 교수 대(對) 학생의 비(比)는 점점 더 악화되었다. 2008년 현재 이 나라 대학 전체의 총 수업시간 가운데 '시간강사'가 담당하는 수업이 55.2%이고, 시간강사의 수(72,400여 명)가 전체 전임교수(58,000여 명)보다 훨씬 많다. 이 비율은 세계적으로 아주 보기 드문 예이고, 대학 구성원들에겐 참으로 창피스러운 수치이다.

공·사립대학 다 같이 건물만 그럴듯하게 지어 놓고 학생을 불러들인 탓이다. 들은 바에 의하면 사립의 경우 학생정원 2천 내지 4천 명 정도만 되면 수업료만으로 강의실에서 강의하는 정도의 현상유지는 할 수 있다고 한다. 많은 이들이 이런 계산에서, 개인적 명예욕 또는 재산보전을 위해, 건물 몇 채 지을 재력 정도로 '대학' 설립에 나섰기 때문이다.

이렇게 설립된 대학들 가운데 많은 곳이 이제 존폐(存廢)의 갈림길에 이르렀다. 대학 설립이 비교적 쉬워진 지난 20~30년 이래 개교한 학교일수록 더욱 그렇다. 전에는 대학의 모양만 갖추어도 그

럭저럭 버틸 수 있었지만, 이제 그야말로 공급과잉상태가 되었기 때문이다.

지금부터 약 5~6년 후에는 한해 전체 고등학교 졸업생 수가 대학 입학정원보다 적어질 터인 데다, 이 나라 대학 지망생들의 눈이 이제 국경을 넘어 넓어지고 있다. 오늘 이 땅에 대학 재학생은 200만 명이 조금 넘는데, 해외에 나가 공부하고 있는 한국 국적 유학생은 24만 명에 달한다고 한다. 10% 이상이 나라 밖에 나가 공부하고 있는 셈인데, 앞으로 그 수는 더 늘어갈 것이다.

많은 대학들이 주목해야 할 또 한 가지 새로운 경향은 대학을 전처럼 막연한 '출세'의 통로로 여기지 않고, 취업의 관문으로 여기는 학생들과 부모들이 늘고 있는 것이다. 점점 어려워지는 취업시장 형편과 비교적 젊은 층 부모들의 자녀 장래에 대한 태도 변화에 따른 현상이다.

2008년 현재 신입생 정원의 30%도 못 채우는 대학교가 전국에 27개교나 된다고 한다. 이들은 극단적인 예일 뿐이고, 70~80%를 채우지 못하는 단과대학이나 학과 별로 문을 닫아야 할 위기에 처한 경우는 허다하다. 최근 보도에 의하면, 교육과학기술부 주관의 '대학 구조조정 회의'에서 30개 대학을 '부실'(不實)로 지정하여 앞으로 '퇴출' 압력을 가할 것이라 한다. 지난 10여 년 동안이 대학 설립의 밀물 때였다면, 다음 10여 년은 대학 폐교의 썰물 때가 될 가능성이 다분하다.

다른 한편 존폐 위기에 처한 상당히 많은 대학들은 또 참으로 대학답지 못한 '상술'(商術)에 의존하기 시작했다. 신입생 모집 관련자료나 대중매체 광고에 '취업률 90%'라는 등의 허위 과장광고를 함으로써 공정거래위원회의 조사를 받고 있거나 '소비자 피해주의보'의 대상이 되어 있다. 말하자면 악덕 상인처럼 되어 버린 셈이다.

'소비자 피해주의보'라니, 참으로 어처구니없고 부끄러운 꼴이다.

이 시대 한국 대학 구성원들에게 닥친 도전은 새삼 대학의 대학다움에 대한 자성(自省)의 도전이다. 최고 수준의 지식과 지성의 터전인 대학의 발전은 '학계'와 교수진, 즉 학문 공동체가 주체가 되어야 한다. 그럼에도 우리네 교수들은 여전히 캠퍼스 밖 정치 사회 문제나 '산학협동'에는 적극적인 관심을 기울이고 참여하면서도, 대학의 장래문제에는 별로 적극적인 관심을 기울이는 것 같지 않다.

간혹 집단적으로 자신들의 학내문제에 대해 발언하는 경우에도, 널리 대학 밖으로 연계되어 있는 정치 사회적 이념 내지 정치 분파적 입장에 따라 서로 다툰다. 몇몇 사립대학들의 창업재단과의 대립 갈등에도 정권과의 친소(親疏) 연줄이 동원되어, 엄격한 법의 잣대보다는 정치적 해법에 의존한다. 지난 세월 대학 캠퍼스의 '정치화' 전통의 굴레를 아직 벗어나지 못한 때문이다. 이래서는 대학의 대학다움에 대한 진솔하고 건설적인 생각이 모이기 어렵다.

대학다운 학과와 대학 그리고 대학교가 되려면 어떤 학생을 어떻게 선발해서 어떻게 가르쳐야 할지, 교수진이 일관된 방침을 공유하고 실천하는 데 앞장서야 한다. 요컨대 학생 선발과 교육은 일관된 과정이어야 하고, 그 과정의 주체는 정부도 아니고 총장과 보직 교수들만도 아니고, 전체 교수진이 중심이 되어야 한다.

사실 지난 세월 우리 교수들은 이 같은 학교문제에 대해 개인적인 생각이나 불만이 있어도, 동료들과 협의하고 합의하는 데 소홀했다. 학교 밖의 정치 사회문제에 대한 결집·참여에는 적극적인 '활동가'들일수록 학교문제에 대해서는 별로 관심이 없었다. 개별 학교문제도 정부와 사회 변화여하에 따라 해결될 것이라고 믿고 있는 게 아닌가 싶다.

교수사회의 이 같은 풍토와 행태는 지금도 지난 30~40년 전과

별로 달라지지 않은 것 같다. 대학에 대한 나라 안팎의 기대와 여건은 크게 달라졌음에도, 이런 행태와 풍토가 변하지 않으면, 대학은 조만간 큰 위기에 처하게 될 것이다. 그래서 앞으로 10~20년 사이 4년제 대학교의 수가 지금의 반 정도로 줄어들어도 크게 놀랄 일은 아닐 것이다.

대학입학의 시장화 정치화

1. 주역과 조역의 뒤바뀜

이 나라에서 교수들은 대학 발전을 위한 자율 자치에 사뭇 소극적인 동안, 정부와 정치인들, 학부모와 대중매체가 그 주역으로 나섰다. 대학의 역사가 한 세기도 안 된 한국과 같은 곳에서는 대학 발전의 조역(助役)들의 역할이 물론 중요하다. 더욱이 앞서 말한 바와 같이 한국처럼 대학이 급격한 국가 사회 변혁의 중심에 있었던 곳에서는, 주역(主役)과 조역의 자리가 불분명할 수도 있다.

지금부터 40~50년 전까지만 해도 대중매체에서 애용한 대학의 별명은 '상아탑'(象牙塔)보다 '우골탑'(牛骨塔)이었다. 잘 모르긴 하지만 그 창안자가 하필 소의 뼈로 지은 탑이라 한 것은 서양 사람들의 '상아탑'에 빗대서였지 않은가 싶다. 어쨌든 이 말이 유행하게 된 것은 가난하기 그지없는 농부조차 소를 팔아서라도 자식을 보내려 하는 학교라는 뜻이 담겨 있어서였다.

이 말은 필경 대중매체의 누군가가 창안했을 터인데, 당시 언론에서 쓰던 이 말의 뜻은 그 문맥에 따라 대학에 대한 풍자와 선망의 뜻이 교차(交叉)했다. 어떤 때는 우리네 대학은 우직한 농민의 자식사랑에 기대서 정원 채우는 데만 급급한 곳이라는 비아냥거림인가 하면, 또 다른 경우에는 가난한 농민도 가장 소중한 재산인 '소를 팔아서라도' 자식의 장래를 위해 꼭 보내야 할 곳으로 여긴다는 의미로 쓰였다.

앞의 뜻은 식자(識者)들의 비판적인 눈에 비친 대학이었고, 뒤의 것은 학부모의 눈으로 본 것이었으리라. 사실 지금도 많은 학부모들에게 대학은 무슨 수를 써서라도 자식들을 보내야 할 곳으로 남아 있다. 그래서 우리보다 소득수준이 높은 나라들보다 대학 진학률이 훨씬 높다.

도시화가 본격적으로 시작하기 전까지 대부분의 학부모들은 농민이었고, 또 그들은 대부분 대학이 무엇하는 곳인지도 모르는 이들이었다. 이들에게 대학진학은 자식들로 하여금 자신보다는 더 나은 인생의 기회를 열어주는 곳으로 보였을 것이다. 그래서 '우골탑'이란 말이 만들어진 무렵 부모들의 소망은 지금보다 훨씬 더 절실했다. 집안 생계를 좌우하는 수단인 소를 팔아서라도 자식을 대학에 보내려 했으니, 얼마나 절실했겠는가.

이 무렵 부모들은 세상이 급변하고 있는 데 대한 두려움이 컸던 만큼, 자식들만은 바야흐로 전개되고 있는 새로운 세상에서 '괄시받지 않고' 살 수 있는 자리를 차지할 수 있게 해주어야겠다는 일념(一念)에서였을 게다. 그야말로 새로운 세상에 '출세'(出世)할 수 있게 해주겠다는 일편단심(一片丹心)이었을 게다. 최근 수년 이래 그 많은 학부모들이 유치원서부터 영어교육에 열성이고 가족이 갈라져서라도 유학 보내기에 전력(全力)하는 것도, 또 다시 '새로운 시대', 즉 세계화 시대를 맞이한 불안 때문이 아닌가 싶다.

자식이 큰 어려움 없이 먹고 사는 정도로 만족하는 경우라면 꼭 대학에까지 보내야 되겠다는 생각이 이렇게 절실치는 않았을 것이다. 서양 사람들이 우리네 부모들의 맹목적 대학 보내기 모습을 보고 이해하기 어렵다고 하는 것도, 저들은 지난 100여 년 이래 별로 큰 사회적 변혁이 없었기 때문이다. 대학교육 여부에 의해 자식의 사회적 지위가 크게 달라지지 않을 것임을 알고 있기 때문이다. 이처럼 비교적 안정된 정치 사회구조 안에서 부모나 자식은 진학할 사람의 장래설계나 재능 그리고 가족의 경제적 손익(損益)계산에 따라 대학진학 여부를 결정하는 것이 보통이다.

그에 견주어 우리네 부모들의 간절한 마음은 자신들에겐 미지(未知)인 새로운 세상에 자식들만은 떳떳한 자리를 차지할 수 있는, 말하자면 '사회적 지위 자격증' 같은 것을 마련해 주고 싶은 것이었다. 그래서 농부들이 하루 종일 고된 농사일을 하는 보람도 온통 자식을 대학 보내는 데서 얻었다. '출세'란 말은 본디 근대화 초기 일본 사람들이 창안한 것으로 아는데, 그들도 대변혁기에 우리네 부모들과 같은 새로운 '세상'에 대한 불안감이 있었을 게다.

이런 시대적 상황이 크게 달라지지 않아서인지, 이 나라에서 대학에 입학하는 것은 여전히 사회적 평등권의 실현처럼 여기는 것 같다. 다시 말해 대학수준의 전공에 적합한 지적 예능적 능력과 적성이나 경제적 부담능력 여부에 불구하고, 사회적 국가적으로 보장되어야 하는 복지혜택의 한 가지로 여기는 것 같다는 말이다. 그래서 모든 대학, 모든 학과가 원칙적으로 같은 방법으로 입학생을 선발해야 하고 그리고 또 모든 수험생들이 능히 감당할 수 있는 시험문제를 출제해야 한다고들 생각한다. 그야말로 '교육 평준화' 실현의 최종단계로 여기는 것 같다.

대학교육이 이처럼 사회적 '출세'의 기회처럼 여겨졌기에, 합격한 이후 무엇을 전공하느냐에는 부모도 자식도 별 관심이 없다. 대학

졸업장 그 자체가 무엇보다 중요하다.

관심이 좀 있는 경우에도, 법학과 정치학과 같은 남보다 높은 사회적 지위에 오르리라고 기대되는 학과가 우선시되었다. '정치가'는 사회 지도자이고, '고등고시'에 합격하면 고관대작(高官大爵)의 '영감'—얼마 전까지만 해도 판 검사들은 서로 이렇게 불렀다—이 될 터이니, 가장 확실한 '출세'의 길이라고 보았으리라.

대학은 지금도 여전히 문자 그대로 '전 국민적 관심'의 대상으로 남아 있다. 그래서 세계에서 아마도 유일하게, 유명대학 수석 입학자 또는 수능시험 최고 득점자가 누구인지, 수능 몇 점 이상이면 어떤 대학에 갈 수 있다든지 하는 것이 전국 신문 방송의 주요 뉴스로 보도되고 있는 나라다. 또 그 때문에 대학입학시험 방법, '사교육' 대책 같은 것이 대통령 선거의 표심을 좌우할 만한 뜨거운 정치적 이슈가 되어 있다.

대학입학시험과 관련된 문제들은 역대 정권의 가장 큰 골칫거리였다. 그 강력한 권력을 휘두르던 군대출신 정권 시절에도 별다른 개혁을 이루어내지 못했고, 시간이 갈수록 교육부 장관의 재임기간만 짧아졌다. 지난 1990년대 이후 한국 교육부 장관의 평균수명은 채 1년이 안 된다. 이런 일은 아마 세계에 유례가 없을 게다.

2. 어머니 교육시장

대학입학시험에 대한 정부의 힘은 이처럼 날이 갈수록 무기력해지는 것과 반비례해서 이른바 '입시 사교육(私敎育)' 시장의 힘은 점점 더 왕성해졌다. 사교육 시장은 학부모들의 자구책(自救策)을 만족시키는 시장이고, 이 시장은 점점 더 넓어지고 있다. 이 시장에 수요자인 학부모와 공급자인 사교육 학원이 한국 대학 입학생의 배분과 질을 결정하는 사실상의 주역들이다.

지금 이 왕성한 사교육 시장을 만들어내고 있는 학부모들이 바로 해방과 독립 이후 논밭과 소 판 돈으로 대학을 마친 세대들이다. 이들은 자신들의 대학교육 실력 덕택인지 2세의 학비를 대는 것만으로는 만족치 아니하고, 대학입학시험을 위한 고도의 전략 전술까지 만들어 준다. 특히 오늘의 어머니들은 자신들의 어머니들과는 비교도 못할 만큼 영특해져서, 사교육 시장의 온갖 틈새를 다 꿰뚫고 있다. 대학입시 사교육 시장은 가히 '어머니 시장'이라 해도 좋을 것이다.

이제는 정부의 어떤 대책도 사교육의 또 다른 새로운 틈새시장을 만들어 낼 뿐인 것 같다. 사교육의 폐단과 문제를 개선하기 위한 정부의 어떤 시책도 발표와 함께 그에 대응하는 또 새로운 사교육의 수요와 공급을 만들어내서, 그 시책은 본래의 취지와는 전혀 다른 파급효과를 일으킨다.

대학입시 준비에서 사교육을 몰아내기 위한 최신 대책이 '입학사정관'제인데, 여기에도 벌써 사교육이 비집고 들어가기 시작했다고 한다. 사정관에게 제출할 자기소개서를 작성해 주거나 사정관의 질문에 답변하는 요령을 가르치는 등의 사교육을 한단다. 게다가 학부모들과 학생들 가운데 이런 사교육을 받은 경우 남들보다 더 좋은 성과를 얻었다는 평이 널리 퍼지고 있다고 한다.

그 뿐만 아니다. 몇몇 대학이 입학 사정관제에서 해외봉사 경험에 가산점을 준다고 하자, 어떤 부모들은 수백만 원의 여비를 들여 자식들을 해외봉사에 보내는가 하면, 심지어 가족들이 봉사활동을 하고 자식의 이름으로 증명서를 받아 제출하기도 한단다. 수년 전 객관식 입시문제의 교육적 역기능을 보완키 위해 '논술고사'라는 것을 추가하자마자, '논술학원'이 우후죽순(雨後竹筍)처럼 문을 연 것도 같은 맥락의 현상이다.

어쨌든 이런 상황에서 정부의 입시대책은 언제나 '자멸적 예언'(*self defeating prophecy*)이 되어 버리기 십상이다. 다시 말해 정부가 어떤 새로운 시책을 발표하면 그에 반응해 또 새로운 시장이 생겨 정부의 의도와는 전혀 다른 결과를 초래한다.

대학입학시험 사교육 시장이 이처럼 왕성하고 유연하게 발달한 까닭은 무엇보다 수요자인 부모들이 사교육 공급자, 즉 사설 '학원'의 능력을 그만큼 믿기 때문이다. '학원' 시장에는 마치 '숟가락으로 떠먹이듯' 내 자식에게 딱 맞는 입시준비를 해줄 수 있는 곳이 있다고 믿기 때문이다. 그래서 어머니들은 열심히 서로 학원정보를 교환하기도 하고 부지런한 이들은 직접 현장답사까지 한다. 아들딸들의 장래를 위해, 공교육에서는 누릴 수 없는, 선택의 자유를 최대한 활용하려는 것이다.

우리네 부모들의 사교육 시장에 대한 기대는 유치원과 초등학교에서부터 시작해서 고등학교 졸업 때까지 이어지는 것은 보통이고, 요즘은 심지어 대학생들까지 사교육 시장에서 보충수업을 한다고 한다. 거의 습관처럼 되어 버린 것 같고, 그리고 그 수요는 피아노와 축구 등 예체능에서부터 외국어, 국어, 수학 등에 이르는 아이들 성장의 모든 면에 걸쳐 있다. 그야말로 지덕체(知德體) 교육 전반이 사교육 시장에 맡겨져 있는 셈이다.

부모들의 이 같은 전폭적인 기대는, 끼니를 걱정해야 하는 빈곤층 말고는, 모든 부모들의 경우 다르지 않다. 부모들의 이런 기대는 신문에 대문짝만하게 실린 한국교육과정평가원의 수능성적 결과보고에 근거한, "대도시 학원 많은 곳의 점수가 높았다"라는 언론보도에 의해 보강된다. 학교와 집에서 스스로의 노력으로 공부해서 원하는 대학에 간 학생들은 희귀하기 그지없는 예로써 대중매체의 뉴스거리가 된다.

이렇게 활기찬 시장의 기회를 도외시하는 것은 자식에 대한 부모의 도리를 소홀히 하는 것이라고 여기고, 자신의 아들딸에게도 그 기회만 잘 잡아주면 원하는 어느 대학이라도 갈 수 있다고 믿는 것 같다. 그러니 유명 사설학원들이 밀집해 있는 지역 전체의 땅값이 치솟지 않겠는가.

요컨대 자식의 재능이나 적성 여하에 불구하고, '숟가락으로 떠먹이듯' 하는 사교육을 열심히 받도록 하면, 누구와도 겨룰 수 있는 실력을 쌓게 되리라고 믿는 것이다. 게다가 그 값이 비쌀수록 자기 자식만의 특별한 소요(所要)에 더 적합한 교육혜택을 볼 수 있다고 믿는 것 같다.

사교육에 대한 이처럼 뜨겁고 널리 공유된 기대와 열성이 세계 다른 어느 나라에 또 있을까? 미국의 대통령(오바마)이 취임 이후 1년 사이 3번이나 미국 교육개혁을 역설하는 자리에서 한국 학부모들의 열성을 본받을 것을 권했다니, 한국은 부모들의 교육열에 관한 한 가히 세계 일등국이라 해도 좋을 게다. 이런 세계적 주목은 1960~70년대 경제성장을 두고 '한강의 기적'이라고 놀라워한 이래 처음이다.

요즘 어머니들의 높은 기대는 상당한 정도 사교육 공급자들의 부풀림 탓도 없지 않다. 사교육 공급자들은, 다른 많은 상품들처럼, 자신들의 상품, 즉 교육의 질과 효과를 공개적으로 얼마든지 광고할 수 있는 데다, 때로는 허위 과장광고도 서슴지 않는다. 심지어 '사교육 전문가'들이 언론매체에 출연하여 '80일 만에 서울대학교'에 합격케 할 수 있는 '비법'을 강의하는 식의 프로그램도 있다. 어떤 사교육기관은 대기업화하여 그 주식이 주식시장에 상장(上場)되어 우량주식 반열에 올라 있기도 하다.

사교육 공급자들의 적극적이고 대담한 '상술'에 대한 경계의 목소리는 이미 오래 전부터 있었다. 정부도 지난 40여 년 이래 그 과도한 시장 확장—밤 10시 이후 강의 등—이나 허위 과장광고를 규제해 왔다. 그럼에도 수요자는 계속 늘기만 하였던 만큼 사교육 시장은 또 다른 품목과 편법을 개발해서 점점 더 다양해지기만 했다.

이렇게 유연하게 번창해 가는 사교육 시장에 대한 지난 수년 내 공론(公論)의 합의는 '공교육'(公教育)의 실패 때문이라는 것이다. 그러나 공교육을 정녕 어떻게 해야 이 왕성한 사교육을 대체할 수 있을까에 대해서는 중구난방(衆口難防)일 뿐이다. 한편에선 공교육의 평준화가 한층 더 강화되어야 한다고 하는가 하면, 다른 편에선 중·고등학교의 자율화를 확대하고 교사의 질 향상에 박차를 가해야 한다고도 한다.

그러나 초·중학생은 제쳐두고 고등학생만 하더라도 2백만에 가까운데, 이들의 실력을 모두 고르게 향상케 하는 일이 어느 세월에 그리고 어떻게 가능하다는 말인가? 그리고 모두의 실력을 고르게 향상시키면 대학입시 경쟁은 과연 사라질까?

지금까지 중·고등학교 '평준화'는 학교별 신입생 선발을 못하게 하고 한 학군(學群) 내 학교들에 무작위로 신입생 배정을 하는 것이었다. 이 제도는 이미 40년 가까이 시행되고 있지만, 그 결과 과연 모든 학교, 모든 학생들의 실력이 고르게 향상되었던가?

자유시장 경제체제에다 부모들의 자식을 위한 시장능력이 이처럼 왕성한 나라에서 입학배정만 통제하는 것으로 모든 학교의 교육수준이, 상향이든 하향이든, 평준화 될 것을 애초 기대한 것부터 과욕(過慾)이었다. 자유시장 경제에서 도시 부동산/주택시장이 소득 계층 간/지역 간 분화하는 현상과 왕성한 부모들의 교육열이 상승(相乘)작용해서 어떤 결과를 초래할지, 미처 예견치 못했던 모양이다. 설령 예측을 했던들 그 대책은 공교육 효과만을 겨냥해서 시행할 수는 없는 일이다. 어쨌든 이 상승작용으로 서울의 그 유명한 강남 '8학군'이 생긴 것이다.

3. 공사(公私) 간 모순적 태도

'8학군'에 대한 질시(疾視) 같은 것이 모여 평준화 정책기조를 뒷받침하는 여론이 되기도 하였지만, 또 다른 한편 그에 대한 선망(羨望)에서 한국 특유의 '자식을 위한' '위장 전입'이 예사로워지기도 했다. 그래서 이 나라에서는 대학 입학 통로로서의 중·고등학교 교육이 이른바 진보와 보수 정파를 가르는 중요한 정치적 쟁점으로까지 발전하게 되었다.

그렇다고 진보성향을 자처하는 지난 정권의 지도층 인사들이 모두 자신들의 아들딸 교육에까지 평준화의 결과를 순순히 받아들인 것도 아니었다. 그 정권의 대통령도 자신의 아들딸은 외국에 유학 보냈고, 그 이념과 정책 설득에 앞장섰던 공영 방송국 사장의 아들은 외국 시민권 덕으로 병역면제를 받았다고 문제가 되기도 했다. 최근 서울시 교육감으로 당선된 진보적이라고 자처하는 전직 대학 교수도, 평소 특수목적 고등학교에 비판적이었음에도 자신의 자식은 외국어 고등학교에 보내고 있단다.

다른 한편 준법(遵法)과 사회적 질서를 강조하는 현 정권에서 고위직에 천거된 이들 가운데는 '위장 전입'이 문제가 된 경우가 흔하다. 그 가운데서도 특히 전직 법조인들의 경우가 자주 눈에 띈다. 법조 직업윤리도 자식 앞에는 무기력한 모양이다.

진보 보수정권 담당자들도 공교육의 현 상태가 자신들의 자식에게는 족쇄(足鎖)가 되지 않기를 바라는 마음가짐에 다른 모든 학부모와 다르지 않은 모양이다. 정권 담당자들과 정책 당국자들의 공사(公私) 간 이렇게 모순된 태도와 의식이 대학교육정책의 불안정을 초래하고 있는지 모른다.

이 나라에서는 자식의 대학교육과 그 비용은 부모가 부담하는 경우가 대부분이고, 사회적으로도 당연한 것으로 여긴다. 그 당연한 것을 왜 지적하느냐 할지 모르지만, 세계 다른 모든 나라에서 당연한 모습은 아니다. 서양 사람들은 자식이 고등학생, 즉 16~17세쯤 되면 자율적인 인격체로 여겨, 대학을 가느냐 마느냐, 학비는 어떻게 할 것이냐 등은 원칙적으로 본인이 결정하고 책임질 문제라고 본다. 부잣집이나 가문(家門)의 신분전통을 굳이 이어가려 하는 경우 이외, 대부분의 중산층 가족에서 그렇다.

그에 견주어 우리네 사회에선 부모의 자식에 대한 관계는, 자식의 능력 여하에 불구하고, 남다르고 헌신적일수록 높이 평가받는다. 부모의 자식에 대한 장래준비와 자식의 노년 부모 돌보기 정성은 사회적 의무처럼 승화되어 있다. 이 두 가지 가운데 후자는 급속히 희석되고 있음에도, 전자는 오히려 점점 더 심화되고 있는 것 같다.

대학진학은 무엇보다 부모의 자식에 대한 정(情) 실현의 도리처럼 되어, 아들딸의 인생진로 선택의 자유는 2차적인 것에 지나지 않는다. 이런 부모의 정을 거역 못해서인지, 자식들 또한 스스로 뚜렷한 진로선택 의지를 내세우는 경우는 예외적이고 오로지 지긋지긋한 '입시지옥'에서 하루 속히 벗어나는 것만 바라는 것 같다.

이렇게 사회적 미덕으로 승화된 가족관계 정서가 자식교육에 대한 부모들의 공(公)적 사(私)적 태도 간의 모순을 초래한다. 중·고등학교든 대학이든, 일류학교에 대한 견제와 비판에는 공교육이 일부 '교육 특권층'을 위한 것이어서는 안 된다는 편에 서면서도, 자기 자식이 그런 학교에 다니는 것은 자랑스러워한다.

자기 자식은 일류대학에 보내기 위해 그토록 애쓰면서, 이른바

'학벌주의'(學閥主義) 규탄에는 주저 없이 나서는 행태도 같은 이치가 아닐까? 자식에 대한 이런 사적·인간적인 헌신과 공적 입장 간의 갈등을 개인적으로 회피해버리는 방법이, 앞서 말한 바와 같은 유명인사들의 자식 외국유학 보내기이다.

대학이 이처럼 자식에 대한 정(情) 실현의 결정적인 기회처럼 여겨지기 때문에, 그 진학시장이 분화되지 않는다. 전국의 모든 대학 모든 학과가 '제일 좋은' 것에서부터 최하위까지 한 줄로 세워진다. 수능시험 성적을 보고서야 어느 대학 어느 학과에 갈지 결정하는 것이 바로, 전공보다는 대학서열에 대한 세평(世評)에 따라 남보다 더 '좋은' 대학을 선택하려는 모정(母情)·부정(父情) 때문이 아닌가.

대학교육에 대한 수요가 전공, 즉 대학에 가서 무엇을 공부할 것인가에 따라 분화되어 있지 못한 것이다. 무엇을 공부하려고 어느 학과에 합격했는지는 중요치 않고, 자식을 이른바 'SKY' 대학교 또는 서울 수도권 대학에 합격시킨 것만으로 축하받아 마땅한 부모가 된다. 이런 태도는 이제 나라 밖 대학으로까지 확장되어 '하버드 대학' 입학생 부모는 온 나라의 부러움의 대상이 되고 있다.

전공을 불문하고 모든 대학과 학과에 대한 수요와 관심이 이처럼 한 줄로 세워진 서열에 집중되어 있어, 공급자인 대학들도 그 서열 어딘가에 들어가야 한다고 여긴다. 그래서 모든 대학이 모든 전문 분야에서 다른 대학과 다름이 없음을 과시(誇示)하려 한다.

한국의 4년제 대학은 거의 대부분 내실(內實) 여하에 불구하고 '종합' 대학교 체제를 갖추고 있는 것도 그 때문일 게다. 그리고 거의 모든 대학과 학과들이 심오한 학술연구에서부터 실용적 기술교육에 이르기까지 최고 수준의 교육을 제공한다고 약속한다. 한 가지 수학능력시험으로 모든 대학에 수학할 수 있는 능력을 테스트하는 제도도 이런 현상에 부응하는 것이리라.

대학의 역사가 수백 년 되는 나라들을 보면, 각 대학의 설립 목적에 따라 서로 다른 체제로 발전해왔다. 예를 들어 프랑스에서는 행정, 교육, 과학기술 또는 인문학 등 분야의 최고 수준 인재를 양성해 내기 위해 18~19세기에 설립된 그랑제콜(*Grandes Ecoles*)들은 각 대학별로 자기 학생 선발에 적합한 입학시험으로 신입생을 뽑는다. 그러나 그 이외의 다른 대학들은 전국적인 '수학능력' 자격시험(*Baccalaureat*)에 합격한 해당지역 학생들을 입학시킨다. 영국에서도 옥스퍼드나 캠브리지 같은 수백 년 전에 설립된 학문연구 중심의 대학들과 19세기 말 20세기 초 새로운 산업기술인력 양성을 위해 6대 산업도시에 설립된 이른바 '붉은 벽돌 대학'(*Red Brick University*)들은 교육체제와 입학시험 방법을 달리 한다.

요즘 한국 정부와 대학들이 학부모들의 사교육비 절감을 위해 도입하려고 하는 '입학 사정관' 제도도, 실은 미국의 많은 대학들이 각자 자기 학교 또는 학과에 적성인 학생을 선발키 위해 개발된 방법이다. 다시 말해 입학을 위한 필기시험 부담을 덜어주기 위한 것이 아니고, 획일적인 필기시험으로는 알아 낼 수 없는, 자기 대학 또는 자기네 학과에 적합한 학생의 적성을 찾아내는 방법이란 말이다.

최근 대학 안팎에서 한창 기대하고 있는 것처럼, 이 제도를 수능 필기시험의 경쟁과열을 완화하는 방편으로 여겨 실시하는 경우에는, 조만간 그 사정방법의 적절성 여부보다 사정자의 공정성 시비로 불신 되어버릴 위험이 다분하다. 요즘 진행되고 있는 논의들을 보면, 입학사정방법을 전문적으로 훈련받은 사람들을 사정관으로 앉히면 별 문제 없으리라고 기대하는 것 같다. 이에 관해서는 뒤에 더 말하겠지만, 이 나라에서 전문성과 공정성에 대한 신뢰(信賴)는 별개의 문제이지 않은가?

요컨대 우리네 부모들의 대학 서열에 따른 자식 대학보내기 열정이 다소나마 식거나 아니면 대학들이 서로 차별화하는 데 과감히 나서지 않는 한, 어떤 대입 선발방법도 전국적인 입시 사교육 시장 경쟁의 상품이 되고 말 것이다. 그리고 이런 상태가 지속되는 한, 교육정책 당국의 어떤 대학입시 정책도 시작부터 이런저런 논란에 휩싸여 단명(短命)하기 마련이다.

4. 교육전문가 정치의 한계

그 많은 학부모/유권자들이 자식 대학보내기에 이처럼 열광적인 나라에서, 어느 정권 어느 대통령인들 대학입학제도에 초연할 수 있겠는가? 언필칭 민주주의 국가에서 어떤 문제도 전체 유권자의 반 이상이 이렇게 뜨거운 관심을 기울이면, 정치화되지 않을 수 없다.

하지만 대학생 선발은, 다른 정치적 자원 배분처럼, 다수(多數)가 원하는 획일적 기준에 따라 나누어 주기만 하면 되는 것이 아닌데 문제가 있다. 대학생 선발은 이 나라 전문지식 발달과 그 사회적 기여에 관련된 일이니, 일상의 정치적 접근으로는 자칫 문자 그대로 국가 백년대계(百年大計)를 그르칠 수 있다.

'대학입시 정치'의 이런 특수성을 배려해서인지, 이 나라의 대통령들은 일찍부터 교육관련 부처 장관직에 '전문가'를 영입해서 정치적 목적과 교육적 해법을 함께 성취해 보려 했던 것 같다.

첫 번째 정권인 이승만 정부부터 교육담당 장관은 학자 또는 대학총장 출신이 압도적 다수였다. 그 명단을 얼뜻 살펴보아도 90%가 넘는 것 같다. 대한민국 초대 문교부 장관은 안호상 박사였는데 그는 당시로서는 참으로 보기 드문 독일대학 출신 철학박사였고, 당시 '연희대학교'—오늘의 연세대학교—총장이었던 미국대학 신학박사인 백낙준이 뒤를 이었다. 그 이후 역대 정권에서도 대학총장과 교육학 전공교수들이 압도적으로 많이 기용되었다.

교육정책 책임자의 전문지식에 의존하는 태도가 이렇게 일관적이었음에도, 문교부 또는 교육부 장관의 재임기간은 다른 어떤 부처보다 훨씬 짧았다. 앞서 말한 바와 같이 그 평균이 겨우 1년 남짓 할 뿐이다.

역대 대통령을 비롯한 모든 정치 지도자들은 하나 같이 '교육은 국가 백년대계'(大計)라고 되뇌었음에도, 교육에 관한 어떤 문제가 사회적 분쟁의 대상이 되면 장관부터 교체하는 것이 관행처럼 되었다. 그리고 그 대부분 분쟁거리는 대학입학시험과 관련된 것이었다.

어떤 때는 1년에 장관이 3명이나 바뀌었다. 내가 유네스코 한국위원회 일을 할 때(1996~2000년) 겪은 일이다. 당시 한국에 유네스코 산하 '아세아·태평양지역 국제 이해교육센터'를 설치하기로 하여, 유네스코 사무총장이 한국정부와 그 협약문서에 서명키 위해 한국을 방문한 때를 전후하여 있었던 일이다.

프랑스 파리에 있는 사무총장에게 초청장을 발송한 교육부 장관과 그 초청장을 받고 3달쯤 후 한국에 온 사무총장과 협약에 서명한 장관과 사무총장이 파리로 돌아가는 비행기 안에서 전해 들은 한국의 장관이 각각 다른 사람이었다. 전 세계의 교육 관계관들을 만나고 다니는 유네스코 사무총장이, 돌아가는 비행기 안에서 참으로 신기한 일이라고 놀라워하더란 이야기를 수행원으로부터 전해 들었다.

역대 정권은 왜 애써 '전문가'를 영입하고서 전문지식을 활용할 시간도 주지 않고 그렇게 쉽게 해임해버리는가? 교육은 '백년대계'임을 안다면, 어떤 백년대책도 상당히 오랜 시간에 걸쳐 효과가 나는 것임을 알 터인데 말이다. 생각건대 교육정책 책임자의 전문경력을 정녕 전문능력으로보다 정치적 희생양(犧牲羊)으로 적격이라고 본 때문이 아닌가 싶다.

교육부 장관의 임면권자(任免權者)와 그에 영향을 미칠 수 있는 이들은 대학입학시험 같은 문제는 정치적으로 아주 중요한 것임은 몸소 잘 알고 있다. 그러나 스스로 그 문제의 내막을 잘 모르는 데다 안다고 주장해도 남들이 믿어주지 않을 터이니, 전문가의 공신력을 방패로 삼으려다 별 효과가 없으면 희생양으로 삼는 것이 아닐까. 다시 말해 문제가 정치적으로 부담이 될 만큼 커지면, '전문가'의 전문지식 부실(不實)을 탓하면서 시간을 벌어 또 새로운 시도를 해보려는 것이란 말이다.

어떤 분야의 어떤 전문가도 1년 정도 되는 기간에 나라 전체에 영향을 미치는 문제의 해법은 고사하고 문제의 실태를 파악하기도 어렵다. 게다가 교육문제는 다른 어떤 국가적 과제보다 훨씬 더 복잡하고 어렵다.

연구실 전문가는 문제해법에 관련된 이론이나 해법을 추론하는 논리적 방법의 전문가일 뿐, 그 문제에 관련된 수많은 이해 당사자들의 복잡한 관계나 해결과정의 역동성 같은 것을 알지 못한다. 이런 현실적 제약조건에 대한 이해는 상당히 오랜 동안의 현장경험이 필수적이다. 그리고 그렇게 되는 데는 무엇보다 해당부처 관료들과의 문자 그대로 소통(疏通)이 필수적이다. 그러나 장관의 재임기간이 1년 남짓한 것이 관례처럼 되어 있는 교육부의 관료들이 과연 장관과의 진정한 소통에 관심을 기울일까?

교육부 장관으로 1년도 채 못 있다가 퇴임한 교육학 전문가가 내게 한 말이 지금도 생생하다. 그는 재임 중 주중(週中)에는 거의 매일 부하들이 "장관님이 꼭 참석해야 한다"는 외부행사에 참석하느라고 결재는 대부분 토요일 오후에 해야 했다고 한다. 그의 추측에 의하면, 될 수 있는 대로 장관의 관심을 일상적인 업무로부터 멀게 하도록 하기 위해서 그리 했으리란 것이다. 고작 1년 정도 있으면 또 교체될 상사(上司)인데, 그저 무난히 지내다가 헤어지는 것이 상책이라고 생각하는 것은 인지상정(人之常情)이 아닌가?

사실 역대 교육부 장관들 가운데 가장 오래 재임했던 두 사람—'유신'정권 때 민관식, 전두환 정권의 이규호—은 모두 교육분야 전문가가 아니었다. 한 사람은 젊은 시절부터 오랫동안 국회의원이었고 또 한 사람은 독일 철학박사였다. 두 사람 다 3년 이상 재임했고 이 기록은 지금까지 깨지지 않고 있다.

이들 가운데 한 사람은 재임 중 이른바 '일류 고등학교'—경기, 경복, 서울고—폐지와 대학교수 봉급을 대폭 증액한 것으로 인기를 얻었다. 그리고 또 한 사람은 대학 입학정원을 1학년 정원보다 30% 이상 더 늘려줌으로써 당시 대학과 학부모들의 인기를 얻었다.

이 두 비전문가 장관의 과단성 있는 정책과 추진력이 대학발전에 과연 어떤 긍정적인 기여를 했는지 모른다. 하지만 이들 이외 그 많은 '전문가' 장관들이 하지 못한 일을 한 것만은 틀림없다. 요컨대 대학교육이 위에 살핀 것처럼, 전 국민적 관심의 정치문제가 되어 있는 상황에선, 전문지식도 별 쓸모가 없다는 것은 분명하다.

역대 정권의 대학교육정책은 곧 입학시험 대책이었다 해도 과언이 아니다. 다시 말해 가능한 많은 젊은이들이 대학에 들어가도록 입학 기회의 평등을 최대한 확대 보장하려는 것이었는데, 사실 이런 일에는 교육 전문가가 꼭 필요한 것이 아니었다.

우리 정부는 1948년 대한민국 건국 이후 평균 4년에 한 번씩, 대폭 또는 부분적으로 대학입학시험 방법을 바꾸었다. 대체로 약 15번쯤 된다. 정부가 앞장서 이렇게 자주 대학 입학방법을 바꾼 예는 세계에서 한국이 유일하지 않을까 싶다. 2차 대전 종전 이후 우리에 버금갈 만큼 대학 입학방법에 대해 사회적 논의가 많았던 곳은 일본인 줄 아는데, 일본도 대학입학시험 방법을 우리만큼 자주 바꾸지는 않았다.

어쨌거나 그 큰 줄거리는 1960년대 말까지는 주로 부정입학 방지였고, 그 이후는 '과열 과외' 내지 과도한 사교육비에 대한 대책 중심이었다. 전국 대학의 입학시험을 본격적으로 중앙정부가 관리하고 시험 문답형식을 전면적으로 이른바 객관식으로 한 것은 부정입학대책이었다. 그 이후 시험과목을 줄이고 문제를 점점 더 쉽게 출제하는 등의 조치가 사교육비 대책이다.

해방 이후 14~15년간 입학시험이 대학 자율로 실시되던 때 부정입학 문제는 각 대학입학시험 관리자들의 심각한 문젯거리였다. 시험문제의 사전(事前) 유출을 차단키 위해, 출제 교수들을 문제 출제에서 시험일까지 여관이나 호텔에 감금하거나 문제지 인쇄를 교도소에 위탁하기도 하는 등, 대학으로서는 참으로 부끄러운 짓을 해야 했다. 나도 1960년대 말 이 같은 관리대상이 되어 본 적이 있다. 사소한 일 같지만 한국 대학역사의 창피스러운 한 페이지다.

이런 창피스러운 경험 때문이었던지, 대학들은 '5·16 군사혁명 정권' 이후 1962년부터 지금껏 신입생 선발을 정부 주관에 맡겨 놓고 있다. 1960년대 말 한동안 대학의 학생선발 자율권 주장이 다시 불거져, 정부 관리(管理)의 '예비고사'에 더하여 대학별 국어·영어·수학의 필기시험이 추가된 때도 있었다. 그러나 이 이중(二重)시험제도도 1980년 이후 폐지되고 대학들의 학생선발 자율권 주장조차 잠잠해지면서, 전국의 대학입학시험은 지금까지 정부 관리 체제가 이어지고 있다.

대학입학시험이 이처럼 정부에 의해 관리되고 게다가 그 문답형식이 '객관식'으로 변형된 이후, 시험부정 문제는 더 이상 제기되지 않았다. 부정부패가 각계에 만연하던 사회에서 대학입학시험은, 국가관리 체제 덕에, 놀랄 만큼 빠른 기간에 공신력을 얻을 수 있었던 것만은 그나마 다행이다.

입학시험 부정문제가 이처럼 상당한 정도 제어된 이후 사회적 관심은 '과외공부'에 집중되었다. 지난 20~30년 사이 과외공부를 하는 중·고등학생들의 수가 급증했고, 그만큼 또 사회적·교육적 폐해에 대한 논의도 무성해졌다.

과외공부 또는 '사교육'은 이제 대학입학시험을 10년 후에나 치를 초등학생들에까지 이어져 있다. 전 교육과정에 걸친 대학을 향한 향학열(向學熱)이 범국민적인 사교육 열풍을 일으켜, 미국 대통령까지 부러워하게 만들었다.

향학열은 이처럼 범국민적으로 뜨거우면서도, 사교육/과외공부에 대한 비판적 여론 또한 점점 거세졌다. 이에 부응하여 지난 30여 년 이래 모든 정권이 과외공부/사교육을 규제하는 이런저런 조치를 시도했다. '과외공부'의 원칙적 금지에서부터 '밤 10시 이후 금지'에 이르기까지, 별별 조치가 다 동원되었다.

최근 일부 실시되기 시작한 입학사정관 제도도 같은 맥락에서 사교육 대책의 일환이다. 부정입학 방지를 위해 반세기 동안 시행해온 객관적이고 획일적인 선발방법을 과감히 버리고 주관적이고 개별적인 적성과 능력을 사정(査定)하는 방법의 채택도 마다하지 않겠다는 것이다.

정부로부터 대학입학시험 관리를 위임받은 '한국대학교육협의회'는 지난 봄 사정관제 입학에까지 사교육이 한몫을 할 여지를 배제하기 위해 사정 제외대상 목록까지 내놓았다. TOEIC, TOEFL 등의 외국어 공인시험 성적, 수학·과학 등의 교외수상 실적, 해외봉사 실적, 영어 자기소개서 등은 사정대상에서 제외한다고 한다. 하지만 이런 것을 배제한들, 내신과 수능성적이 여전히 주요 사정대상인데 사교육이 과연 사라질까?

언론에 보도된 바에 의하면 2010학년도 신입생 선발을 사정관제로 했다는 몇몇 대학들의 실제 선발방식은 그 취지와는 사뭇 다르다. 수능성적과 내신성적을 단순 합산하기도 하고, 심지어 어떤 대학들에서는 조교들로 하여금 이런 합산을 하게 하여 선발했다고 한다.

게다가 사정관으로 채용된 이들의 거의 70%가 20~30대 젊은이들이고, 그 가운데 78%가 1~2년 기간의 계약직이라고 한다. 대학 측에서는 수년간 경험이 축적되면 유능한 사정관이 될 것이라고 기대한다지만, 지금으로서는 이들은 행정적인 보조를 하는 데 그칠 것이다. 입학 '사정관제'를 채택하는 학교에 주기로 한 정부의 지원금이 이렇게 서두르게 하는 게 아닌가 싶다.

입학 사정관제가 그 본래의 취지대로 시행되려면, 각 대학교 그리고 각 전공별로 어떤 학생이 적합한지 교수진의 합의가 선행되어야 한다. 이런 합의는 각 전공 교수진의 진정한 자율과 자치능력 여하에 달려 있고, 입학 사정관(*admission officer*)은 그 합의된 바를 집행하는 자리일 뿐이다.

교수진의 자율적 합의의 뒷받침이 없는 채 사정관에게만 맡겨 형식적인 심사만 하여서는 자칫 부정입학의 여지를 만들거나 아니면 위와 같은 기계적인 사정방법을 탈피하기 어렵다. 그래서는 사교육의 개입을 방지하기 위한 조치들도 별 효과를 내기 어려울 것이다.

이 글을 쓰고 있는 순간 벌써 언론에는 고등학교 교사가 대학 진학하는 자기 반 학생들의 생활기록부를 부실(不實)하게 고쳐 쓴 것이 발각되었다고 보도하고 있다. 이런 일이 계속 일어나면 조만간 입학 사정관 제도 전반에 대한 불신이 일게 될 것이다. 사정관제의 존립 근거가 사정하는 편과 받는 편의 상대편에 대한 신뢰이기 때문이다.

정권의 '사교육' 내지 '과외 공부'에 대한 가장 강력한 정면 대응은, 1980년 이른바 '신 군부'의 '국가보위 비상 대책회의'(국보위)에 의한 입법 조치다. 이 법은 '과외'를 원칙적으로 불법화하고 몇몇 예외적인 경우만 허용하는 것이었다. 이 법률은 결국 2007년에 이르러 사법부에 의해 국민 기본권인 자녀 교육권의 부당한 침해라는 이유로 위헌 판결되었다. 사법부도 학부모들의 사교육 열망에 영향을 받지 않았나 싶다.

40여 년간 역대 정권이 이처럼 사교육 규제에 몰두한 데는 한 가지 공통적인 입장이 있다. 그것은 다름 아니라 돈으로 사교육을 사고파는 것은 일종의 필요 악(惡)이라는 것이다. 다시 말해 원칙적으로 적어도 초·중·고등 교육과정에는 '공교육'이 모든 교육책임을 다 맡아야 하는데, 현실이 아직 그럴 형편이 못되니 부득이 정부가 정하는 범위 안에서만 '사교육' 매매를 허용하겠다는 것이다.

사교육 시장에 대한 역대 정권의 적어도 표면적인 태도가 이처럼 부정적인 까닭은 무엇보다 부모의 경제력이 자녀 교육의 기회를 결정케 해서는 안 된다는 '여론'이 큰 몫을 한 때문이다. 다시 말해 정치적 배려가 큰 몫을 했기 때문이란 말이다.

'소 판 돈'만 있으면 대학교육을 받을 수 있었던 세대의 눈으로 보건대 대학교육은 그야말로 '개천에서 용이 나'게 하는 기회인데, 돈이 많은 사람들만 우월한 접근혜택을 누리게 할 수는 없지 않느냐는 것이다. 지난 50여 년 이래 전국적 산업화와 함께 진행된 거대한 사회적 상향이동에 대한 동경과 향수가 여전히 널리 남아 있기 때문일 게다.

역대 정권은 이런 뿌리 깊은 향수와 동경심을 감히 거역할 수 없었던 것이다. 다시 말해 국가는 대학교육을 포함한 모든 교육단계에 대한 모든 사람의 접근기회를 균등하게 보장해야 한다는 편에 서지 않을 수 없다는 말이다. 급속한 민주화와 그에 따른 경제 사회 각 분야에서의 평등의식이 급속히 확산됨으로써, 역대 정권은 교육에 대해 교육적이기보다 정치적인 배려를 더 많이 한 때문이다.

대학교육에의 접근이 이처럼 정치화되었음에도, 또 다른 한편 '사교육' 시장에서의 경쟁은 한층 더 치열해졌다. 이야말로 '우골탑' 세대 부모들의 공(公)·사(私) 간 모순적인 태도와 입장 탓이고, 그 결과 정책적 해법은 누구에게도 만족스럽지 못하고 소기(所期)의 성과도 이루지 못하게 되었다.

5. 정치의 교육시장 개입 한계

지난 30여 년 이래 여론 중심인 '우골탑' 세대는 자기 자식들의 교육에는 앞 세대보다 훨씬 유능하고 의욕적이다. '우골탑' 1, 2세대가 산업화 중심에 나선 1980년대 이후, 전두환이 이끄는 '신 군부' '비상대책 회의'의 서슬 시퍼런 감시 아래서도 '과외'시장 수요와 공급은 근절되지 않았다. 그 이후 사교육 '학원'은 오히려 한층 더 다종(多種) 다양화하고, 더 대형화하고 대기업화까지 되었다. 최근 한 보도에 의하면 전국의 사교육 '학원'은 지난 38년 사이 50배나 증가했다고 한다.

이제 이 나라에서 사교육 '학원'은 부모들과 학교 교사들의 대리 교육기관처럼 되었다 해도 과언이 아니다. 각 가정에서 부모들이 알아서 하던 가정교육과 학교 교사들이 당연히 담당해야 할 공교육의 상당부분마저 사설 '학원'에다 맡긴 것이다.

2009년 한국 교육개발원이 조사한 바에 의하면, 조사 대상으로 한 전국 107개 고교생 10,353명 중 '사교육'을 받는다고 대답한 학생이 6,600명, 즉 65%에 이른다. 조사 대상자들 가운데 대학에 진학하지 않는 학생들을 제외하고 계산하면, 이보다 훨씬 높은 비율이 될 것이다. 고등학생 과반수 내지 절대 다수가 사교육을 받고 있다는 수치이니, 사교육은 이제 중·고등 교육에 절대적인 영향을 미치는 주체임에 틀림없다.

이 조사가 밝혀낸 놀라운 사실은 위 수치만이 아니다. 학생들에게 학교 교사와 사교육 '학원' 강사 간 교육의 만족도, 교과 전문성, 수업에 대한 열의 등에 대해 물은 결과, 이 모든 면에서 학원

강사를 더 높이 평가했다고 한다.

심지어는 많은 학생들이 공교육에 대해 그처럼 바라는 이른바 '인성'(人性) 함양 면에서도 학교는 7점 만점에 3.31점을 받았는데, 학원은 3.72점을 받았다고 한다. 우리네 고등학생들의 교육 주체에 대한 실로 놀라운 의식 변화라 할 만하다. 이런 현상은 세계적으로도 한국이 유일하지 않을까 싶다.

어떤 신문의 학원 가는 학생들 인터뷰에, 한 학생의 말이 이 같은 의식 변화를 웅변하는 것 같다. "학원 강사는 프로선수 같고 학교 교사는 아마추어 같다"고 하더란다. 정녕 그래서인지, 밤에 '학원' 다니는 대부분의 학생들은 낮 학교 수업시간에는 잠을 자고 교사들도 이를 묵인한다고 한다. 밤에 학원에서 '효율적인 공부'를 위해 낮에 학교에서 잠을 보충하는 것이 대학입학시험 준비를 하는 고등학생들의 새로운 생체리듬이 된 모양이다.

부모들도, 진학지도 상담에서부터 뒤처진 학과 학습에 이르기까지 그리고 유치원생부터 대학생에 이르기까지, 교육의 거의 모든 면을 사교육에 맡긴 이들이 허다하다. 맡기는 편은 시간을 벌고 책임의 일부를 덜고, 맡는 편은 경제적 수익을 얻어 공생(共生)하고 있다.

자유시장 경제를 원칙으로 하는 나라에서 국가권력은 아무리 강력해도 시장현장 단속능력에는 한계가 있기 마련이다. 국가 권력기관이 수천만의 수요자와 공급자들의 사익(私益) 추구 행태와 창의성을 일일이 제어하는 것은 불가능하다. 자유시장 경제체제 자체를 없애 버리고 국민교육 일체를 국가의 완전한 통제 아래 두는, 사회주의 정치경제체제를 택하지 않는 한, 불가능한 일이다.

그럴 수도 없는 나라인 데다, 우리네 부모들의 앞서 말한 공(公)·사(私) 간의 모순된 태도와 의식이 오늘 이 나라 교육과 대학

발전을 남달리 어렵게 하고 있다. 경제 전반에 이른바 '시장주의'를 실천하겠다는 이명박 정부는 더욱 곤혹스러운 처지에 있을 터이다.

최근 한 신문에 인용된 것처럼, 학부모들은 '학원에서 공부하겠다는데 왜 정부가 막느냐' 하고, 학원 운영자들은 '시장주의자라는 이명박 정부가 도리어 더 반(反)시장적'이라고 목소리를 높이고 있다. 반면 정권은 자립형 사립고등학교와 자율형 공립고등학교를 늘리면서 동시에 사립 특수목적 고등학교를 규제하고 심야 학원수업을 규제하는 데 열중하고 있다.

교육 정치와 시장이 서로 다른 궤도를 달리고 있는 상황에선, 교육의 규제도 자율화도 의도한바 효과를 얻기 어렵다. 그래서 몇 년 지나면 정부는 또 다른 조치를 단행하여 조령모개(朝令暮改)라는 비판을 들을 것이며, 결국 교육에 대해 점점 더 미시(微視)적 규제에 급급하게 될 것이다. 그러면 또 사교육 시장은 점점 더 전문화하면서 넓어지기만 할 것이다.

2009년 12월 말 교육과학기술부 장관이 대통령에게 내년도 업무보고를 하는 가운데, 2014년 이후 수학능력시험에 영어 '듣기 평가'를 전체 영어문제 가운데 절반으로 하겠다고 한 것도, 또 한 가지 미시적 규제를 보태는 것이다. 대학에서 어떤 전공을 위해 어느 수준의 어떤 식의 영어가 필요한지, 중학교 또는 고등학교 수준에서 영어교육은 어떻게 하는 것이 바람직한지, 이런 교육문제를 교육부가 대학입시를 위해 획일적으로 결정해서, 과연 어떤 교육적 효과가 있을까?

이런 미시적 규제가 얼마나 더 확대될 것이며 또 그럴 경우, 대학교육의 자율성에는 어떤 영향을 미치게 될지, 초·중·고등학교 교사들의 능력과 역할 그리고 교재의 내용은 어떻게 해야 할지, 또 많은 새로운 문제가 제기될 것이다. 이제 좀더 거시(巨視)적 안목으로 교육에 있어 정부의 역할 자체를 심각히 따져 볼 때이다.

뒤에 좀더 말하려 하지만, 이 자리에서 내 소견의 요지만 말한다면, 교육은 이제 '여론' 영합정치로부터 해방되어야 한다. 그렇게 되는 데 첩경(捷徑)은 대학입학시험에 정부의 개입과 간섭을 일체 안 하는 것이다. 다시 말해 신입생 선발부터 전적으로 각 대학의 자율에 맡기라는 것이다.

수학능력시험 성적을 신입생 선발의 기준으로 삼아야 할지 말지, 입학 사정관제를 채택할 것인지, 정시모집 수시모집으로 나누어 선발할지, 더 나아가 기부금 입학세를 택할지 말지 등 모두 각 대학의 자율에 맡기라는 말이다. 정부는 입학시험에서부터 교육내용까지 각급 학교의 자율에 맡기는 것을 원칙으로 해야 한다.

대학입학시험에 대한 정부의 획일적 간섭 중지는 사교육 시장에도 획기적인 변화를 일으킬 것이다. 각 대학이 자율적으로 이런저런 신입생 선발방법을 시행하면, 사교육 시장은 그만큼 분절(分節)하여 대학별로 전공별로 개별화·전문화할 것이다. 이렇게 되면 결국 큰돈을 벌 수 있는 장사가 아니게 될 것이다.

그런데 이명박 대통령도 2010년 연초 시정연설에서 '교육개혁'을 '5대 핵심 국정과제'의 하나라고 하면서, 대학에 가고자 하는 모든 학생들이 "사교육을 받지 않고도 원하는 대학에 갈 수 있게" 대통령이 "직접 챙기겠다"고 한다. 이 정부도 여전히 '사교육비'를 둘러싼 교육 평등주의 정치에 미련을 버리지 못하는 것 같다. 이런 입장은 정녕 '교육'을 위한 것이기보다 여전히 대학교육을 정치적 수단으로 삼는 것일 뿐이다.

이 시점에서 정녕 '백년대계'다운 '교육개혁'을 할 터이면, 대학의 명실상부(名實相符)한 자율화부터 시작해야 한다. 대학의 자율화는 최소의 노력으로 교육 전반에 최대의 파급효과를 미칠 수 있는 길이다. 교육에 대한 정부의 개입은 교육비 부담이 어려운 학생 또는 가구(家口)에 사회복지적 지원을 하거나, 필요한 경우 개별 학교의 교육과 연구의 질을 높이는 데 필요한 재정지원을 하는 데 그쳐야 한다.

대학으로서의 생존 여부가 다분히 세계적 경쟁능력에 의해 결정되는 시대에, 신입생 선발의 자율 자치는 생존경쟁의 가장 기본적인 조건이다. 세계에서 유례가 없을 만큼 단기간에 많이 생긴 대학들의 생존을 모두 정부가 책임질 게 아닐진대, 학생선발부터 전적으로 대학에 맡길 일이다. 뒤에 더 말할 터이지만, 대학의 생존 발전은 정부가 맡을 일도 아니고 맡아서 될 일도 아니다.

어쨌든 이제 대학문제를 입학시험 준비비용 부담문제로만 보는 정치는 끝내야 할 때이다. 그러려면 물론 정치의 주역인 정부가 솔선해야 하지만, 대학의 각 전공과 학과와 학부 등의 교수들이 스스로 맡고 나서야 한다. 그들이 합의해서 어떤 학생을 어떻게 교육하기 위해 어떤 방법으로 선발하는 것이 가장 적절한지, 자신들의 주장을 사회에 널리 알리고 그 실천의지를 보여야 한다.

최근 신문보도에 의하면 몇몇 일류대학 총장들이 정부에 대해 신입생 선발의 '전권'(全權)을 대학에 맡겨 달라고 했단다. 모처럼만에 듣는 대학 자율과 자치 주장이다. 하지만 이 주장이 총장들만의 결단에 의한 것이라면, 실천적인 대책이 만들어져 지속되기 어렵다. 구체적 대안에 대한 해당대학 전체 교수들의 협의와 합의가 있어야, 진정한 의미의 자율과 자치에 의해 지속될 수 있다.

캠퍼스 밖에 참여와 안에 무관심

1. 자율보다 자유

한국의 대학교수들은 대학 안의 자율 자치보다 캠퍼스 밖의 자유를 더 소중히 여기는 것 같다. 대학 밖의 정치체제적 자유뿐만 아니라, 자신들의 언행(言行)의 자유도 아주 소중히 여긴다. 앞에 해방 직후 초창기부터 지금까지 크게 변치 않은, 대학교수에 대한 남다른 사회적 기대와 대우가 이런 외향적 태도와 참여 의욕을 북돋우지 않았나 싶다.

해방 독립 직후 첫 세대 교수들과 1980년대 이후 세대 교수들 간, 캠퍼스 밖에 대한 관심과 참여는 행태에는 다소간의 차이가 있다. 전(前) 세대는 대체로 개인적 연줄에 따른 것이었음에 견주어, 후(後) 세대는 상당히 공개적이고 집단적 참여에 적극적이다. 후 세대의 경우에는 또 이공(理工)계 교수들까지 관련 분야 시민운동단체 활동 등을 통해 참여하는 이들이 많아진 것도 크게 달라진 점이다.

교수들의 대학 바깥일에 대한 높은 관심과 참여가 나라 발전에 상당한 기여를 했음은 부인하지 않는다. 하지만 교수들이 대학 밖의 일에 바쁜 만큼 대학 안의 일에 소홀한 것이 사실이 아닌가.

그렇게 소홀한 만큼 대학 문제에 대한 자율 자치능력은 미숙한 채, 자신들 대학문제 해결의 열쇠는 정부에 있다고 믿는 이들이 많다. 이런 태도와 인식은 초창기부터 지금까지 별로 변한 것 같지 않다. 위에 말한 대학입학 문제의 정치화에 대학 구성원들의 무관심도 그 때문이었음을 부인키 어려울 게다.

어느 나라에서나 정부와 사회가 대학에 영향을 미치는 것은 사실이지만, 대학의 발전에는 다른 어떤 외부기관이나 단체보다 대학 구성원의 자율과 자치가 훨씬 더 큰 몫을 한다. 진리를 탐구하고 전문지식 인재를 교육하는 능력과 방법에 관해서는, 교수들 이외 더 잘 아는 사람은 없다. 오늘날 세계적으로 일류로 손꼽히는 대학들은 거의 다 초창기 자율 자치능력으로 그 기초를 구축했다.

앞서 잠깐 언급했듯이, 오늘 우리네 대학의 모형인 서양의 역사가 오랜 대학들의 출발은 자발적이고 자율적인 연구와 교육을 위한 지식인들의 공동체적 조직이었다. 다시 말해 가르치는 자와 배우는 자들만의 공동체적 조합과 같은 것으로 시작했다. 대학교, 즉 University의 어원(語原)인 라틴어 Universitas도 그런 뜻의 말이다.

이들 대학의 초기 자치와 자율은 정치적 종교적 권위와 교리로부터 지식의 객관적 보편타당성(普遍妥當性)을 지키는 장치였다. 그래서 사회구조와 정치체제는 미처 근대화되기 전에, 대학 안에는 자유 학문의 결실이 맺어지기 시작했고, 그 결과 대학 바깥 사회의 근대화/민주화 과정의 토양이 되었다.

15~16세기 이태리에 볼로냐(Bolognia) 대학이라는 자치적이고 자율적인 교육연구 조직의 울타리가 있었기에, 코페르니쿠스(Nicolas Copernicus)가 감히 이 지구 세상이 태양을 중심으로 돈다는 '지동설'(地動說)을 발표할 수 있었다. 당시로서는 참으로 경천동지(驚天

動地)할 이론이었으며, 그래서 오늘날 까지도 '코페르니쿠스적 전환' 이란 말이 널리 '획기적 변화'의 대명사가 되어 있다.

17세기 영국의 젊은 뉴턴(Isaac Newton)도, 일찍이 13세기 초 학자들의 공동체로 시작한 캠브리지 대학의 캠퍼스 안에서, 현대 물리학과 수학의 기초가 된 이론들의 기초를 다질 수 있었다. 인문사회과학 분야에선, 현대 철학의 원조라고 해도 좋을 프랑스의 르네 데카르트(Rene Descartes)도 16세기에 세워진 네덜란드의 라이덴(Leiden) 대학에서 그 학문의 기초를 다졌다.

서들이 '하느님이 주신' 당연한 것으로 여기게 된 개인의 지성과 양심과 사상의 자유에 대한 믿음도 사실 대학의 자율과 자치가 자유 지성들의 보루가 되면서부터 대학 밖으로까지 널리 퍼지기 시작한 것이다. 대학의 자율과 자치가 개인적 자유지성의 온상이 된 것이다.

이런 전통의 함의(含意)는 자율과 자치는 지식 탐구와 교육 조직으로서 대학 존립의 필요조건이라는 것이다. 다시 말해 자율과 자치의 의지와 능력과 조직은 그 안에서 탐구하고 교육하는 지식과 지성의 보편성과 객관성을 보장하는 필요조건이란 말이다.

서양의 모든 대학들이 이런 역사와 전통을 이어오고 있다는 말은 물론 아니다. 지난 4~5백 년 동안 저들의 나라에도 이런저런 시대적 상황과 필요에 따라 여러 가지 모습의 '대학'들이 만들어졌다. 앞서 말한 영국의 '붉은 벽돌 대학' 같은 것들이 그런 시대상황적 필요에 부응해 생겨난 대표적인 새로운 기능의 대학들이다.

그러나 이런 새로운 체제의 대학들의 경우에도 교육과 연구에서는 자율과 자치를 필요조건으로 여기고 따르려 한다. 유럽에 견주어 대학의 역사가 짧은 미국에서도, 동북부 연안의 비교적 오래된 몇몇 명문 대학들이 스스로 'Ivy League'라고 하는 것도, 겉모습이

나마 유럽의 오랜 역사의 대학과 같은 고색창연(古色蒼然)하고 고고(孤高)한 전통을 과시하고 따르고 싶어서이다.

이처럼 바깥세상의 간섭과 유혹에 대해 스스로를 다스려 오로지 진리탐구에만 충실할 수 있는 능력과 의지가 대학교수의 진정한 자부심이다. 그리고 스스로를 다스려 나가는 데 필수불가결한 조건이 곧 어떤 사람들과 함께 일할 것이냐이기에, 동료 교수와 가르칠 학생을 선택하는 일이야말로 대학의 자치 자율의 핵심과제이다.

그런데 이 나라에는 왜 어느 대학도, 정부의 방침여하에 불구하고, 감히 자신만의 학생선발 방법을 고집해 실천한 예가 없는가? 모든 대학이 정부의 방침은 당연한 것으로 받아들이고 그 방침에 어긋나지 않는 한(限) 약간의 추가적 방법을 시행하는 정도에 만족하고 있다. 다시 말해 모든 대학이 자신들의 울타리 안에서 함께 연구하고 가르칠 사람들을 선발하는 일을 정부의 방침에 맡겨두는 것을 당연한 것으로 여기고 있다.

지난 60여 년 이래 우리네 대학은 한가로운 진리탐구의 교실과 연구실이 아니고 '조국 근대화'의 견인차로 여겨져, 대학의 중요한 일은 곧 국가적 관심사가 되어야 함이 당연하다고들 여겼는지 모른다. 그리고 그 가운데서도 특히 대학입학시험은 이 나라 역사적 전환의 견인차(牽引車)에 누가 편승할 것인가를 결정하는 일이니, 마땅히 국민적 관심사가 되어야 하고 따라서 국가적 방침이 있어야 한다고 믿었던 게 아닌가 싶다.

대학의 자치나 자율보다 먼저 국가발전과 사회변혁을 위한 더 큰 일에 관심을 기울이고 참여함이 더 보람차다고 여겼던 것 같다. 사실 지난 60여 년 이래 이 나라 모든 대학 캠퍼스 곳곳에서 열띤 토론의 주제는 항상 나라 일이고 사회 문제였지 않은가. 오로지 진리를 위한 지식탐구는 오히려 한가로운 일처럼 치부되었다.

물론 밤늦게까지 연구실에 남아 연구와 강의준비에 열중하거나, 대학발전에 대해 고심하던 이들이 전혀 없었다는 것은 아니다. 특히 이공학(理工學) 전공교수들 가운데 비교적 많다.

그러나 전체로 보아서는 이런 이들은 소수였다. 특히 인문사회계열 교수들은 대학 밖의 정치·경제·사회적인 일에 이런저런 역할로 참여하는 이들이 더 많았다. 이공계열 쪽에 지난 20여 년 이래 부쩍 늘어난 정부나 기업이 위탁하는 이른바 '산학협동' 연구에 열중하는 이들이 많아진 것도 같은 맥락의 현상이다.

나의 현직 시질 생각과 행태도 이런 다수(多數)의 편이었다. 연구와 강의준비 시간을 할애해서라도 정부의 이런저런 자문위원회에 참석하거나 시민단체 활동에도 간여했다. 정년퇴직 2년 전까지 4년 동안은 휴직을 하면서까지 한 민관(民官) 합동기구의 집행 책임자의 자리까지 맡고 있었다. 지금 돌이켜 보건대는, 대학 밖의 일보다는 대학 안에서 연구와 교육에 더 충실했더라면 내 삶이 더 보람찼을 것 같다.

지난 20여 년 이래 한국의 교수들이 새삼 얻기 시작한 대학 자치 경험 가운데 가장 큰 일은 총 학장 선거이다. 과거 정부나 재단의 독단으로 선발 임명하던 총 학장을 스스로 선거해서 뽑게 된 것이다. 분명 이 나라 대학사(大學史)에 획기적인 일이다.

하지만 이 획기적인 변화도 진정한 대학 자율자치의 세련된 장치로 발전시키지 못하고, 캠퍼스 밖에 선거와 크게 다름없는 선거의 흥분에만 이끌려온 경우가 대부분이다. 평소에는 별로 관심을 기울이지 않으면서 선거에 닥쳐 이런저런 개인적인 연줄에 따라 이합집산(離合集散) 투표하는 모습은, 대학 밖의 이런저런 선거와 크게 다른 것 같지 않다.

나도 20여 년 전 지방의 한 국립대학교 총장선거에 후보로 이끌려 나간 경험이 있다. 그때나 지금이나 해당 대학교수가 아닌 자가 총장 후보로 나서는 경우는 희귀한 일이어서, 언론의 기사거리가 되기도 했다. 돌이켜 보건대, 개인적으로 대부분 잘 알지 못하는 유권자 교수들과의 2, 3주(週) 동안의 의사소통 기회는 극히 제한적이고 피상적이었다. 선거에 앞서 4년 또는 8년 동안이나 개인적 접촉을 통한 '선거운동'과 출신 고등학교 또는 대학 동창관계를 내세우는 경쟁관계에서, 승산이 없음은 선거운동을 시작한 첫날부터 알 수 있었다.

최근 수년 이래 몇몇 사립대학들의 재단 비리(非理)가 쟁점이 되어, 교수들이 자신들의 대학문제에 대해 관심을 기울이고 적극적으로 참여하는 사례가 없지 않다. 하지만 이런 분쟁에도 결국 대학 밖 정치세력의 힘을 빌려 상대를 제압하려 하는 경우가 대부분이다.

혹 교수들의 대학 밖 사회활동은 주로 서울 수도권 안 대학의 경우에 한정된 것이 아닐까 싶을지 모르지만, 그것은 현실을 잘 모르는 이들의 생각이다. 서울 수도권 밖의 지방은 대학의 수와 규모가 작고 따라서 교수의 수가 적은 만큼 교수들의 지방 명사(名士)로서의 지위가 오히려 더 뚜렷하다. 그래서 그들도 지역사회의 지도자적 역할뿐만 아니라 서울과의 중개 역할로 서울의 교수들만큼 대학 밖에서 바쁘다.

어쨌든 교수들이 이처럼 캠퍼스 밖 사회에 대한 관심과 참여에 열중하고 바빠질수록 대학 안의 문제에는 소홀하기 마련이다. 대학 안의 일은 총장이나 학장과 보직교수들, 아니면 정부 또는 재단에 맡겨 두는 것으로 충분하다고 생각하는 것이 보통이다. 간혹 자신의 현재 또는 장래의 교수로서 신분적 지위 또는 사회적 역할에 영향을 미칠 일이나 있으면, 적극적으로 관심을 기울이고 참여할 뿐이다.

2. 주인 없는 대학

기구형태만 보면, 대학의 의사결정 조직은 비교적 체계적이고 합리적이다. 각 학과 또는 단과대학의 전문성을 살리면서 전체로서 총장을 정점으로 해서 일체성과 종합성을 지향하는 관료조직 논리에 따른 것이다. 사립대학도 학교 측 조직은 이와 크게 다르지 않다. 이런 합리성을 믿고 교수들은 대학의 크고 작은 일을 조직의 책임자들에게 다 맡겨 놓는 것 같다.

그런데 한국 대학의 이 의사결정 기구의 가장 큰 문제는 그 정점인 총장과 참모진 그리고 각 단과대학 학장들이 모두 2년 또는 3년밖에 안 되는 짧은 임기직(任期職)이라는 사실이다. 게다가 국립대학의 경우는 이 임기직 보직교수들을 보좌하는 행정직원마저 각 부서 책임자 급은 2~3년마다 전보되는 것이 상례다.

정부 각 부처 장관의 평균 재직기간도 결코 길지 않지만, 그래도 정부에는 '철밥통'이라는 별명이 붙을 만큼 거의 평생을 한 부처에 근무하는 전문관료들이 있다. 그 덕에 장관이 자주 교체되어도 행정의 일상적 일관성에 큰 문제는 없다.

게다가 대학의 관리와 운영 책임을 맡는 자리는 대부분 교수들의 보직(補職)일 뿐이다. 이들은 보직 책임을 맡는 것을 스스로 '외도'(外道)라고 여긴다. 보직의 첫날부터 본업인 연구와 가르치는 자리로 다시 돌아가기를 기다리면서 그 일에 임(臨)한다.

책임자가 이런 태도여서는 그 부서 조직과 일에 전문성과 일관성이 축적되기 어렵다. 부서 책임자의 개인적인 열성이나 능력 덕에 때로 꽤 뜻있는 일이 추진되는 경우도 있긴 하지만, 상당한 기간의 연속성 없이는 큰 성과를 거두기는 어렵다.

여기에 대학 관리 운영체제의 딜레마가 있다. 대학도 한 조직으로서 규율이 지켜져야 하고 일상적인 관리가 있어야 하기에, 조직 관리를 위한 어느 정도의 관료제는 불가피하다. 그러나 또 다른 한편 대학은 그 본업(本業)의 특성상 모든 일을 비(非)전문가들에게 맡겨 둘 수 없다. 그래서 고안된 타협책(妥協策)이 보직 교수제이다.

다소간의 변형은 있지만 이런 체제는 오늘날 세계 대부분의 대학들이 채용하고 있다. 논리적으로 보면 그럴 듯하지만, 위에 말한 것처럼 보직을 맡은 교수 개인의 입장에서는 업무에 대한 태도가 어중간할 수밖에 없는 것이 현실이다.

그래서 대학의 행정은 정부나 기업에 비해서 상당히 아마추어적이고 더 비능률적인 게 사실이다. 내가 있던 대학교에서 교수들이 흔히 "되는 일도 없고 안 되는 일도 없다"라고 하던 말도 이런 형편에 대한 냉소적인 표현이 아닌가 싶다.

대학의 규모가 점점 커지면서 이런 딜레마로 인한 폐단과 손실도 커지면서, 세계 여러 대학에서 이런저런 대안이 시도되고 있다. 총장 자리에 대학교수 출신 아닌 비교적 큰 조직관리 경험이 있는 사람을 영입한다든지, 재정 책임을 사기업에서 금융 재정 경력이 있는 사람을 영입해 맡기거나 외부기관에 맡기는 등의 방식 등이다. 사립대학의 경우에는 재단 측의 간섭을 점점 더 널리 허용하는 사례도 많아지고 있다. 대학의 규모가 커지고 수가 늘고 게다가 대학 간의 경쟁이 더 치열해짐에 따라 점점 더 많은 대학들이 이런 변화를 시도하고 있다.

그럼에도 학사(學事), 즉 가르치고 연구하는 일에 관해서만은 교수들 이외 외부 인사들의 간섭을 허용치 않는 것이 세계적으로 일반적인 경향이다. 다시 말해 자문을 받거나 조언은 들을지언정, 어떤 학생들을 어떻게 선발해서 무엇을 어떻게 가르치고 어떤 자질(資質)의 동료들과 함께 교육하고 그리고 어떤 과제를 어떻게 연구하고 발표할 것인지 등에 관해서는 교수들의 자치와 자율을 원칙으로 하는 것이 여전히 일반적인 경향이다.

이런 학사 관련 사안에 대한 교수 집단의 최종적인 결정능력과 권한이 대학 자치와 자율의 핵심이다. 이를 위해 예나 지금이나 대학에서 당연한 것으로 여기는 의사결정 주체가 '교수회'(Faculty)다. 앞서 발한 유럽의 대학 자치의 전통도 바로 '교수회'의 자치 자율 전통이다.

하지만 한국의 대학에는 조직의 핵심 주체인 교수들이 학교의 크고 작은 문제에 관한 집단적 자율 자치의 경험이 거의 없다. 교수들이 캠퍼스 밖의 문제에 대한 개인적인 입장과 행동의 자유에 대한 관심만큼, 자신들의 직장 안 문제에 대한 집단적인 합의 형성에는 별로 관심을 기울이지 않는다. '민주화를 위한 전국교수협의회'(민교협)처럼 일부 교수들이 집단적으로 학내 문제에 대한 입장을 표현하는 경우도 있지만, 그동안 이런 모임들은 학내 문제도 으레 학교 밖 어떤 정치세력 탓으로 돌리는 데만 급급했다.

그런 동안 한국의 대학과 교수들은 이제 드디어 자신들의 본업(本業)의 장래에 대한 남다른 도전에 직면하게 되었다. 지금부터 이 도전에 얼마나 적극적으로 대처하느냐에 따라 대학과 교수 자신의 장래가 결정될 것이다.

이제 대학 간 경쟁의 장(場)은 국경을 초월해 넓어지고 있는 반면 대학에 대한 국가의 지원은 점점 줄어들고 영향력도 적어지고 있다. 각 대학은 스스로 살아남을 길을 찾지 않으면 안 되는 때이다. 말하자면 적자생존(適者生存)의 시대이다.

그럼에도 우리네 대학들은 신입생 유치만으로 충분하다고 여기고 있는 것 같다. 대학의 자율과 자치는 대학당국, 즉 관리자의 자율만으로 충분하다고 생각하는 것 같다. 신입생 유치경쟁이 치열해질수록 교수들의 자율과 자치 의지는 오히려 위축되고 있다.

교수들의 자율적 참여 없는 대학의 자율은 조만간 대학 전체의 경쟁력을 약화시켜 자칫 생존을 위협하게 될 것이다. 대학의 존폐를 좌우할 자율과 자치의 시대를 맞아, 한국의 대학교수들은 새로운 도전을 맞이해 있다.

이 나라 대학교수 사회에 이런 변화가 있게 된 것은 교수사회 자체의 변화와 정치 사회적 여건의 변화 탓이다. 우선 무엇보다 교수들의 학력이 전반적으로 크게 향상되어, 그들의 발언과 참여에 대한 사회적 기대가 커진 때문이다. 게다가 교수들 간의 명성 경쟁이 한층 더 치열해졌기 때문이기도 할 게다. 급속한 경제성장에 따른 산업기술의 발달과 급격한 민주화가 고도의 기술과 비판적 담론의 뒷받침을 필요로 하는 시기에 대학교수의 수준이 전반적으로 그만큼 높아졌기 때문이다.

최근 한 조사에 의하면, 대학교수 가운데 박사학위를 가진 이는 1965년에 4년제 정규대학 전체 교수의 15%였는데, 20세기 말 1999년에는 83%에 이르렀다고 한다. 이 가운데 미국, 일본, 프랑스, 독일 등 이른바 선진국 대학에서 취득한 박사학위 소지자가 40%이다. 그리고 특히 공학과 이학계열 교수들의 경우는 94~96%에 이르고 그 가운데 89%가 외국에서 취득한 것이다. 전체로서 83%란 수치나 이공계열의 94~96%란 수치 모두, 세계 어느 나라에 견주어도 결코 뒤지지 않는 수준이다.

국제적으로 공인(公認)된 학술지에 논문이 게재되었는지 여부를 교수 승진 등에 따지는 일도, 20여 년 전까지만 해도 생각하기 어려운 일이었다. 이런 변화가 반세기 만에 일어난 일은 한국 이외에 다른 어떤 나라에도 없는 줄 안다.

이렇게 급성장한 결과인지, 1990년대에 이르러서는 미국의 한 유명 교육재단(*Carnegie Foundation for Advancement of Teaching*)이 실시한 국제적인 대학 비교조사의 대상에까지 포함되었다. 그 대상국은 14개국인데 아시아에서는 한국과 일본, 이스라엘 세 나라만이 포함되어 있고, 미국과 유럽 국가들 이외에는 오스트레일리아, 칠레, 멕시코, 브라질 등이 포함되어 있다. 미국, 유럽, 일본, 오스트레일리아는 물론이고 남미(南美) 등의 대학들에 견주어서도 일천(日淺)하기 그지없음에도 왜 포함되었는지 알지 못하지만, 적어도 주목할 만한 대상이라고 본 것만은 틀림없는 것 같다.

이 조사에 의하면 14개국 대학교수들 가운데 '자신의 일에 지적(知的) 만족'을 느끼는 순위는 한국이 1위이고, 수업에 대한 만족도는 미국 다음에 2위이고, 대학 외부로부터 연구비를 지원받은 교수 수에서는 스웨덴(93.8%) 다음으로 2위(92.3%)이다. 이런 사항들이 곧 교수의 질 수준을 나타내는 것은 아니지만, 장래 대학발전의 중요한 요인이 되는 것이니, 세계적 유수대학들 가운데 1, 2위에 있다는 사실은 고무적인 일이다.

그 이외에 직무상의 스트레스를 느낀다는 교수 수에서 3위, 연구의 질보다는 양을 우선한다는 응답자 수 3위 등의 수치는 좀 걱정스럽기는 하다. 그러나 이 높은 순위 또한 교수들 간의 경쟁이 그만큼 치열해졌다는 증거일 수도 있어서, 반드시 부정적인 것만은 아니다.

한국의 대학교수가 남들보다 훨씬 짧은 기간에 이만큼 자부심을 느끼면서 일하게 된 것은 역시 사회적 지위와 대우가 여전히 꽤 좋기 때문이 아닌가 싶다. 지난 40~50년 전에 견주어 자존심은 상대적으로 좀 낮아졌을지 모르지만, 대학교수는 여전히 다른 직업보다 대우를 잘 받는 직종임에 틀림없다.

신문 방송뿐만 아니라 거의 모든 기관과 단체에서 사회적으로 중요한 문제에 대한 의견 수렴 또는 대책 발표에, 한국만큼 자주 그리고 많이 대학교수들의 발언 자리를 만들어 주는 나라는 없다. 지역별 주택가격 예측에서부터 남북 통일전망에 이르기까지 대학교수, 즉 '전문가'의 의견이 금과옥조(金科玉條)처럼 대접받고 있다. 이런 기회는 물론 인문사회과학 계열 교수들에게 더 많이 주어지지만, 이공학 계열 교수들도 관련분야에서 크게 다르지 않은 대우를 받는다.

40~50년 전 선배들에 견주어 월등히 높아진 학력 수준에 걸맞게, 요즘 교수들의 사회참여에는 세련된 학술적 개념과 이론적 술어와 기술적 처방이 동원된다. 그러나 그 동기는 역시 캠퍼스 밖에서의 정치 경제적인 지위와 대우를 추구하던 선배들과 별로 다른 것 같지 않다.

캠퍼스 밖에 공개된 발언자리에 나온 교수들은 대체로 주최 측 또는 안건 책임기관의 결정을 옹호 또는 대변하는 게 보통이다. 사실 이제는 시청자와 독자들도 정파(政派)나 기타 초청자에 따른 '단골' 출연자들을 대강 알고 있는 터이기도 하다. 본디 발언자는 초대자에 의해 선별되는 것이니, 당연한 일이라고 할 수도 있다. 그러나 왜 꼭 '대학교수'의 입을 빌려야 하는지, 대학교수들이 자문(自問)해 보아야 할 문제이다.

정부나 기업에서 일을 결정하거나 시행하는 사람들 가운데 내가 만나본 사람들은 대부분 자기들이 초청한 교수들의 '의견'이 실제 일하는 데 큰 도움이 된다고 생각하지 않는 것 같고, 때론 냉소적이기조차 하다. 이들의 속셈은 '그 사람, 현실은 모르고 하는 소리'

이긴 하지만 편들어 주는 것으로 도움이 된다는 것이다. 그래서인지 이들은 자기 일과 관련된 전문분야 교수들을 될 수 있는 대로 많이 사귀려 하고 또 극진히 대접한다.

최근 10여 년 이래 대중매체의 경우에는 어떤 쟁점에 대해 찬반(贊反) 양편 교수들을 한자리에 모아놓고 논쟁을 부추겨 시청자 또는 독자들의 흥미를 자극하는 예도 흔하다. 그러나 이런 경우에도 주최 측의 정치적 성향에 따라, 사회자가 편파적 진행을 하거나 찬성과 반대 측 구성에 차별성이 있는 게 보통이다.

여하간 왜 한국 사회에서는 이처럼 '대학교수'의 발언과 동조(同調)를 원하며, 교수들은 또 왜 대우의 속내 여하에 불구하고 이런 역할을 주저하지 않는가? 정녕 배움으로 인한 확신과 그에 따른 사회적 기여의지(寄與意志) 때문인가?

대학교수들이 현실의 정치·경제·사회문제 등에 관해 발언하는 것을 보면, 대개 보편적 이론에 근거한 주장이나 제안을 한다. 그리고 그 보편적 이론들은 거의 다 서양학계에서 개발되고 축적된 이론들이다. 일반 대중을 상대로 하는 자리에서도 말과 글에 담긴 개념과 단어들부터 아주 심오한 뜻이 담긴 것 같고 말의 짜임새가 논리정연하다. 좀 현학(衒學)적이길 좋아하는 이들은 자기주장의 근거 이론의 원조로 알려진 외국학자의 이름을 들먹이기도 한다.

교수들의 이런 식의 발언은, 초대한 사람이 하려는 일이 세계적으로 인정받을 만한 것 또는 보편적 타당성이 있는 일이라는 성원(聲援)이 될지 모른다. 일반독자나 시청자들도 이런 고담준론(高談峻論)을 들으면, 그 문제 또는 일의 국가적 범(汎)사회적 의미가 이해되는 듯한 감이 있을지 모른다.

3. 캠퍼스 안팎 간 유착

최근 30여 년 이래 대학교수 사회의 전 세대와 다른 가장 큰·변화는 대학 밖으로부터의 연구비 지원이다. 1960년대 이후 산업기술 개발과 공공(公共)정책 개발의 과학화가 필요하다는 생각이 확대되면서, 많은 교수들이 그에 따른 지원을 받게 된 것이다. 이른바 '산학협동'을 위한 지원이다. 이공계열과 경제, 경영학, 기타 실용적 전공분야 교수들이 상대적으로 많은 혜택을 받았다.

그리고 그 덕택에 상당한 액수의 부수입을 올리는 이들도 적지 않다. 내가 재직했던 시절 대학에서는 이런 일을 일반적으로 '연구용역'이라 하고, 이런 일에 열중하는 교수를 '용역교수'라 하기도 했다.

'용역연구'에 재미를 붙인 교수들은 정치 사회적 논쟁거리에 뛰어들어 명성(名聲)을 얻는 것을 별로 탐탁히 여기지 않는다. 시간낭비이기도 하고 공연한 분란에 휘말려 용역발주자(發注者)를 난처하게 해서 이득 될 게 없다고 생각하는 것 같다. 이들은 실속 없는 명성은 고사(固辭)하는 그야말로 '실속파' 교수들이다.

수로만 따져 보면 지난 한 세대 동안 이런 실속파 교수들이 그렇지 못한 교수들보다 훨씬 많이 늘었다. 캠퍼스 밖으로부터 교수들에게 지불되는 용역연구 자금이 그만큼 크게 늘어난 때문이다.

요즘 젊은 교수들 가운데는 외부용역 연구를 하는 것은 대학교수의 당연한 일이라고 생각하는 이들이 대부분인 것 같다. 일반시민들도 이제 대학교수를 결코 '배고픈 직업인'으로 보지 않는 것 같고, 그것도 '용역' 부수입이 크게 늘어난 이후이다. 교수들 간에 빈부(貧富)격차가 크게 늘어난 것도 그 때문이다.

대학과 대학교수의 사회적 역할에 관해서, 이제 많은 사람들이 '선비' 같은 고담준론(高談峻論)이나 체제 비판보다는 실용적 · 실무적인 기여를 우선해야 하고 또 그렇게 할 수 있다고 믿는다. 그리고 그동안 대학교수들의 '용역'연구가 기업의 기술개발과 정부의 행정 실무 향상에 상당히 기여한 것도 사실이다.

그러나 반면 또 돈의 마력 앞에서는 대학도 강하지 못해서인지, 외부 '용역'연구 지원이 들어오면서 40~50년 전 대학 캠퍼스에서는 볼 수 없던 이런저런 새로운 문제가 생겼다. 최근에는 이 대학 저 대학의 용역연구 자금과 관련된 부정과 비리사례가 언론에 자주 보도되기도 하고, 부실한 연구결과에 대한 문제제기도 적지 않다.

사실 이런 일은 '용역'연구가 시작된 초기에는 더 흔했다. 처음에는 정부에서 발주하는 용역연구에 문제가 더 많았다. 공무원들의 부패가 지금보다 더 많았던 만큼 뒷돈 거래와 사적 연줄 등에 의한 용역연구 계약에 관한 이런저런 소문들이 많았다.

불행인지 다행인지 나는 전공분야가 실무연구에 별 쓸모가 없어서, 정책개발을 위한 용역연구에 대한 동기가 본디 별로 강하지는 않았다. 그럼에도 나도 동료교수들과 함께한 '용역'연구로 후회스런 경험을 한 적이 없지 않다.

정부와의 용역계약 조건을 협의하던 자리에서 담당자가 '리베이트' 비슷한 제안을 하는 것을 듣고, 사리에 맞지 않는 것 같기도 하고 좀 불쾌하기도 해서 언성을 높였던 기억이 있다. 그 자리에 있던 다른 이들이 언쟁을 무마해서 유야무야(有耶無耶) 되었지만, 이 기억은 지금도 씁쓸하기만 하다.

사적 연줄도 용역연구 수주(受注)에 큰 몫을 했다. 이 나라 각계에 그런 것처럼, 교수들의 연구용역 계약성사(成事)에도 개인적 사적 연줄이 유리한 통로가 된다. 잘 모르긴 하지만 이 통로는 지금도 상당한 힘을 발휘하고 있을 게다. 한국 사회의 이런 인간적(?)인 관행은 이른바 '발이 넓은' 교수들에게 유리하고, 비교적 많은 동창들이 공(公)·사(私) 용역발주기관의 고위직에 있는 '명문 대학'들에게 유리하다.

때 늦은 감은 있지만, 서울대학교는 최근, 연구비의 사적(私的) 유용(流用)이나 연구내용을 조작하는 등 연구윤리에 어긋나는 행위를 방지하기 위해 교수들에게 '연구윤리 교육'을 하리라고 한다. 환영해야 할지 부끄러워해야 할지 모를 일이다.

용역연구의 또 한 가지 문제는, 발주자에 대한 의도적인 편들기 여부에 관한 시비(是非)다. 정파 간에 찬반이 있는 쟁점에 관련된 정책연구나 기업의 사업상 이해득실에 관련된 과제에, 연구자가 의도적으로 발주자에게 유리한 결론을 이끌어내려고 했는지의 여부 시비이다. 이런 시비는 진상을 가리기 어려운 것이지만, 시비가 있는 것만으로도 대학교수의 지적(知的) 권위와 사회적 체면에 대한 큰 손상이다.

이런 시비와 의혹은 교수 전체의 권위와 체면훼손뿐만 아니라, 한 대학 안에 교수들 상호간에도 반목과 갈등을 초래한다. 특히 1980년대 이후 이 나라 지식인 사회에 이른바 이념적 분파화와 함께, 특정 용역연구 참여를 두고 해당교수의 정치 이념적 편향성 탓으로 여기는 경향까지 있다.

연구용역은 학교 안의 연구조직에도 큰 영향을 미쳤다. 지난 20~30년 이래 대학 안에 각종 연구소가 많이 생긴 것도 다분히 그 덕이다. 교수가 개인 명의로 용역계약을 하면, 그 개인이 종합소득세를 크게 부담해야 할 수도 있는데, 학교의 연구소 명의로 계약하면 이런 부담을 면할 수 있기 때문이다.

학교는 학교대로 한 기관으로서 많은 연구실적을 자랑할 수 있으니, 교수들이 될 수 있는 대로 많은 연구용역을 끌어들이는 것을 환영하고 연구소 명의를 빌려주는 데 인색할 까닭이 없다. 대학에 따라서는 용역연구비의 일정비율을 학교 몫으로 내놓게 하기도 한다. 최근에 어떤 대학들은 일정액 이상의 연구용역을 수주(受注)해 오는 교수에게는 일종의 보너스까지 지급한다고 한다.

대학 내 연구소들의 창설 계기와 목적에 따라 다르긴 하지만, 많은 학내 연구소들이 교수들 연구용역의 형식적 계약주체 역할을 위해 만들어졌나. 이런 연구기관들은 대부분 간판과 기관장만 있고, 상임 연구진이 없다. 교수들이 들여오는 개별 연구과제를 위해 학생들을 일시 고용하고 그 일이 끝나면 해임하는 식이다. 이렇다 보니 지난 세월 학교마다 각종 연구소들이 우후죽순(雨後竹筍)처럼 많이 생겨났다.

학생들이 이처럼 연구과제를 용역하는 교수와 개인적인 관계에 의해 연구보조로 고용되는 형편이어서, 수당이나 근무조건 또한 일정치 않다. 학생들은 교수가 석사나 박사과정 전공 지도교수인 경우에는, 어떤 조건이든 받아들이는 것이 보통이다. 20여 년 전 어느 대학에서는 대학원생들이 집단적으로 연구보조 조건의 부당성을 항의한 일도 있긴 하였지만, 대부분은 참고 견뎌낸다.

최근 사정은 잘 모르지만 내가 대학에 있을 동안에는, 용역연구를 하는 교수가 그 연구를 위해 쓰는 시간과 그로부터의 수당을 학교 근무시간과 봉급에 어떻게 반영해야 할지에 대해 아무런 규칙이 없었다. 내가 아는 바로는, 미국의 대학들에서는 교수가 외부 연구과제를 위해 쓰는 시간은 해당교수의 학교 책임시간의 일부로 포함하는 반면 그 용역연구 수당만큼 학교 봉급을 감액하는 것이 보통이다.

우리처럼 학교 책임시간을 남들과 같이 다 하게 하고 용역연구 시간은 스스로 마련하도록 하는 대가로, 봉급도 남들과 같이 받고 그에 더하여 연구수당을 챙기도록 하는 것도 일리(一理)는 있다. 다시 말해 남들만큼 수업 책임시간을 다 하고 더하여 외부 용역까지 하는 것이니 그에 대한 추가적 보상은 당연하지 않느냐는 말이다.

문제는 그러나 혹시라도 외부 용역연구 때문에 학생을 가르치고 지도하는 일이나 기타 교무에 소홀해진다면, 다른 교수들에게 불공평하다. 실제 용역연구를 하지 않는 교수들 가운데는 이런 불평을 하는 이들이 꽤 많다. 그래서 대학교수 간의 빈부격차도 이런 불공평한 관행 탓이라는 인식도 없지 않다.

대학 캠퍼스 안의 이런 문제들은 정치 경제적으로 대학과 바깥사회가 한층 더 긴밀한 관계를 맺게 됨으로써 생긴 것이다. 한국의 대학들은 다른 나라들의 경우보다 훨씬 짧은 기간에 바깥사회와 밀접하고 폭넓은 관계를 맺음으로써, 외부 영향을 남달리 크게 받게 되었다고 해도 좋을 게다. 대학이 그 정체성에 대해 아직 불확실한 터에 대학 밖의 영향이 밀려든 때문이다.

연구용역 수주(受注)와 관련된 부정한 거래나 그 학내 집행의 불합리한 관행 등도 바깥사회 형편이 캠퍼스 담장 안으로까지 이어진 셈이다. 듣기 좀 거북할지 모르지만, 대학의 주인인 교수들이 대학 밖의 부정하고 불합리한 행태에 알게 모르게 순응한 결과이기도 하다. 캠퍼스 안과 밖 간에 일종의 '유착'(癒着)관계가 형성되었다고 해도 좋을지 모르겠다.

세계적으로도 지난 한 세기 이래 대학은 '상아탑'으로만 남아 있기 어렵게 되었다. 실천적 · 실용적인 가치가 없는 연구나 교육은 공리공론(空理空論)이라고 비웃음의 대상이 되는 경향이 널리 퍼져 있다. 해서 대학은 싫든 좋든 캠퍼스 밖의 사회와 관계를 맺지 않을 수 없게 되었다. 게다가 이 나라처럼 급속 성장하고 발전하는 것이 시대적·거족적(擧族的) 과업으로 여겨지는 곳에서는, 대학은 그 국가적 과업의 선도자, 해결사 역을 맡아야 한다고들 믿고 있기에, 더욱 그렇다.

대세(大勢)가 이렇기에 많은 교수들이 캠퍼스 밖의 일에 참여하지 못하면 불안감과 소외감을 느끼게 될지 모른다. 마치 교수로서 사회적 직분을 다하지 못하고 있는 듯한 자괴심(自愧心)마저 생겨서 그런 게 아닌가 싶다. 캠퍼스 밖의 활동과 연줄이 많은 교수를 동료들이 '살나가는 교수'라고 하는 것도 비아냥거림과 함께 질투심도 좀 있어서일 게다.

하지만 이 나라 대학들의 외부 연구용역 건수가 앞서 인용한 카네기재단 보고에 세계 2위 수준으로까지 단기간에 오른 까닭이, 대학 안팎 간의 정치 경제적 유착 때문이라면, 대학을 위해 반드시 좋은 것만은 아니다. 그런 연구는 자칫 대학과 교수의 이름을 파는 문자 그대로 '용역'에 지나지 않는 것이 될 뿐이다.

급성장의 후유증

1. 대학에 소홀한 대학교수

많은 교수들이 이처럼 캠퍼스 밖의 정치 경제적 세력에 편승하는 데 열중해 있는 동안, 대학은 자생적이고 자율 자치적인 발전능력을 키우지 못했다. 대학 바깥일에 열심인 교수들이 훨씬 더 빨리 그리고 널리 명성을 얻는 동안, 강의에 충실하고 연구실에 오래 남아 있는 교수들의 사기(士氣)는 오히려 위축되는 경향이다. 사실이 나라의 '유명교수'들의 명성은 대부분 캠퍼스 밖에서 얻은 것이 아닌가.

앞서 말했듯이 서양의 유명대학들은 초기에 다분히 폐쇄적인 학문 공동체의 자율 자치 조직이었다. 이에 견주어 우리 대학들은 초기 성장기가 너무 개방적이고 타율적이었던 게 문제인 것 같다. 이 자율 자치능력의 미성숙이 앞으로 더 치열해질 세계적 경쟁에 큰 부담이 될 것이다.

교수들의 사회서비스 내지 참여는 물론 대학 자체의 발전을 위해 득(得)이 전혀 없는 것은 아니다. 우선 학생들을 가르치는 데 연구

결과를 교재로 활용함으로써 대학교육의 현실적 실용성을 높이는 데 도움이 될 것이다. 또 사회 비판적 참여경험을 참고자료로 삼으면 사회에 대한 학생들의 비판적 안목을 넓히는 데 도움이 될 수도 있을 게다. 지난 세월 이 나라 대학교육의 큰 문제 중의 하나가 선진국에서 통용되는 교과서를 되뇌는 데 그쳤음을 돌이켜 보면, 교수들의 사회참여는 이 나라 대학교육 발전을 위한 진일보(進一步)라 할 만도 하다.

그보다 더 직접적이고 단기적인 효과는 대학연구의 사회발전을 위한 기여이다. 그동안 우리네 대학의 용역연구가 기업의 생산기술, 보건의료기술, 농사기술 등의 발전에 기여한 바 없지 않다. 20세기 후반 고급기술과 인재가 부족한 신생국으로서, 대학과 사회와 정부가 이처럼 긴밀하게 협력해서 일한 나라는 한국 이외에 없는 줄 안다.

그리고 그 결과 대학의 연구재정과 시설 형편도 상당히 좋아진 것도 사실이다. 기업과 정부가 대학연구의 실익(實益) 혜택을 본 만큼 연구능력 향상을 위한 투자와 지원도 급속히 늘었다. 이 때문에 학교 간 연구재정 능력의 차이가 더 커지기도 했지만, 일부 대학이나마 연구능력이 향상된 것은 전체의 수준 향상을 위한 자극제가 되었을 것이다.

하지만 대학이 외부 사회와 연계가 밀접해지는 것이 대학을 위해 항상 좋은 것만은 아니다. 무엇보다 대학 연구재정의 대부분이 외부 수요(需要)에 의존하는 것은, 자칫 균형 있는 연구능력 발달에 장애가 될 수 있다. 특히 이공계열이나 인문사회계열의 기초학문 분야의 연구가 등한시된 것도 그 탓이 크다. 단기간의 시장 수요나 정치적 배려가 일부 전공에 집중되는 것이 현실이기 때문이다.

선진국의 유명대학들은 이미 오래전부터 대학 자체의 재량으로 쓸 수 있는 연구기금을 모아 대학 스스로 필요하다고 여기는 일에 쓰고 있다. 그 가운데 우리에게도 널리 알려져 있는 것이 '석좌(碩座)교수' 제도이다. '석좌'는 우수한 교수로 하여금 자신이 하고 싶은 연구를 할 수 있도록 지원해 주는 자리이다. 한국의 '석좌'는 대부분 유명 정년 퇴직교수에게 주는 명예자리일 뿐이다.

몇몇 유명대학에서는 동창들이나 기업의 기부로서 대학 '발전기금' 같은 것을 모아 '석좌' 연구비 지원에 쓰고 있지만, 그 개별 지원액수가 의미 있는 연구를 하기에는 너무 적다.

다른 한편 앞서 말한 사회운동이나 정치 행정 자문 일에 열심인 이들은, 그 정열이 넘쳐서인지, 학내에서까지 정치적 이념적 분파(分派)화에 열중하는 경향이다. 정치적 이념에 관한 학문적 토론보다는 사적 친소(親疏)관계 형성에 급급한 예가 더 많다. 현실참여가 이런 식으로 학내에 연장되어서는 그 개인에게도 대학에도 학문적 교육적으로 득(得)이 될 게 없고, 교수들 간 인간적 갈등의 소지(素地)만 넓힌다.

한국 대학교수들의 외부 사회와의 상호관계가 너무 급작스럽게 깊어지고 넓어져서인지, 학내에서의 교수 본연(本然)의 직분과 역할에 관한 소통에는 오히려 더 소홀해진 것 같다. 무엇보다 캠퍼스 밖의 일에 적극적일수록 대학 안에 머무는 시간이 줄어드는 게 문제다.

나도 사실 외부활동을 많이 한 교수 가운데 한 사람이었다. 정년퇴직을 7~8년 남겨 놓고, 한 시민단체(경실련) 공동대표도 맡고, 이어 유네스코 한국위원회 사무총장으로 4년 동안이나 대학 연구실을 비워 놓았다. 그 이전 정부의 각종 자문위원회에도 상당한 시간을 바쳤다. 당시에는 이런 일에 제법 보람도 느꼈다.

1970년대 초에는 서울대학교에 한국 최초의 환경대학원을 창설하는 데 일조(一助)했고, 1978년 이후 6년 동안 이 대학원 원장으로 매일 학교 일에 몰두한 적도 있다. 그러나 지금 지난 세월을 돌이켜 보면, 학교 일에 좀더 많은 시간을 바쳤더라면 더 보람차지 않았을까 자성(自省)이 앞선다.

어쨌든 이렇다 보니 이 나라 교수들은 '대학' 내지 '한국' 대학의 미래에 관한 일반론에는 일가견(一家見)이 있음에도, 막상 자기 학과 자기 대학의 미래에 관해서는 구체적인 관심이 없다. 자기 대학 자기 학과는 그저 안정적인 직장으로 남아 있어, 자신의 연구나 사회활동에 지장(支障)이 되지 않기만 바라는 듯하다.

이들은 대학에 관한 소견(所見)을 말할 때도 학내에서보다 밖의 신문이나 방송을 애용한다. 그래서인지 요즘 우리 사회에 대학에 관한 심각한 논의는 대학 안보다 밖의 대중매체에서 더 많고 활발하다.

요즘 대중매체의 대학 논의는 주로 취업문제와 사교육비문제를 중심으로 하고 있다. 대중매체는 본디 대중이 관심 갖는 현실문제에 반응하는 것이기에, 대학개혁을 취업기회와 사교육비 문제해결의 종속변수처럼 다루는 것은 자연스럽다 해도 좋을 게다. 다른 한편 정부와 정계는 여전히 입학시험에만 관심을 기울이고, 그나마 대학보다는 학부모의 눈치만 살피고 있다.

신문 방송이 간혹 대학 내부문제에 관심을 기울이는 경우에도, 세계 대학서열(序列) 가운데 한국 대학의 위치라든가, 전체 입학생 감소와 취업기회의 변화에 따른 대학 '구조조정'의 필요성 같은 거시적(巨視的) 문제들뿐이다. 어느 나라에서든 대중매체의 눈으로는 대학의 속사정을 알기 어렵고, 아는 경우에도 사회적으로 놀랄 만한 사건이 아니면 보도하지도 않는 게 보통이다. 그러니 대학의 장래에 관한 논의를 대중매체에 맡겨두어서는, 각 학교에 적실(適實)

한 해법을 찾는 데는 별 도움이 되지 않을 것은 당연하다.

대학문제는 어느 경우에나 각 전공학과 각 단과대학 한 종합대학교의 교육과 연구의 내용과 방법과 질에 관련된 것이니, 그 주체인 교수들이 아니고서는 진상(眞相)을 알 수 없다. 대학발전은 궁극적으로 교수들의 책임이다.

2. 이름뿐인 교수회의

대학의 속사정은 그 안에서 잔뼈가 굵은 전문가, 즉 교수들이 아니면 잘 모를 일이지만, 교수도 자신의 전문영역과 아주 다른 학과 또는 다른 대학의 속사정은 이해하기 쉽지 않다. 가령 이공계열 교수는 철학과 또는 사회과학 대학교수의 연구와 교육여건은 어떻게 갖추어지는 것이 좋은지 잘 모른다.

대학의 교육방법과 연구의 질은 기업처럼 생산성이나 이윤과 같은 획일적이고 보편적인 잣대로 가늠할 수 없다. 최근 수년 내 한국의 학계와 언론에서 이른바 'SCI' 대상 학술지에 게재되는 논문의 수로 교수의 질을 가늠하는 경향이 있다. 그러나 미국의 한 사설(私設) 학술기관이 시작한 이 기준 역시 한 가지 잣대일 뿐이고 모든 전공분야 또는 모든 연구의 질을 평가하는 데 적합한 것도 아니다.

게다가 교육의 질을 평가하는 데는 더욱 불충분한 잣대이다. 이 기준이 고안된 미국에서도 이미 오래 전부터 "출판 안 하면 사라져라"(*publish or perish*)는 방침을 일률적으로 적용해서 교수의 질을 평가하는 것은 적절치 않다고 여긴다.

서울대학교도 지난 봄 교수 신규채용에는 논문 편수만으로 연구업적 점수를 매기는 것을 지양하고, 논문의 질을 평가하기로 결정했다고 한다. 기존 교수들의 계약연장 또는 승진심사에까지 확대하지는 않을 모양이지만, 좀더 두고 볼 만한 중요한 변화이다.

앞서 말했듯이 대학의 대학다움은 무엇보다 그 안에 연구와 교육의 자유와 자율이 있음으로써 확보되는 것이다. 그것은 대학 밖의 어떤 정치·사회·경제적인 힘이나 잣대에 의해 획일적으로 만들어질 수 있는 게 아니다.

대학 발전이란 자유로운 연구와 교육 여건을 확보하여 일정한 수와 질(質)의 교수진과 학생이 연구하고 배우고, 그래서 전문지식으로 사회발전에 기여하는 것이다. 앞의 요건을 만족시키지 못하면 그것은 교육기관일지언정 '대학'이라 할 수 없고, 뒤의 조건이 충족되지 않으면 공(公)교육 기관이라 할 수 없다.

대학이 일정한 조직체제를 유지하면서 구성원 각자의 자유로운 지적(知的) 발달을 이루어내기 위해서는, 그 구성원 집단의 자율과 사치능력이 있어야 한다. 다시 말해 한 대학의 교수진이 자율 자치적으로 조직의 나아갈 길, 교육과 연구의 수준과 여건 그리고 바깥 사회와의 관계 등을 결정하고 실천하는 일을 주도해야, 구성원 각자의 지적 발달의 자유가 확보된다.

영어로는 한 대학의 교수진을 Faculty라고 하는데, 이 말은 본디 한 전공의 교수진, 즉 법학부 교수진(*the faculty of law*) 또는 의학부 교수진(*the faculty of medicine*) 등을 두고 하는 말이고, 동시에 자신들의 일을 스스로 처리하도록 맡겨진 집단이란 함의(含意)가 있다. 대학의 한 전공집단이 하는 일은 고도(高度)의 지적 능력과 전공에 고유하고 특별한 여건과 지원이 필요하기에, 그에 정통한 이들이 자율 자치하는 것이 가장 합당하기 때문이다.

어느 단과대학 또는 어느 학과에서 누구에게 무엇을 연구케 하고, 어떤 과목을 어떻게 가르치고, 어떤 지원을 누구에게 몇 년 동안 해주어야 하는지, 과연 누가 결정할 수 있고 또 해야 하는가? 각 교수로 하여금 스스로 결정하고 실행에 옮기도록 맡겨 두는 데는 한계가 있다. 그렇다고 이런 고도의 전문지식을 요하는 문제를 문외한(門外漢)에게 전적으로 맡겨 둘 수도 없다. 그래서 결국 대학의 중요한 일은 Faculty, 즉 전공관련 교수 공동체가 자율 자치적으로 해야 하는 것이다.

우리네 대학에는 교수회의가 주도하는 자율 자치의 전통도 경험도 없을 뿐 아니라 아직 제도적 뒷받침도 없다. 공사립(公私立) 대학들 대부분의 교수회의는 총장 학장의 자문기구에 지나지 않고, 교수들도 그 이상의 역할과 권한을 요구한 예를 들어본 적이 없다. 이 나라 교육에 관한 기본법인 교육법(教育法)은 교수회의에 관한 사항은 시행령에 미루고 시행령은 또 각 대학에 위임해 학칙으로 정하게 하고 있다. 내가 아는 한, 거의 모든 대학교 학칙상 교수회는 자문기구일 뿐이다.

최근 교수회의 자문회의적 기능은 점점 더 공식화하면서 동시에 더 형식적이 되고 있는 것 같다. 많은 종합대학교들이 소속 단과대학들의 대표들로 구성된 교무회의 또는 평의원회의 등의 기구를 두어, 대학교 교수회의를 대신하여 총장의 자문기구로 운용하고 있다. 대학처럼 전문분야가 세분되어 있는 고등교육기관에서 이런 식의 대의(代議)기구로는 개별 전공분야의 교육과 연구현장 문제를 다루는 것은 불가능하다.

역사가 2~3백 년 이상 되는 서양 대학들의 경우에도, 지난 한 세기 동안 거대한 규모의 종합대학교(*university*)로 성장하고 그 안의 단과대학(*college*)의 규모도 커지면서, 위에 말한 Faculty다운 자율 공동체적인 토론과 심의는 각 학과 단위로 분화하는 경향이었다. 이처럼 토론과 심의의 단위가 세분(細分)되고 게다가 대학교 전체의 의사결정 구조가 관료조직화함에 따라 최하위 단위의 의사는 그만큼 여러 단계의 간섭을 받기 마련이다.

그럼에도, 내 경험에 의하면, 서양 대학의 총장과 학장은 적어도 각 전공 학과의 문제에 관해서는 해당학과 교수회의의 의사를 무시하는 것 같지 않다. 학과 교수회의는 별로 격식에 구애받지 않는 모임이지만 토론과 심의는 아주 진지하다. 자기 학과의 학사(學事)와 진로는 스스로 결정하고 이끌어간다는 분위기가 뚜렷하다. 특히 자신들이 가르치는 학생들의 교육수준에 관해서는 아주 심각한 검토를 하는 것이 인상적이었다.

이에 견주어 한국의 교수회의는 대부분 너무 공식적인 반면 참석자 서로 간에 진지한 의견 교환과 토론이 별로 없다. 발언자는 자신의 의견발표는 심각하게 하지만, 전체의 합의 형성을 위한 토론과 심의에는 진지하지 않은 게 보통이다. 교수회의가 자문기구일 뿐임에 대한 좌절감 때문인지 모르지만, 집단적 자율 자치의 메커니즘인 민주적 토론과 심의의 전통과 경험 부족이 근본원인이 아닌가 싶다.

그런 데다 교수들 간의 선후배 관계, 스승과 제자 관계, 기타 개인적인 친소(親疏) 관계가 개인들 간 의사소통 패턴에 큰 영향을 미친다. 교수들 의사소통 패턴도 한국 사회 일반의 그것과 크게 다르지 않다. 대학의 자유는 구성원 개인의 자유로 구현되는 것인데, 그 개인적 자유가 이런저런 인간적 연줄관계에 의해 타협되고 있는 것이다.

40~50년 전과 비교하면 최근 캠퍼스 안팎 우리 지식인들의 공적(公的) 쟁점에 대한 발언은 훨씬 잦고 적극적임이 사실이다. 그럼에도 그 발언들은 대부분 비판이나 항의 아니면 찬동하는 데 그쳐 있다. 협의, 타협, 조정, 그리고 합의는 입장의 선명성 내지 도덕적 올곧음을 타협하는 것으로 여겨지는 것 같다. 그래서인지, 학내 문제도 캠퍼스 밖의 정치 사회 운동노선을 연장해 '투쟁'하거나 아니면 무관심할 뿐인 것 같다.

3. 대학 상품화의 한계

교수들이 이처럼 소극적이거나 투쟁적이기만 하는 동안, 학교의 장래는 거의 전적으로 총 학장 또는 재단 책임자들에게 맡겨져 있다. 그러나 이들의 업적 평가는 주로 총량(總量)적이고 가시적(可視的) 잣대에 의한 것이어서, 각 학과의 교육과 연구의 질이나 내용에는 관심을 별로 기울이지 않는다. 이들의 일상적인 관심사는 각 학과의 학생 정원이 채워지고 있는지, 등록금으로 대학재정이 충당되는지, 교수의 수를 얼마나 늘리는 것이 재정적으로 가능할지, 정부의 지원을 얼마만큼 더 받을 수 있을지 등이다.

요즘은 신입생 유치에 급급해서인지, 이들의 일상적 관심은 대학 '판촉'(販促, *marketing*)에 집중해 있는 것 같다. 다시 말해 이들에게 학생은 자기 대학을 사는 소비자처럼 여겨지고, 교육내용은 소비자들의 입맛을 돋울 수 있도록 만들어져야 하는 상품처럼 보이는 게 아닌가 싶다. 대학재정 배분은 상품화를 위한 투자전략이고, 또 그렇게 해야만 대학재정 투자자들의 관심도 끌 수 있기 때문인지 모르겠다.

지난 10여 년 이래 많은 대학 관리자들과 교수들의 절박한 관심은 자신의 학과와 대학의 학생정원 채우기이다. 대학 광고를 신문 방송에 내는 것은 이제 예사로운 일이고, 교수들에게 직접 고등학교 졸업반에 가서 자기네 대학 세일즈를 하게 하는 것도 마다하지 않는다고 한다. 내 제자인 한 교수가 실토하는 바에 의하면, 이런 세일즈를 하러 간 곳에서 잡상인처럼 문전박대를 당해도 참아야 한단다. 어떤 대학은 심지어 고등학교 교사들에게 여비를 지원하여 해외관광까지 보내면서, 학생유치 로비를 하기도 한다고 한다.

최근 언론에 보도되고 있는 '학점 인플레이션' 경향도 '대학 판촉'의 일환이다. 점점 각박해지는 취업시장에서 졸업생 '판촉'을 위한 손쉬운 경쟁방법을 택하는 탓이다. 보도된 바에 의하면 전국 대학생 90%의 학점 평균이 B학점이라 한다. 이런 식의 학점배분은 진정한 의미의 학업성적 평가라 할 수 없으며, 머지않아 대학성적 전반에 대한 사회적 불신만 초래하게 될 것이다.

전문대학은 고사하고 4년제 정규대학에서도 최근 취업시장에서 수월히 팔릴 수 있는 것이면, 고등학교 수준에서 충분히 가르칠 수 있는 실용기술 학과들을 만드는 것도 주저하지 않는다. 일종의 '틈새시장'(*niche market*) 개척전략인 셈이다.

많은 대학들이 학교 건물치장에 열심인 것도 시장 판촉(販促)식 대학경영과 무관치 않다. 요즘 지은 학교 건물에 엘리베이터 설치는 보통이고, 구내 학생식당 고급화도 그 일환인 것 같다. 어떤 대학은 캠퍼스 안 지하에 쇼핑몰(*shopping mall*)까지 갖추어 놓았다고 한다. 20~30여 년 전까지만 해도 상상하기 어려운 그야말로 학생/소비자를 위한 편의시설이다.

한국의 대학들이 각종 편의를 제공하면서 중국, 동남아, 아프리카 등지의 유학생 모집에 나서고 있는 것도, 같은 맥락의 소비시장 개척의 국제화인 셈이다. 최근 수년 내 신문과 방송이 우리 대학들의 세계 순위 보도를 부쩍 많이 하는 것도, 한국 상품의 세계시장 경쟁력에 대한 관심과 일맥상통하는 게 아닌지 모르겠다.

대학 관리책임자들의 마케팅식 접근은 어느 정도 불가피할지 모른다. 전 세계 대학들이 각기 자기학교 팔기에 발 벗고 나선 터에, 고고(孤高)하게 앉아있을 수는 없을 터이니 말이다. 책임을 맡고 있는 동안 폐교의 위기는 면하려는 고육지책(苦肉之策)이거나, 이런 시기에 남달리 노력해서 교세를 크게 키워보려는 의욕에서일 게다.

게다가 또 정부를 비롯한 공공(公共)재원의 지원은 점점 더 기대하기 어려워지는 터이니, 학생 수를 일정 수준 유지하지 못하면 학교관리는 점점 더 어려워질 것이다. 전 세계적으로 대학에 대한 공공지원의 감축은 각종 공기업의 '민영화'와 같은 맥락의 현상이다. 다시 말해 점점 더 개방되고 있는 세계시장 가운데 자국 내 경제활동의 경쟁력을 높이기 위해 정부의 세입은 늘리지 못하면서 쓸 곳은 여전히 많기에, 지원의 능률성이 상대적으로 낮은 곳부터 줄여나가지 않을 수 없기 때문이다.

문제는 그러나 너무 서둘러 능률적 경영과 상업화에만 급급하면, 대학으로서의 경쟁력은 오히려 더 빨리 잃게 된다. 세계적으로 점점 치열해지고 있는 경쟁에서 장기적으로 살아남는 힘은 결국 교육의 질인데, 당장 양적 현상유지에만 급급함으로써 장래의 생존자원을 훼손하는 결과가 될 것이다.

대학 관리책임자들의 시장 '판촉'식 접근은 그 체제와 전통의 틀 가운데서 불가피한 것이라 해도 좋을 것이다. 교수들 가운데서 선출되어 고작 3~4년밖에 재직하지 않는 총장에게 먼 장래를 위한 계획을 만들고 그 실현을 위한 지도력을 발휘하기를 기대하는 것은 다분히 비현실적이다. 더욱이 국립대학교의 경우에는 총장 자리의 책임과 권한으로 할 수 있는 일이 별로 없다. 예산도 매년 정부에서 결정 배정되는 데다, 조직과 인사제도는 사소한 것마저 법령에 의해 규정되어 있다. 사실 한국의 국립대학교 총장은 명예를 제외하고는, 임기가 정해져 있는 한 관청의 기관장에 지나지 않는다.

요즘 많은 국립대학교 총장들이 주로 힘을 기울이는 일은, 동창을 비롯한 독지가들에게 후원금 지원을 설득하는 정도이다. 이 일의 성과도 사실 상당한 정도 해당 대학교의 명성과 동창들의 사회적 위상에 의해 좌우되고 총장의 노력만으로 크게 달라지는 것도 아니다.

사립대학교 총장들도 물론 학생 수업료 이외의 수입을 얻기 위해 많은 노력을 기울이고 있다. 이들의 경우에도 학교의 명성과 동창들의 위상이 큰 몫을 한다. 그러나 또 다른 한편 사립대학교 총장들은 학교 안에서의 영향력도 큰 제약을 받고 있어, 국립대학교의 경우보다 더 어려운 형편이다. 대부분의 사립대학교에서 재단 실세의 영향력이 총장의 권능을 제약하고 있다. 실제 총장과 재단 이사장 간에 학교 운영과 관리의 권한과 책임 분할 자체가 불분명한 사례가 허다하다. 그로 인해 많은 사립대학교에서 교수들마저 총장과 재단 실세 간에 이편저편 파벌을 이루고 있어, 크고 작은 일들이 항상 갈등의 늪에서 헤어나지 못하고 있다.

어쨌든 이런 형편에서 국립이든 사립이든 총장이나 재단 이사장에게 학교의 장래를 맡겨두는 것은 과도한 기대이거나 책임 회피일 뿐이다. 본디 총장은, 국립 사립 어느 대학에서나, 교육방법이나 연구의 질에 대해 거의 아무런 영향도 미치지 못하는 자리이다. 사실 이런 일에는 초·중·고등학교 교장보다 영향력이 적다.

게다가 정부나 정치인들은 학생 등록금 인하 요구에는 민감하게 반응하면서도, 개별 대학교의 장래에 대해서는 별 관심이 없다. 또 대부분의 사립대학 재단들도 총 수입과 지출에는 큰 관심이 있지만, 어떤 식의 전공체제로 어떻게 교육하고 연구토록 지원하는 것이 학교 발전을 위한 길인지 고심하는 경우가 과연 얼마나 될까?

결국 평생 학교와 운명을 같이하고 그 본래의 기능인 교육과 연구의 주체는 교수들뿐인데, 그들 말고 누가 정녕 학교의 문제를 속속들이 알고 해결책을 구상할 주인의식을 가지고 있겠는가? 어느 대학도 교수들의 적극적 참여 없이는 진정한 의미의 발전은 이루어 낼 수 없다.

4. 세계적 경쟁 도전

제한된 인적 경제적 자원을 두고 세계 대학들이 경쟁하는 이 시대는 어쩌면 대학의 옥석(玉石)이 가려지는 기회일 수도 있다. 대학 간의 경쟁이 치열해질수록 대학에 진학하는 학생들이나 외부의 지원자도 보다 더 구체적인 증거에 근거한 선택을 할 수 있게 될 것이다.

요즘 학생들은 자신들의 집에 앉아 인터넷으로 가령 미국 MIT의 강의를 들을 수 있는 세상이다. 최근 보도된 바에 의하면 세계 각지에서 MIT의 온라인 강의를 듣는 이들 가운데 한국학생들이 제일 많다고 한다. 세계적 대학들이 이처럼 개방되어감에 따라, 한국의 대학들은 점점 더 심각한 존폐의 위기에 처하게 될 것이다.

지금부터 10여 년 이래 한국의 대학들은 다른 어떤 나라보다 더 치열한 세계화 도전에 직면할 것이다. 우리는 중국이란 거대한 대륙에 너무 가까이 있기 때문이다. 게다가 중국은 다른 어떤 나라에 비해서도 우리와 문화적으로 친근하고 경제적으로 점점 더 긴밀해져가고 있으며 이미 상당히 많은 우리 학생들이 유학하고 있는 나라이다.

중국의 대학들은 베이징대, 칭화대 등 서너 곳을 제외하고는 아직은 한국 학생들에게 미국이나 유럽의 대학만큼 매력적인 유학 선택의 대상은 아니다. 중국말과 글을 익히기 위해서가 아니고 질 높은 교육을 위해서라면, 여전히 미국이나 유럽 대학을 선택하는 학생들이 더 많다. 하지만 앞으로 10여 년 내 중국에 오늘의 베이징대나 칭화대 수준의 대학들이 수십 곳 생길 것을 상상해 보라. 중국에 유학하는 우리 학생들의 수는 지금보다 엄청나게 늘 게 틀림없다.

이미 그 전조(前兆)가 뚜렷하다. 최근 수년 이래 서울 부산 등의 대도시에서는 간단한 중국어를 가르치는 유치원에 자녀를 보내는 부모들이 허다하고, 중국어 학습지가 상당히 잘 팔려나가고 있다. 세계에서 이런 나라는 중국 이외에 한국뿐일 게다.

거리도 가깝고 문화적으로도 친근한 데다 생활비를 포함한 학비도 분명 한국보다 저렴할 터이니, 조만간 중국으로의 유학 러시(*rush*)는 예상하기 어렵지 않다. 지금 미국에 유학하고 있는 한국 학생들이 10만 단위 숫자라고 하는데, 중국에도 이만한 수의 학생들이 간다면, 한국의 대학들은 그것만으로도 학생정원 확보에 큰 위기를 맞게 될 것이다. 중국 대학들은 우리 학생뿐만 아니라 지금 한국에 오고 있는 동남아나 아프리카 학생들도 끌어들여, 한국의 대학은 한층 더 어렵게 될 것이다.

최근 수년 내 한국의 몇몇 대학들이 세계적 경쟁을 위해 시도하고 있는 '국제경쟁력' 강화 프로그램은 대체로 3가지이다. 동남아, 중국, 아프리카 등 개발도상국 학생 유치하기, 외국인 교수 초빙 임명, 자기네 학생의 외국 대학 보내기 등이다. 대학에 따라 이 가운데 어느 한두 가지에 집중하거나 3가지를 다 하기도 한다.

많은 이들이 대학의 '국제화'는 교수와 학생들의 영어 의사소통 능력만 향상되면 큰 성과를 내리라고 믿는다. 그래서 몇몇 대학들은 교수들에게 영어로 강의할 것을 권장하고, 외국인 교수가 한두 명이라도 있으면 단과대학별 교수회의도 영어로 한단다. 그러나 과연 교수와 학생이 영어에 능통하면, 대학의 국제적 경쟁력이 높아질까?

최근 마침 모든 강의를 영어로 하게 한 어느 일류 대학에서 학생 자살사건을 계기로 영어강의에 관한 사회적 논란이 새삼 일고 있다. 사실 한국에서 어느 대학이든 모든 강의를 영어로 하게 하는 것은 무리다. 우선 무엇보다 모든 교수들의 영어능력이 고르게 강의를 능통하게 할 수 있는 형편이 아니다.

그럼에도 불구하고 모두 영어로 강의케 하는 것은 결국 강의내용 전달과 이해 불충실을 대가로 하는 것이다. 영어 영문과 등을 제외한 학과들의 학생과 교수의 영어능력 향상은 각자의 몫이다.

외국 젊은이들이 대학교육을 위해 한국에 유학 오겠다는 결심을 하는 데도 언어가 결정적인 조건은 아닐 것이다. 공부에 열의가 높은 학생은 자신의 나라 대학들보다 더 좋은 교육을 받을 수 있는지 여부가 우선적인 고려일 것이다. 그리고 학비지원 없이는 대학교육을 받을 수 없는 처지에 있는 경우에는 장학금 지원 여부가 결정적인 변수일 것이다. 좀더 실용적인 젊은이들은 유학 대상국의 문화와 언어 또는 인간관계가 장래 취업기회를 넓혀줄 가능성에 끌리기도 할 것이다.

또 장학금 유혹만으로 다른 나라 학생들을 유치하는 데도 한계가 있다. 무엇보다 장학금으로 쓸 수 있는 대학재정에 한계가 있기 마련인 데다, 학생의 질 여하에 불구하고 장학금으로 수만 채우려 하여서는 조만간 그 대학 전체의 교육풍토와 질을 손상하게 될 것이다. 앞서 언급했듯이 당장 정원 채우기에 급급해서, 교수들을 동남아 등지에 급파하거나 상업적 광고로 '파격 세일'하듯이 학생모집을 하는 것은 대학의 장래를 결과적으로 더 어렵게 할 뿐이다.

어느 나라 어느 대학이든 장래성 있는 진정한 '국제경쟁력'은 세일즈만으로 얻어지지 않는다. 교육의 질과 그에 따른 취업률 그리고 교수들의 연구성과가 널리 알려지는 것이 관건이다. 그리고 나아가 대학이 자리하고 있는 나라의 명성, 즉 국가 '브랜드 네임'이 널리 알려지고 높은 평가를 받으면 큰 도움이 될 것이다. 대학의 국제경쟁력도 결국 교수들의 경쟁력이다.

생존의 조건: 자율 자치능력

1. 교수 자율 자치의 도전

한국의 대학교수들도 최근 수년 내 캠퍼스 밖 정치에 대해 점점 더 관망적인 자세를 취하는 경향인 것 같다. 이제 교수나 학생들은 연구나 학습보다 나랏일 걱정에 앞장서야 한다는 명분에, 전처럼 선뜻 호응치 않는 것 같다. 대학은 이제 더 이상 정치 사회 운동의 중심으로 소용돌이치고 있지 않다.

대학 캠퍼스가 이렇게 차분해진 까닭은 물론 나라가 그만큼 민주화되었기 때문이다. 국가 사회의 개혁에 관한 이른바 좌·우파 간의 논쟁도 그만큼 시들해졌다. 그런 데다 오늘 한국의 대학구성원들 가운데 많은 이들은 자신들의 장래를 불확실하고 불안하게 느끼기 때문이기도 할 것이다. 많은 학생들이 오늘과 내일의 취업과 진로에 대해 불확실하고 불안하고, 많은 교수들은 자신이 가르치는 과목 또는 소속한 학과나 대학의 존폐 여부가 불안하고 불확실한 것 같다.

이 나라 대학 역사상 처음으로 대학 밖의 사정이 대학 안 면학

(勉學)분위기에 별 영향을 미치지 않는 시대가 되었다. 이 땅에 현대적 대학이 개교한 지 60~70년 만에 모처럼 대학 본연의 모습 만들기에 집중할 수 있는 여건이 된 셈이다. 이제 드디어 각 대학이 자치와 자율의 능력과 청사진을 펼칠 때가 되었다.

그런데 문제는 지금부터 한 세대 30~40년은 세계적으로 대학의 자율과 자치에 결코 만만치 않은 시대가 되리라는 사실이다. 특히 한국의 대학들에게 더욱 그렇다. 무엇보다 자율과 자치의 경험과 전통도 빈약한 터에, 바로 지난 20~30여 년 사이 대학 수는 급증한 반면 취학연령 층은 급감하는 데다 취학 기회마저 급격히 세계화되었기 때문이다. 이런 상황에서 자율과 자치 경쟁은 아주 큰 모험일 터이다.

바야흐로 전개되고 있는 대학 간 생존경쟁은 점점 더 치열해지면 졌지 수년 내 끝날 것 같지 않다. 이 생존경쟁의 장(場)은 나라 밖으로 점점 더 확대되어 나갈 것이 분명하고, 고객(顧客), 즉 대학진학 지원자들의 선택의 폭은 점점 더 넓어지기만 할 것이다.

대학 지원자들에게 선택의 폭이 넓어진다는 것은 또 그들은 이제 어느 대학 어느 학과든 입학하는 것만으로 만족하지 않으리라는 말이다. 예를 들어 지난날 흔히 들을 수 있던, "우리 아들은 그저 수도권 대학에만 가면 좋겠어"라는 식의 말은 더 이상 들을 수 없게 될 것이다. 지원자들은 이제 어느 나라 어느 대학 어떤 학과에서, 무엇을 어떻게 배우고 공부할 수 있을지, 이것저것 따져서 지원할 것이다.

이런 현실에서 대학의 생존과 발전은 무엇보다 교육내용의 수준과 차별성에 의해 좌우될 것이다. 그리고 그 질적 수준과 차별성은 나라 안 뿐만 아니라 나라 밖의 대학들에도 견주어 평가될 것이다.

최근 언론에 보도된 바에 의하면, 홍콩의 어느 대학은 설립과정에는 한국 KAIST의 이모저모를 본받았는데 지금은 세계적 대학 평가기관에 의해 KAIST보다 상위권 대학으로 평가되었다고 한다. 이는 분명 홍콩이란 곳의 국제적 개방성과 그에 걸맞은 경쟁력 제고 노력의 결과일 게다.

아시아의 소국(小國) 싱가포르 국립대학이 꽤 오래전부터 세계적으로 상당히 알려진 명문대학이 된 것도 교육수준 향상노력의 결과이다. 1960년대 말 내 친구인 그 대학교수로부터 들은 바에 의하면, 이미 그 무렵부터 졸업시험의 출제와 채점을 영연방(英聯邦) 다른 나라 교수들에게 의뢰했다고 한다. 다시 말해 그 대학교수들이 국제적 수준에 걸맞게 자신들의 교육내용과 방법을 개선하려 했던 것이다.

이런 대학들에 견주어 보면 우리네 대학들은 그동안 그야말로 '우물 안 개구리'와 같았다. 게다가 우물 안에서도 교육내용의 질과 차별성에 관해서 너무 등한히 했던 게 사실이 아닌가? 학생 정원만 채우면 그만이고, 정원은 또 다다익선(多多益善)이라고 여기지 않았던가?

사실 지난 세월 이 나라 모든 이들의 관심은 대학생 수에만 집중해 있었다. 듣기 불편할지 모르지만, 교수들은 소속학과의 학생 수 이외에 자기자리 유지에 영향을 미칠 것이 없었으니 그랬고, 대학 기관장이나 재단은 재정수입의 규모를 결정하는 가장 큰 변수였기에 그랬다. 그리고 정부는 학부모/유권자들의 자녀 교육열에 부응하는 정치수단이었기에 또 그랬다.

정치인들은 심지어 대학정원 배분을 '국토균형 발전'의 명분과 수단으로 활용하는 것을 자랑으로 삼았다. 이런 정치적 명분이 지난 20~30년 사이 전국에 걸쳐 거의 한 군(郡)에 한두 개의 대학이 개교하는 데 큰 몫을 하였다.

이제 대학생 수에만 집착 또는 만족해 있을 시대는 지났다. 이른바 세계화 시대 이후 기업의 사활(死活)과 관련해 익숙해진 말을 빌리건대, 대학들도 이제 '구조조정'의 도전에 직면해 있다.

다만 대학의 구조조정은 기업의 경우보다 훨씬 더 복잡하고 긴 시간이 필요하다. 기업의 구조조정에는 목적하는 바가 경제적 이윤이라는 명백하고 계량적인 잣대로 평가되지만, 대학의 그것은 주체인 교수들의 합의에 의해 만들어져야 하고 실천되어야 한다.

최근 몇 년 사이 비교적 발 빠르게 기존 학과를 없애고 새로운 학과를 만들거나 기존 학과들을 통합하거나 하는 등의 조직개혁을 하는 대학들은 대부분 2년 또는 3년제 실용기술 전문대학들이다. 이들은 생산이나 서비스 현장이 필요로 하는 기능과 기술을 체득(體得)하게 하는 곳이어서, 졸업생에 대한 시장수요가 곧 교육의 잣대이자 교재이기 때문이다.

하지만 오랜 동안 축적된 학문적 업적에 근거한 연구와 교육을 기본으로 하는 대학의 경우에는, 목전(目前)의 시장수요에 따라 수시로 변신할 수는 없다. 연구와 교육의 주체인 교수 자신의 학문적 수준이 교육의 질을 결정하기에, 이들의 실천의지와 합의 없이는 공허한 계획에 그칠 뿐이다. 한 대학교 전체의 장래에 대해서도 그렇고 그 각 부분 단과대학이나 학과의 장래도 그렇다.

학교의 장래를 좌우하는 이 합의형성 과정이야말로 한국의 대학교수들이 처음 당면한 엄청난 도전이다. 이 나라 교수들의 집단적 자치능력을 시험하는 첫 번째 도전이기도 하다.

서울대학교를 비롯한 큰 대학들은 대부분 장기 발전계획을 만들어 놓고, 발전기금도 상당한 액수를 모아 놓고 있다. 그러나 이런 계획들은 거의 다 총장이 위촉한 몇몇 교수들에 의해 고안(考案)된 추상적인 선언(宣言) 정도인 것이 보통이다. 일반 교수들은 대부분 그에 관해 잘 알지도 못할 뿐만 아니라, 자신의 전공이나 소속학과 소속 단과대학의 장래와 관련된 사항 이외에는 별 관심도 없다.

대학의 구조조정은 정부의 지원이나 규제만으로도, 총장과 보직 교수들의 결심과 계획만으로도, 재단의 결단과 투자만으로도 소기(所期)의 목적을 이루어낼 수 없다. 대학의 기능과 질적 수준은 조직 주체인 교수 한 사람 한 사람의 지적(知的) 능력, 발전의지 같은 개인적 자질 성향과 함께 집단적 자율 자치의 의지와 능력에 의해 좌우된다.

2. '집단 이기주의'를 넘어

이 시대 대학 교수진의 자율 자치는, 앞서 말한바 2~3백 년 전 서양의 대학처럼 바깥 사회의 억압과 간섭으로부터 학문의 자유를 지키기만 하면 족한 소극적인 것에 그칠 수 없다. 안으로는 대학의 기능과 진로에 대한 자치(自治)이고, 밖으로 여러 관련집단과 기관과 그리고 각계 인사들과의 협치(協治)여야 한다.

다시 말해 해당대학 관리책임자들과 교수진이 합의한 일을 정치·사회·경제계의 지원기관 단체 그리고 필요한 경우에는 다른 대학과도 합의하고 협력해서 성취해나가는 능력이란 말이다. 이 시대에 자치는 국가나 지방자치단체도 다른 주체들과의 협치 없이는 공허한 구호일 뿐이니, 대학의 경우는 더욱 그럴 수밖에 없다.

우리네 대학에서 이런 자치/협치(協治)가 현실화하려면, 무엇보다 교수들이 적극적으로 나서야 한다. 그리고 정녕 그럴 테면 지금까지의 타성과 상호관계 의식과 행태의 상당부분을 극복해야 한다.

앞서 말한바 동창 선후배 간의 연줄의식, 고담준론에 자족(自足)하는 '선비'의식, 개인적 명성과 실리에만 급급한 행태, 학내 문제까지 정치 사회적 이념이나 당파적 입장을 연장하는 행태, 학과 또는 전공 이기주의적 편견에 몰입된 태도 등은 극복되어야 한다. 이런 의식과 행태는 현상유지를 최고의 선(善)으로 여기거나 아니면 모든 새로운 제안에 대해 반대 또는 냉소적이게 할 뿐이다.

각자 전문적 지식탐구에 몰두하고 있는 이들이 모여 집단적 합의를 만들어 내는 일은 결코 쉽지 않다. 이런 집단적 합의는 구성원 모두 대등한 당사자임을 인정하고 각자 타자(他者)에게 자신의 의견을 진지하게 전달하고 동시에 타자의 의견을 경청하고 충실히 이해하여 함께 더 잘 되어가는 길을 찾는 데 힘을 모으는 것이다.

전문지식인 집단에서 진정한 의미의 합의형성 과정이야말로 공정성과 합리성 그리고 집단적 심의(審議)의 근거 지식과 정보의 객관성과 정확성이 필수적이다. 이런 조건을 갖추어서 관련자들로 하여금 이지적(理智的) 판단을 해서 참여케 해야, 합의형성 과정이 정치화하지 않는다. 여기서 '정치화'란 말은 심의과정의 시작부터 파당적 입장으로 갈라져 찬반(贊反)으로 분열하는 것을 의미한다. 한국의 내학 현실에서 교수들 산에 이를 극복하여 정녕 진지한 합의형성 과정을 실현하는 데는 상당한 노력과 시간이 필요할 것이다.

교수들 상호관계 의식과 행태 가운데 특히 조직개편 과정에 가장 큰 장애가 되는 것은, 자기 학과 또는 자기 소속대학에 대한 애착이다. 정치 현실에도 간혹 나타나는 비교적 소규모 집단의 이른바 '집단 이기주의' 현상과 비슷한 것이다. 자기 학과 또는 소속 단과대학의 현상유지에 영향을 미칠 제안에는 거의 본능적으로 강하게 반발한다. 소속학과 또는 대학에 대해서는 일종의 영토의식 같은 것이 있기 때문이다.

자기 학과 내지 단과대학에 대한 영토의식은, 옆의 학과 또는 대학의 영역에 대해서는 불간섭하는 것이 원칙처럼 되어 있기도 하다. 생태계처럼 이렇게 공생(共生)하는 영토분할의식 때문에, 기존 학과나 전공의 영역에 조금이나마 관련되는 학과 내지 전공이 새로 만들어지기도 어렵고 두 개 이상의 관련학과가 합치기도 어렵다.

1995년 두 개 이상의 학과를 묶어 한 '학부'로서 신입생을 뽑고 1, 2학년을 마친 다음 학과를 선택하게 하는 정부의 시책('5·13 교육개혁안')이 대학의 학과 영토의식에 간섭한 최초의 시도였다. 인기학과에는 지원자가 넘쳐나면서 그렇지 못한 학과는 정원 미달되어, 총 정원은 못 채우는 현상을 극복키 위한 처방이었다.

입학생 선발에만 국한된 이 시책도 4~5년 간 별 호응이 없다가, 1990년대 말에 정부의 이른바 'BK 21'('두뇌한국 21' 사업) 연구비 지원을 이에 연결지음으로써 꽤 많은 대학들이 채택하기 시작하였다. 그러나 10여 년이 지난 요즘 비교적 유명대학들에서 다시 학과별 선발, 즉 '학부'제의 폐지가 시작되고 있다. 이런저런 이유를 내세우지만 역시 학과 내지 전공 영역의식이 그 근본이다.

교수의 발언권 비중이 비교적 높고 역사가 꽤 오랜 대학일수록 수십 년 동안 별로 큰 변화가 없는 것은 이 때문이다. 이런 대학교들에서는 정부도 재단도 큰 조직변혁을 이루려면 상당한 저항극복 비용을 지불해야 하기에, 차라리 무사하게 지내는 편을 택한다.

최근 한 대기업 관련재단이 인수한 서울의 한 사립대학교가 2009년 말 발표한 구조개혁안(案)은 한국 대학 역사상 가장 과감한 안이다. 18개의 단과대학을 10개로 줄이고, 77개 학과를 40개로 줄이겠다는 것이다. 단과대학과 학과 수를 거의 반으로 줄이는 안이다. 분명 그 학교 구성원들에게는 충격적인 조치였을 게다.

그러나 그 대학교수들로부터 들은 바와 언론에 보도된 바에 의하면, 교수들은 대체로 자기 학과의 입장에서만 찬반(贊反) 반응하는 것 같다. 통폐합 대상학과의 교수들은 상당히 강하게 반발하는 반면, 계속 존치될 학과에서는 대체로 호의적이란다.

이 대학교의 통폐합 '구조조정' 안(案)은 1년에 걸쳐 대학교 '본부위원회'뿐만 아니라 전공 계열별 교수대표로 구성된 '계열위원회' 협의를 거쳐 확정된 것이라고 한다. 그럼에도 학과별 반응은 여전히 상반된 채로 남아 있다고 한다. 다시 말해 공개된 자리에서의 계열대표들의 입장 내지 의견과 소속학과 안에서의 태도가 같지 않은 모양이다.

지난 수년 내 이런저런 개혁조치로 여러 번 언론보도에 오른 국립 KAIST의 경우도 비슷한 형편이다. 교수 정년심사에 SCI 논문 편수를 엄격히 따지고 모든 강의를 영어로 하게 하는 등의 '국제경쟁력' 강화조치를 시행한 총장이, 최근 그 대학 이사회의 연임 심의에서 상당한 반대에 직면했으며, 해당 대학교수들 가운데도 상당수가 '독선적'이라는 등의 평을 하고 있다고 한다.

두 경우 다 평소 교수들 스스로는 소속학과나 단과대학의 장래에 관해서 깊이 있고 지속적인 논의와 합의형성에는 등한한 채, 재단 이사장 또는 총장의 상의하달(上意下達)에 각자의 입장에서 수동적으로 반응하는 모습이다. 우리네 다른 많은 단체들의 대의제(代議制) 협의행태와 크게 다르지 않다. 이런 상의하달식 개혁은 실천과정에 많은 어려움과 비용을 초래하기 마련이고, 대부분의 경우 그 발안(發案)/지휘자의 임기와 수명을 같이하기 십상이다.

부분적이긴 하지만 언론에 보도된 이에 대한 다른 대학교 교수들의 반응도 역시 당장 내 발등에 떨어진 불은 아니라는 식이다. 어떤 이는 그 대학은 '특성화'를 위한 선택을 했고 장차 대학의 살길은 '특성화'라 하거나, 또 다른 이들은 입학 지원생 수요에 따라 '자율적인 구조조정'을 해야 한다거나, 입학생이 정원 미달인 대학부터 구조조정을 해야 한다는 정도의 원론적인 반응들뿐이다.

교수들의 이런 태도는, 8~9년 전까지의 내 경험과도 크게 다르지 않다. 요컨대 해당학교이든 이웃 학교이든, 자신의 영토 또는 영역, 즉 내 학과 내지 우리 단과대학에 큰 변화를 초래할 것이 아닌 일에 대해서는 별 관심이 없고, 그 관심 또한 나 자신의 처지에 미치는 영향에 따라 사뭇 다르다. 다른 사람의 전공이나 이웃 학과 또는 다른 단과대학에 대해 별 관심이 없으니, 대학교 전체의 장래 청사진에 대해서는 구체적으로 생각해 본 적이 없는 게 보통이다.

이런 상황이 계속되면 한국의 대학들은 조만간 전적으로 외부사정의 변화에 의해 '구조조정' 당하게 될 것이다. '기초학문이 무너진다'느니, '기업 마인드로 대학사회를 개혁하려면 많은 부작용이 따를 것'이라든지 하는 원론적인 경고는, 방관자(傍觀者)의 논평 정도로 치부되고 말 것이다.

서울대학교는 60여 년 만에, 국립대학 가운데 유일하게, 국가기구로서의 지위를 박차고 독립적인 법인(法人)으로 재탄생하기로 했다. 정부의 관리 독을 받지 아니하고 스스로 자율 자치하겠다는 것이다. 하지만 법인체가 되는 것은 자율과 자치의 제도적 틀을 갖춘 것에 지나지 않는다.

명실상부(名實相符)한 자율과 자치는 구성원들의 자율 자치 의지와 실천능력 여하에 달렸다. 그 의지와 능력이 충분치 못하면 국가기구로 남아 있는 것보다 오히려 더 어려운 처지에 있게 될지 모른다. 내가 최근 만나본 서울대학교 현직 교수들은 대부분 자부심은 한층 높아진 듯하면서도 자율 자치의 필요성과 체제에 대해서는 그저 좀 어리둥절한 것 같다.

위에 말했듯이 한국 대학들은 지금부터 10여 년이 문자 그대로 존폐를 좌우할 위기, 즉 위험과 기회의 시기이다. 벌써 좀 늦은 감이 없지 않지만, 대학의 주체인 교수들이 정부나 재단의 방침이나 제안이 있건 없건, 학교 전체의 장래 청사진을 구체적으로 심사숙고(深思熟考)하고 함께 협의하기 시작해야 할 때이다.

한국의 대학은 그 역사상 처음으로 이제 적극적 의미의 자율과 자치의 시험대에 올랐다. 교수들은 이제 대학 안으로 눈을 돌려야 한다. 최근 확산되고 있는 속칭(俗稱) 'poli-fessor'에 대한 교수들의 거부반응이 정녕 대학의 발전을 위한 충정에서라면, 지금이야말로 소속대학의 내일을 위해 함께 고심하고 협력할 때이다.

3. 적극적 자치 협치의 시대

앞으로 5~10년 사이 한국의 대학들이 당면할 제일 큰 문제는, 지금 대학 관리자들이 가장 걱정하고 있는, 학생 수의 급격한 감소임은 틀림없다. 서울/수도권의 10여 개 학교를 제외하고, 거의 모든 대학이 현재 수준의 학생 수를 유지하기 어렵게 될 가능성이 크다. 한 종합대학교 전체 또는 학과나 단과대학별로 존폐의 위기에 처하게 될 것이다.

학생 수업료에 거의 전적으로 의지하고 있는 사립대학들의 경우 학생 수의 큰 감소는 학교 전체에 심각한 영향을 미치게 마련이다. 학교 전체 재정뿐만 아니라, 전공의 다양성, 교수의 수, 교육의 목적과 질 등 대학의 규모와 구조 그리고 성격에 대한 근본적인 재조정을 해야 할 처지에 이르게 될 것이다.

국공립대학들도 물론 모두 안전한 것은 아니다. 국공립도 무한정 정부의 지원에만 의지할 수는 없으니, 통폐합 조치의 대상이 될 수 있다. 정부에서 이미 그 대상들을 선정하고 있는 줄 안다.

불황기 기업의 '구조조정'은 시장수요에 부응한 투자자금과 고용인력 규모의 축소 조정에 의한 기업 전체로서 비용대비 이윤 극대화를 이루는 것으로 족하다. 그러나 대학의 존재 이유인 교육과 연구의 질은 수입과 지출의 균형만으로는 유지되지 않는다. 그것만으로는 단기간 생존할 수는 있겠지만, 머지않아 다시 존폐의 위기에 처하게 될 것이다.

최근 언론에 보도되는 사례들을 보면, 대부분의 경우 학과 또는 단과대학들을 통폐합하거나 기존의 학과를 취업기회가 더 많은 실용기술 학과로 바꾸는 등의 대책으로 대처하는 것 같다. 요컨대 재정수입에 걸맞게 학교규모를 줄이거나, 시장수요에 잘 맞는 전공교육에 집중해서 어느 정도 수준의 학생 수를 유지하려는 것이다.

대학생 수가 세계에서 유례없이 늘어나던 시절 한국 대학들은 대부분 규모가 과도하게 커졌다. 많은 설립자들과 관리자들이 말하자면 '규모(規模)의 경제(經濟)' 논리로 대학경영을 해온 결과다. 일정한 규모의 교수진과 일정수준의 시설에 최대한 많은 학생을 수용함으로써, 교육단가(單價)를 낮추었던 것이다. 게다가 학생 수가 많은 것이 대학의 명성에도 일조하였다. 다시 말해 큰 대학이 곧 유명대학처럼 여겨졌다.

따지고 보면 대학도 시장신호에 적극 호응한 셈이다. 대학 입학수요가 급증한 것을 정부와 대학들이 주저 없이 받아들인 결과이다. 정부는 과거 각 지역마다 있던 농업전문학교, 사범학교 등을 종합대학교로 확대 승격시키고, 단과대학 구조로 출발한 많은 사립대학들을 종합대학교로 개편 승인했다. 그런 데다 1990년대 이후에는 사립대학의 설립을 허가제에서 인가제로 바꾸어서, 설립 신청한 대부분의 대학을 인가해 주어 20여 년 사이 대학 수가 거의 배로 늘었다.

그러나 이제 이렇게 입학 수요에 따라 학생 수를 줄이거나 늘리거나 또는 학과나 대학을 통폐합하는 식의 '규모의 대책'만으로는, 바야흐로 닥치고 있는 변화에는 적절한 대응이 되지 않을 것이다. 이미 한 세대 전쯤부터 시작된 인구감소 경향과 점점 더 확대 심화되고 있는 세계화 경향은, 반전(反轉)을 기대할 수 없는 세기적 '거대한 전환'이고, 대학이 그 중심에 있다.

한국의 대학들은 더욱이 세계적 수준의 현대적 고등교육기관 능력을 미처 갖추지 못한 과도기에, 이 거대한 새로운 세기적 전환을 맞이하여 남달리 어려운 도전을 맞이하고 있다.

지금까지 한국의 대학들은 학위제도, 교과목구성, 교수자격 등의 체제를 선진국 대학들의 선례(先例)에 맞추어 따라가기만 하면, 조만간 그들과 같은 수준의 교육과 연구에 이르리라고 믿고 있었다. 하지만 이 세기적 전환과정에는 저들을 따라가는 것만으로는 버텨내기 어렵고 저들과 경쟁해 살아남아야 하는 처지에 있다.

이 세기적 전환과정은, 전통적인 '대학'들끼리만의 경쟁도 아니다. 캠퍼스 없는 인터넷도 전통적인 '대학' 기능의 일부를 담당하기 시작했고, 이런저런 사회단체와 기업들도 자신들의 목적을 위해 '대학' 교육기능의 일부를 맡고 나섰다. 그런 데다 이런 대학교육매체는 정부의 교육정책적 간섭을 별로 받지 않는 만큼, 전통적 '대학'보다 훨씬 자유롭게 시장수요에 적응하고 변신하고 있으며, 많은 소비자들이 그에 호응하고 있다.

이제 정녕 '대학'이 무엇이어야 하는지 다시 근본적인 성찰(省察)을 해야 할 때이다. 다시 말해 바야흐로 전개되고 있는 새로운 시대적 맥락에 비추어, 지금껏 당연한 것으로 여긴 대학의 대학다움에 대한 깊은 성찰이 있어야 할 때이다. 이 성찰에는 교수진이 앞장서야 하고 그리고 물론 성찰은 성찰에 그쳐서는 안 되며 곧 새로운 모습에 대한 합의로 이어져야 한다.

새로운 대학 상(像)과 기능과 구조에 대한 교수들의 성찰은 추상적이고 일반적인 '대학'에 관한 것에 그쳐서는 아무런 도움이 되지 않는다. 우리 대학교, 우리 학과에 관한 것이어야 한다. 나의 학과와 대학이 이 나라 그리고 세계 가운데 어떤 자리를 차지할 수 있을지 허심탄회하게 성찰해야 한다. 이런 성찰과 합의는 전문가, 즉 해당대학 또는 학과의 전공교수가 아니고서는 할 수 없다.

바로 이런 성찰과 합의형성이 이 시대 대학교수들의 자율과 자치의 으뜸 과제이다. 정부도, 정치가들도, 언론도, 기업도 모두 자기들 입장에서의 해법과 조언을 줄 수 있을 뿐이고, 대학의 대학다움이나 구체적으로 어느 한 대학교 또는 학과에 대한 해법을 알지도 못하고 알려고 하지도 않는다.

그리고 이 시대에 교수들의 자율과 자치는 외부의 간섭으로부터 학문의 자유를 보호하거나 캠퍼스 밖의 정치 사회적인 부조리를 규탄하고 비판하는 소극적인 자세에 그쳐서는 안 된다. 밖의 변화에 열린 눈과 마음으로, 앞서 말했듯이 캠퍼스 바깥과의 협치(協治)도 마다하지 않는 적극적인 태도이어야 한다.

여기서 말하는 대학 교수진의 자율과 자치는 교육과 연구조건과 활동에 그치는 것이 아니고, 소속학교의 운영까지 포함하는 것이다. 다시 말해 운영과 관리를 포함한 모든 면에 교수들이 마치 대학 '자영업자'(自營業者)처럼 책임 있는 역할을 하는 것이다.

교수들에게 시장의 자영업자처럼 투자의 주체까지 되라는 것은 아니지만, 재정 운영의 관리자 의식은 가져야 한다는 말이다. 수입원인 학생 등록금 문제에서부터 자신들의 봉급과 기타 운영경비에 이르기까지, 자치적 역할과 의식의 범위를 넓혀야 한다.

요컨대 자율 자치의 주체로서 교수진은 피고용인 집단이 아니고, 대학의 명실상부한 주체이어야 한다는 말이다. 그리고 그에 필요한 국공립, 사립대학에 관련된 제도적 개혁에도 앞장서야 한다.

연구중심 교육중심

1. 연구중심에서 교육중심으로

이 시대 대학의 위기는 개교한 지 얼마 안 되는 학교일수록 더 심각할 수밖에 없다. 지난 20~30년 사이 무수히 개교한 대학들은 기초가 약하고 내실(內實)이 충실치 못한 만큼 장래가 더 불확실하다. 이 기간 동안 200여 개의 '대학'이 생겼으니, 전국적으로 인구 50만도 안 되는 시군(市郡, 163개)에 적어도 1개 이상의 대학이 개교한 셈이다.

이들은 대부분 개교 때부터 해당지방 출신만으로는 입학정원을 채울 수 없었지만, 최근에는 전국적으로 학생모집에 열중해도 몇몇 학과는 입학정원을 채우지 못하고 있다. 전국의 대학입학연령 인구가 급속히 줄고 있는 시대에 후발주자이기 때문이다. 말하자면 유치원 시절부터 치열한 경쟁관계에 내몰리게 된 어린이들과 같다. 그런 데다 경쟁상대는 나이가 더 많고 준비도 더 잘된 아이들이다.

최근 한 신문에 인용된 수치에 의하면, 앞으로 약 10년 후에는 한 해 고등학교 졸업생을 모두 대학에 입학시켜도 정원보다 12만 7

천 명이 모자랄 것이고, 그 4년 후에는 더 줄어 20만 9천 명 정도가 모자랄 것이란다. 가령 한 대학의 신입생 입학정원을 평균적으로 1천 명으로 잡으면, 지금부터 10년 후 2020년에는 약 100개교, 2024년에는 200개 교가 신입생을 한 사람도 뽑지 못할 만한 수치이다. 이 수치를 4년제 정규대학의 것으로 환산하면, 70개교 내지 140개교쯤 될 것이다.

한국의 출산율(出産率) 저하는 이미 20여 년 전부터 꾸준히 진행되어 온 대세(大勢)이기에, 대학 입학생의 급격한 감소는 거의 기정사실이라 해도 좋을 것이다. 게다가 우리 학생들의 해외유학 또한 점점 더 늘어날 터이니, 국내 대학생 수는 출생률보다 더 빠르게 줄어들 것이다. 10~15년 세월은 대학이 크게 달라지기에는 아주 짧은 시간이니, 개교한 지 얼마 안 되는 대학들일수록 지금부터 10여 년 동안이야말로 존폐를 걸고 변화를 이루어내야 할 시간이다.

이들 가운데 상당수 대학들은 지금까지 이런저런 임기응변(臨機應變) 편법으로 정원채우기에 급급했던 모양이다. 어떤 대학들은 중국 등의 외국학생들을 느슨한 학사관리로 유인해서, 그 가운데 상당수는 학교에 학적만 두고 취업현장에 나가는 것을 묵인하기도 한다고 한다. 서울 밖 지방대학교의 한 보직교수의 말에 의하면, 중국인 유학생 가운데 학업을 위해 한국에 온 학생은 30%도 안 될 것이라 한다. 그럼에도 몇몇 대학은 중국인 학생을 유치하지 못하면 학교문을 닫아야 할 지경이라니, 지금 같은 형편으로는 결국 수 년 내에 폐교하게 될 것이다.

최근에는 우리 학생들도 이처럼 느슨한 학사규정 적용으로 유인하는 학교들이 늘어가고 있다고 한다. 지방의 몇몇 대학들은 심지어 고등학교 졸업한 지 오래된 가정주부를 포함한 만학도(晩學徒)

들로 정원을 채워 등록금만 챙기고, 학사관리는 전혀 되어 있지 않다고 한다. 한마디로 2년 또는 4년간의 등록금 대가로 학위를 파는 것이다.

대학들이 이런 불법적이고 비교육적인 행위를 해서까지 학생정원 채우기에 급급한 지경에 이른 것은, 한국의 대학 전체를 위해 심각한 문제이다. 이런 불법적 행위에 대해서는 정부가 나서 단호한 조치를 해야 할 터이지만, 해당대학의 교수들이 침묵하고 있다는 사실이 더 실망스럽다.

사실 이런 행위들은 조만간 해당대학을 자멸(自滅)로 이끌 것이다. 이런 학위 '구매' 학생들이 많이 배출될수록 그 학교는 결국 사회적 지탄의 대상이 될 것이고, 졸업생들도 결코 모교에 대한 애착을 가질 턱이 없을 것이다. 이야말로 '대학'이길 포기해서 대학간판을 유지하겠다는 것이다.

더 큰 문제는 이런 행위는 해당대학만의 문제가 아니고 이 나라 대학 전체의 명성에 큰 오점이 된다는 사실이다. 몇몇 대학들의 경우는 이미 때늦은 것 같지만, 조금이라도 여유가 있는 학교들은 지금 곧 근본적인 대책 모색에 나서는 것이 훗날에 더 큰 후회를 남기지 않을 선택이 될 것이다.

근본적인 대책 모색의 첫걸음은 다시 개교한다는 자세로 시작하는 것이다. 우선 무엇보다 20년 전 또는 30년 전 개교할 당시 모델로 삼았던 국내 또는 국외 대학의 모습을 떨쳐버려야 한다. 전공 또는 학과의 종류와 개수, 단과대학의 구성, 대학원 과정 유무(有無), 학생입학과 교육 및 졸업요건, 교수의 자격요건 등, 지난날 당연한 것으로 여겼던 '대학'의 기능과 교수의 역할 등 모든 것을 재검토 대상으로 해야 한다.

다음에 제안하려는 것이 바로 이런 대학들을 위한 것이다. 제안의 요지는 문자 그대로 명실상부한 '교육중심' 대학으로 탈바꿈하라는 것이다. 그리고 이런 결단과 실천은 재단이나 학교당국에 맡겨둘 것이 아니고, 교수진 전체가 합의하고 실천하지 않으면 안 되는 일이다.

정부에서는 최근 30~40여 개 대학들의 질적 수준을 평가하여, 최하위권 대학들을 이런저런 간접적인 지원을 축소해서 퇴출토록 압력을 가하려 하는 모양이다. 그러나 이 같은 양적(量的) 축소가 곧 살아남는 대학의 장래를 보장하는 것은 아니기에, 자칫 끊임없는 폐교과정의 시작이 될 뿐일지 모른다.

우리가 여기 제안하는 '교육중심' 대학은, 한 대학교의 교수진 전체가 나서서 교수로서의 역할을 새롭게 하여 학생들의 교육성과를 냄으로써 성공할 수 있다. 그리고 이런 변신에 정녕 성공해야 폐교의 위기를 면할 수 있고 전보다 훨씬 향상된 교육의 질로써 경쟁력을 누릴 수 있게 될 것이다.

정부도 대학의 이 같은 변신을 자극하고 지원하면, 양과 질의 조절을 함께 할 수 있을 것이다. 다시 말해 자력갱생(自力更生)을 적극 지원함으로써, 그렇지 못한 대학들을 자멸(自滅)케 하는 것이다.

어느 나라에서나 몇몇 일류대학들은 오늘 자신들의 위치에 대한 자부심만으로도, 상당한 기간 그 위치와 체제를 유지해 나갈 수 있다. 하지만 그런 위치에도 이르지 못한 사이 생존경쟁(生存競爭)에 내몰린 '어린' 대학들은, 일류대학의 전철을 따라가기만 하는 것은 큰 모험이다.

학생 유치경쟁이 세계화하고 그만큼 학생과 학부모들의 대학평가와 선택기준이 다원(多元)적이 되어가는 시대에는, 몇 명의 유명교수의 존재만으로 큰 유인책이 되지 않는다. 같은 맥락에서 이제 학생들도, 교수들이 각자 전공 연구를 열심히 해서 좋은 업적을 내놓는 대학이라면 자신들도 쓸모 있고 질 높은 교육혜택을 받게 되리라고 믿지도 않는다.

20세기까지 세계적인 유명대학들의 명성은 사실 상당한 정도 유명교수 덕이었다 해도 과언이 아니다. 우수한 몇몇 교수들에게 특별한 대우를 해주어서 각자의 연구에만 몰두할 수 있게 해주는 것이 학교명성을 높이는 데도 큰 도움이 되었다.

그러나 학생들이 세계적 안목으로 입학할 학교를 찾는 상황에선, 세계적 유명교수들이 집중적으로 모여 있는 대학이 아니고서는, 몇몇 유명교수의 연구업적 명성으로 학생들을 유인하기 어렵다. 학생들은 자신들이 원하는 기술 또는 자질을 어떤 여건에서 얼마나 잘 습득할 수 있을지 따져서 학교를 선택할 것이다.

최근 한국의 몇몇 큰 대학들이 외국의 유명교수를 한두 명씩 초빙 임명하고 있지만, 그런 정도로는 대중매체에 대학이름 광고를 내는 정도의 효과밖에 없다. 정부도 이른바 'World Class University' 프로그램이라는 명분으로 외국인교수 초빙 지원을 하고 있지만, 지금과 같은 정도로는 이 나라 연구와 교육풍토에 획기적 변화를 일으킬 수 없다. 개별교수들의 세계적 명성에 의지해 학교의 명성을 높이려면, 세계적 차원에서 부익부 빈익빈(富益富 貧益貧)의 모험을 감수해야 한다.

그보다는 대학에서 어떤 학생들의 자질과 능력을 길러주는 데 열중하는 것이 더 안전하고 현명한 선택이다. 다시 말해 교수들이 각자 자기 전공과제 연구업적으로 유명해지기보다 학생교육에 더 열성적인 것이 학교 전체의 생존과 발전에 더 크게 기여할 것이란 말이다.

위에 말한 우리네 일류대학들도 학과와 전공에 따라 조만간 이런 선택을 해야 하겠지만, 개교한 지 얼마 되지 않은 대학들의 경우에는 더 급하고 절실하다. 이들의 경우에는 학생교육의 특성화와 성과가 거의 유일한 경쟁적 선택일 뿐 아니라 그것이 당장 학교존폐의 관건이다.

2. 교수를 위한 대학교육

4년제 정규대학의 경우 대부분의 학과 또는 전공은 기본적으로 교수의 전공분화(分化)에 따라 개설된 것들이다. 교수들의 전공분화는 또 널리 학문영역의 전문분화에 따른 것이다. 세계적으로 지난 1,200년 동안 학문영역은 대상의 확대심화와 방법론의 정치화(精緻化)에 따라 점점 더 많은 전문분야로 세분화되어 왔다.

다시 말해 학문의 전문화/분화의 기본은 캠퍼스 바깥사회의 소요(所要)와 변화를 반영하는 것은 아니란 말이다. 때때로 사회적 필요에 부응한 새로운 실용적인 기술과 전문직업인 양성을 위한 학과나 과정이 개설되기도 하지만, 그것은 예외적인 경우이다. 주류(主流)는 역시 학문영역 전문화 과정의 결과이다.

1970년대 초 서울대학교에 한국 최초의 '환경대학원'을 설립하는 과정에서, 인문사회과학 자연과학 등 이른바 '기초과학' 분야의 '주류' 대학과 교수들의 반발과 비아냥거림을 지금도 잊을 수 없다. 학문적으로 하나의 전공으로 성립할 수 없는 분야의 대학원을 개설하는 것은 정도(正道)가 아니라는 식의 반발이었다. 당시만 하더라도 '학제'(學際)적(*interdisciplinary*) 교과과정의 필요성 내지 실용성 같은 것은 거의 학문에 대한 모욕처럼 여겨졌다. 국립대학이었기에 정부의 지원으로 결국 만들어지기는 했지만, 당시 주류 측의 냉소(冷笑)는 지금도 기억에 생생하다.

전통적이고 정통적인 주류교수들은 대부분 각자의 전공에서 학문적인 연마를 충실히 하면, 결국 사회적 소요도 알게 되고 처방도 낼 수 있게 된다고 믿는다. 그리고 이런 믿음은 선진국에서도 한국에서도, 각 나라 대학의 모범이 되는 일류대학들에서 여전히 유지되고 있다.

일류대학들은 학문연구 중심을 고집해도 학교의 명성으로 학생들을 끌어들일 수 있기에, 이런 체제에 대한 성찰이 절실하지도 않다. 실제 잘 되고 있지는 않지만 서울대학교가 오래 전부터 이른바 '대학원 중심 대학교'를 지향하겠다는 것도, 다름 아니라 학문중심 대학체제를 한층 더 강화하겠다는 것이다.

학자나 연구자가 되려는 학생에게 학사과정 4년 동안의 전공교육은 장래 직업을 위한 필수적인 기초이다. 석사과정, 박사과정을 계속하면서 전공을 점점 더 깊이 해가기 위한 기초다. '대학원 중심' 대학교란 바로 이런 학생들을 주 교육대상으로 하는 곳이며, 이런 대학교의 학과와 전공은 학문발전의 필요에 맞추는 것이 당연하다.

그러나 4년간의 학사과정만 마치고 사회실무에 종사하게 될 대부분의 학생들은, '학문중심' 전문교육으로 그들의 삶에 유용한 무엇을 얼마나 얻어 나갈까? 그리고 실제 대학원 중심체제로는 학교를 유지해 갈 수 없는 대학들의 경우에도, 명실상부(名實相符)한 '학문중심'체제가 학교의 유지발전에 과연 도움이 될까?

'학문/연구 중심'을 고집하는 교수들은 전문지식 탐구에 열중한 나머지 세상에 대한 자신의 '전문적인' 편견을 학생들에게 전수하고 있음을 간과하고 있지는 않은가? 기업인들은 왜 또 거의 하나같이, 대학 졸업생들이 대학에서 현장실무에 도움이 되는 것을 배우고 나오는 것 같지 않다고 하는가?

1970년대 말 일본산업이 세계적으로 앞서 가고 있을 무렵, 기업들이 대학출신 신입사원을 선발하는 데 어느 대학 어느 학과 출신이냐보다 입학성적과 석차를 더 중요하게 본다는 해외 언론보도를 본 기억이 있다. 대학에서 어떤 전공학문을 연마했느냐는 것보다 자기 일, 즉 대학입학시험에 대한 열성적 태도와 기본자질을 더 중요하게 보겠다는 것이리라.

사실 우리네 기업들도 이미 오래전부터 신입사원 모집에 대학 '전공'을 크게 중요시하지 않는다. 전문적인 기술이해를 필요로 하는 일자리를 제외하고는, 대부분 전반적인 사람 됨됨이나 지적 능력 또는 외국어 능력 같은 것을 더 중요하게 본다고 한다. 더욱이 최근 취업시장이 좁아지면서는, 학생들은 1, 2학년부터 학과전공은 제쳐누고 '취업과외' 공부에 더 열중하고 있지 않은가.

보다 허심탄회하게 생각해 보면, 대학의 학부과정 4년 동안 익힐 수 있는 지식이나 기술은, 전문성에서도 실용성에서도, 입문(入門) 수준에 지나지 않는다. 나라에 따라 학교에 따라 교수방법과 여건의 차이에 따라 다소간의 차이는 있을 게다. 그러나 4년이란 기간에 연마할 수 있는 전공지식의 폭과 깊이에는 어쩔 수 없는 한계가 있기 마련이다.

이를 보충하기 위한 기존의 대학교육 체제는 교양교육 과정이다. 이 나라를 포함한 세계 여러 나라에서 지난 세기 이래 대부분의 대학들이 '교양'과정을 두어, 거의 모든 학생들로 하여금 이수(履修)하게 하는 게 일반적이다. 그래서 세상을 보는 안목을 넓히고 원만한 인품을 갖추게 하여, 생업의 현장에서 다른 사람의 모범이 되게 한다는 것이다.

졸업 후 사회생활을 위한 대학교육 효과에 관한 또 한 가지 기대는, 교양인(敎養人)다운 생각과 처신을 하게끔 한다는 것이다. 다시 말해 세상을 보는 안목을 넓히고 원만한 인품을 갖추게 하여, 생업의 현장에서도 다른 사람들의 모범이 되게 한다는 것이다. 이 나라를 포함한 세계 여러 나라에서 지난 세기 이래 대부분의 대학들이 '교양'과정 또는 과목들을 두어, 거의 모든 학생들로 하여금 이수(履修)하게 하는 게 일반적이다.

'교양'교육은 대중화된 대학교육의 사회 전반에 대한 특별한 지성적 기여라고 믿기 때문이다. 교양교육 과정은 일반적으로 문학, 언어, 철학, 역사, 수학 등 이른바 'Liberal Arts and Sciences'라고 불리는 과목들로 구성되는데, 이런 과목들이 바로 '자유'(*liberal*) 지성(知性)의 소양을 형성하는 것이라고 믿는다. 그리고 자유 지성의 배양이야말로 근대적 대학이 생기게 된 역사적 동인(動因)이기도 하다.

그러나 지난 반세기쯤 되는 동안 학문의 심화(深化)/발달로 인해 대학에서의 '자유 지성' 교육(*liberal education*)은 오히려 한가로운 일처럼 되었다. 우선 무엇보다 교수들이 대부분 세분된 전문영역의 전공자가 됨으로써, 자유 지성적 담론으로부터 멀어진 게 가장 큰 원인이다. 정부를 위시한 대학지원자들도 교양과정을 강화하라고 지원하는 예는 보기 어렵다. 학부모도 교양교육의 질을 따져 자녀가 진학할 대학을 선택하는 이는 거의 없을 것이다.

이런 시대이기에, 동서양을 막론하고, 교양과목 담당으로 유명해지거나 인기가 올라가는 교수는 없다. 내가 대학 1학년생이던 무렵에 이미 교양과목은, 대부분 초임 젊은 교수들이거나 시간강사들에게 맡겨져 있었다. 그리고 그들도 그 일에 별로 보람을 느끼는 것 같지 않았다. 대학 밖의 일반 시민단체나 기업의 교양강좌에는 인기 있는 강사가 있을지언정, 대학에서는 그런 역할만으로는 대접받기 어려운 시대이다.

내가 대학생이었던 때부터 학생들은 교양과정은 모처럼 입학시험 준비 스트레스에서 해방된 자유를 한껏 누릴 기회라고 여겼을 뿐이었다. 그런 분위기를 즐기는 데는 지금의 학생들이 훨씬 더 적극적일 게다. 10년쯤 전에 일본의 한 평론가가 동경대학생들의 교양 수준이 전에 비해 전반적으로 낮아진 것을 개탄하는 내용의 책을 내면서 《도쿄대생은 바보가 되었는가》라는 제목을 단 것을 보면, 일본의 대학들도 우리네와 비슷한 형편인 모양이다.

이런 시대에 대학 책임자들도 특별히 교양과정을 위해 교수를 채용하거나 교과과정을 개편하기는 어렵다. 요즘도 대학교육의 자유지성적 교양함양에 관한 논의는 계속되고 있지만, 이제 그것을 실현해 내기는 참으로 어려운 게 현실이다.

유명대학들의 발전계획에는 모두 교양과정의 중요성과 강화방침을 밝히고 있으나, 현실에는 구두선(口頭禪)에 그쳐 있다. 실제 교양과정에는 기초 외국어나 수학 같은 전공수업을 위한 도구(道具) 과목들이 큰 몫을 차지하고 있다. 그나마 최근 중·고등학교 학생들이 대학입시 준비에만 치중하면서 대학교육을 위한 기초학력이 많이 부족한 것을 보충키 위한 것이라고 한다.

교양교육의 개인적 사회적 기여를 결코 과소평가치 않는다. 그러나 그 기여는 교육대상인 학생 개개인을 통해서 실현되는 것이다. 그리고 그들이 각자의 인품과 교양을 가장 두드러지게 드러내는 기회와 장(場)은 생업의 현장이다. 그럴진대 교양교육은 모든 학과 학생들에게 공통적으로 제공되기보다, 각 학과의 전문직업 교육과정(教育課程)의 한 부분으로, 그리고 그에 적합한 짜임으로 제공되는 게 더 효과적이다.

요컨대 지금의 대학 전공체제의 일반적인 모습은 당대 학문발전의 논리와 필요에 따라 분화되고 관리되고 있다는 것이다. 해서 교수들의 연구와 교육내용도 그에 충실하도록 되어 있어, 대학 수학(修學) 겨우 4년 만에 사회에 나아가는 학생들의 '현장전문성'이 도외시되고 있다는 말이다.

학문발전의 선도적 위치에 있는 대학으로서 문자 그대로 '대학원 중심 대학'을 지향해야 하고 할 수 있는 대학이 아니고서는, 전통적인 학문 전공체제를 계속 유지하고 버텨내기 어렵다. 그런 체제로는 지금 닥치고 있는 세계적인 대학의 생존위기를 버텨내기 어려울 것이란 말이다.

대학의 교양교육 또한 너무 추상적이거나 일반적인 인격교육에 머물고 있어, 학생들의 개인적 사회적응능력 배양에 별로 긍정적인 효과를 실현치 못하고 있는 게 사실이 아닌가. 교양교육은 이제 학생의 장래 생업능력 양성의 일환으로 재편되어야 한다.

그리고 위와 같은 전통적이고 정통적인 대학체제에서는 잘 가르치는 교수라고 반드시 우수한 교수로 대접받지도 않는다. 오늘날 거의 모든 대학에서 교수채용에 연구실적이 교육능력보다 더 높이 평가되기 때문이다. 최근 몇몇 대학에서 신규채용에 공개강의도 심사대상으로 하는 모양이지만, 심사위원들 앞에 준비해온 강의가 평소 학생교육 지도행태를 그대로 드러내는 것도 아니다.

사실 교수가 되기 전에도 후에도 연구실적을 많이 내는 교수는 학생교육과 지도에 시간을 남보다 덜 쓰는 게 일반적이다. 그럼에도 이에 대해서는 대학당국도 학생도 별 불평이 없는 것이 보통이다. 대학의 명성뿐만 아니라 재정(財政)수입도 교수들의 학생교육보다 연구실적에 의해 더 크게 좌우되기 때문이기도 하다. 이런 경향은 유명대학들의 경우 더 뚜렷하고, 그것은 한국에서나 선진국에서나 다름이 없다.

나도 해외유학 시절 세계적으로 유명한 한 노(老)교수의 강의를 들은 적이 있는데, 정말 재미없고 이해하기 어려웠음에도 존경의 염(念)은 지울 수 없었다. 강의가 난해하다는 사실이 정평(定評)이어서였던지, 이 노교수의 강의에는 한 동료교수가 개인적인 배려로 같이 들어와서 설명을 보태기도 하고 이런저런 질문을 하라고 학생들을 부추기는 역할을 담당하기까지 하였다.

나는 훗날 비슷한 분야의 교수가 되었기에, 이 노교수의 강의가 어느 정도 도움이 되었다. 그러나 졸업 후 실무직업에 종사하게 된 내 동료학생들에게 이 유명교수의 난해하기만 했던 강의가 과연 어떤 도움이 되었을까? 조금이나마 도움이 되었다면, 그 노교수와 그리고 그에게 연구하는 천직(天職) 자리를 준 대학의 명성 덕을 좀 보았을 뿐일 게다.

초·중·고등학교 교사가 되려면 원칙적으로 교육대학 또는 사범대학 등에서 학위를 받거나 기타 전공인 경우에도 교육관련 과목 학점을 취득해야 한다. 그러나 대학교수가 되는 데는 어느 분야이든 교육방법에 대한 전문적 연수 여부를 따지지 않는다. 이는 한국이나 외국의 경우나 크게 다르지 않은 줄 안다.

교육학 이외 전공의 대부분 교수들은 교육방법이나 교육효과 등에 관해 전문적 이해가 없고 그에 관해 별 관심을 기울이지도 않는다. 오로지 자신의 강의내용과 연구결과를 학생들이 충실히 습득하기를 바랄 뿐이다. 학생들이 강의에 주의만 집중하면 될 것으로 믿어, 강의 중에 약간의 제스처를 동원해 학생들의 주의를 집중케 하는 정도이다. 이 정도의 노력으로는 학생 한 사람 한 사람이 어떻게 교육되고 있는지 알기 어렵다.

돌이켜 보건대 나도 그런 교수들 가운데 한 사람이었다. 학생들의 시험답안지나 논문을 보아서 강의내용 또는 참고문헌으로 알려준 내용들을 올바로 이해한 흔적이 있으면 만족하였다. 강의준비는 비교적 충실히 했고 결강(缺講)은 거의 안 했던 것으로 기억되지만, 내 강의를 학생 한 사람 한 사람이 어떻게 받아들이고 어떤 교육적 효과가 있는지에 관해 별 관심을 기울이지 않았다. 또 설령 관심을 기울였던들 구체적으로 알 수 있는 능력도 없었다.

학사학위 과정 학생들을 가르치던 시절에는 한 강의 교실의 수강생 수가 많을 때는 150명 정도였고, 적어도 50~60명 정도 되어서, 개별 학생들에게 강의와 관련해 관심을 기울이는 것 자체가 불가능에 가까웠다. 훗날 대학원생들의 경우에는 적어도 학습에 관한 한 각자 알아서 하게끔 하는 것이 원칙이라고 생각하기도 했다.

대학에서 교수에게 교육방법 내지 교육효과에 대한 전문적 관리를 요구치 않는 입장은, 대학생들은 이미 교육 성인(成人)이니 교수의 강의와 연구업적을 스스로 이해하고 소화할 능력이 있다는 믿음에 근거한 것이다. 다시 말해 학생들을 각자 자기계발(自己啓發)의 주체로 여기고, 교수는 지식과 정보를 제공하는 역할을 하는 것으로 충분하다고 보기 때문이다.

오래 전 좀 여유 있는 유명 서양대학에서는 기숙사에 일종의 '개인교사'(*tutor*)를 두어, 학생들을 개별적으로 도와주는 경우도 없지 않았다. 영국의 옥스퍼드 대학과 케임브리지 대학이 그 대표적인 예이다. 그 대학 출신은 사회 각계 지도층 구성원이 되기를 기대해서, 교수의 강의와 학생 각자의 자기계발에만 맡겨 두어서는 충분치 않다고 본 모양이다. 말하자면 지도층으로서의 자질(資質)교육을 위한 개인적 코치역할을 하는 사람을 따로 둔 것이다.

이런 대학은 그러나 과거에도 세계적으로 희귀한 예이었는 데다, 더욱이 오늘날처럼 대학의 규모가 커진 상태에서는 현실적으로 불가능한 일이다. 20세기 대학에서 '조교'는 학생보다 오히려 교수의 연구와 교육부담을 덜어 주는 일이 주 업무이다.

그런데 오늘 21세기 세계의 거의 모든 대학들이 학생유치를 위해 서로 경쟁하는 시대에도, 대학과 교수들은 자신의 전공지식 연마와 전수(傳授)에만 열중하고 학생에 대한 구체적 교육효과에는 여전히 무관심해도 될까? 여전히 많은 지원자들과 학부모들이 각자의 장래를 위해 얻을 수 있는 교육적 효과를 따지지 않고, 대학의 명성이나 학위에만 끌려올까? 이야말로 오늘 대학과 교수들이 심각히 성찰해야 할 문제이다.

3. 학생취업에 속수무책인 대학

한 20년 이래 이 나라 취업시장에서 가장 자주 듣는 말은 '비정규직' 또는 '임시직'이란 단어가 아닐까 한다. 최근에는 '88만원 세대'라는 말도 같은 뜻으로 자주 쓰인다. 비정규직 또는 임시직의 평균적인 월수입이 88만 원 정도라는 말이란다. 이런 말들은 주로 요즘 대학 졸업생들의 취업 불안정 상태와 관련해 쓰이고 있다.

전 세대 대학졸업생들의 취업상황에 견주어 보면 그야말로 금석지감(今昔之感)을 일으키는 말들이다. 대체로 1970년대 이후 20여 년 동안에는 웬만한 대학생들은 졸업과 동시에 거의 다 정년퇴직 때까지 일할 수 있는 직장에 취업되었다. 힘깨나 쓰는 공직이나 재벌형 대기업이냐 아니냐에 따라 주위사람들의 선망(羨望)과 월급에 다소간의 차이는 있었지만, 어디든 자신의 선택에 따라 취업만 하면 정년 때까지 안정된 생업에 들어선 것이었다.

취업시장의 이런 안정상태가 무너지기 시작한 것은 1997~98년 이후 '구조조정'이란 말이 예사로워지면서부터이다. 우리 탓이 아니라고 생각하고 싶어서인지 흔히들 'IMF 사태'라고들 하는, '국제통화기금'(IMF)으로부터 외화를 대량 빌려오지 않을 수밖에 없게 된 상황 이후이다.

그 이후 '평생직장' 가운데서도 가장 안정된 은행과 '하늘의 직장'이라 불린 공기업에서부터 중소기업에 이르기까지, 10년, 20년씩 근무한 이들이 중도 하차해야 하는 사례가 허다해졌다. 당시에는 정부도 기업도 그 고비만 잘 넘기면 다시 옛 모습으로 돌아갈 것이라고들 했다.

그러나 IMF에서 빌려온 돈을 다 갚고 한국의 유수기업들이 다시 세계시장에 강한 경쟁자의 자리를 회복한 이후에도, 그전만큼 많은 신입사원을 고용하지 않는다. 최근 2007~08년 다시 이른바 '세계 금융위기'를 겪은 때문이라고 하는 이들도 있다.

외부 탓만 하고 있을 형편이 아니다. 큰 틀을 조감(鳥瞰)해 보면, 한국의 산업이 이미 20여 년 이래 전반적인 구조변혁과 그에 따른 기술혁신을 하지 않을 수 없는 과정에 들어섰다. 다시 말해 앞으로도 상당히 오랜 기간 진행될 산업구조 변혁과정이 시작된 탓이 크다. 요컨대 이 나라에서 이제 기업도 정부도 일을 하는 데 많은 일손이 필요치 않고, 많은 사람들의 인건비를 부담하고서는 경쟁력도 능률성도 얻기 어렵게 된 것이다.

손으로 문서를 작성하여 상급자의 결재를 받고 문서철을 만들어 보관하는 등의 '사무직'은 이제 별로 필요치 않다. 한 사무실에서 수십 명 또는 수백 명의 '대졸자'들이 하던 문서작업이나 회계관리는 이제 조직 전체로 연결된 컴퓨터들이 대신한다. 생산현장의 기계들의 작동도 수백 명의 대학출신 기술자 대신 IT 기술로 움직이는 자동화 시스템에 의해 관리된다.

조직관리를 위한 정보처리가 기계 네트워크에 의해 대체됨으로써 기관의 계층조직도 한층 더 단순화할 수 있게 되었다. 입사 이후 수십 년에 걸쳐 승진하는 여러 부서와 여러 단계의 직위가 전처럼 많이 필요치 않게 되었다. 최고 관리층과 현장이 자동화된 정보시스템으로 직결될 수 있으니, 사장은 '대리', '과장', '부장'을 거치지 않고서도 원하면 언제든지 현장사정을 알 수 있다.

규모가 크고 세계시장 개척에 일찍부터 나서 있던 기업일수록 이런 생산기술 혁신과 구조조정에 앞장섰다. 또 그래서 위에 말한 두 번의 위기도 남보다 앞서 극복할 수 있었다. 많은 대학졸업생들의 제1지망 취업자리인 '재벌기업'들이 전만큼 신입사원 모집을 하지 않는 까닭이다.

게다가 이 같은 생산기술 혁신이나 구조조정을 감당할 수 없는 기업들은 중국, 베트남 등 노임이 싼 나라로 생산시설을 통째로 옮겨 버린다. 그래서 한국 자본이 만든 사무직과 생산기술직 일자리의 90% 이상을 중국이나 베트남 젊은이들이 차지하게 되었다.

이처럼 장기적이고 거시적(巨視的)인 산업구조의 변화에도 불구하고 우리네 대학은 그에 무관심했고 무대책인 채로 있었다. 전에도 그랬던 것처럼 지금도, 교수도 학생도 전공수업은 취업능력과는 무관한 것처럼 여기고 있다. 대학의 조직과 교육 관행만이 이 거센 변화의 바람 가운데 무풍지대(無風地帶)처럼 변치 않고 남아 있다.

위에 말한 바와 같은 비교적 단순 일거리인 '사무직'이 많이 필요했던 옛 시절엔 상식테스트 정도의 입사시험으로 취업할 수 있었다. 그래서 대학 4년 동안의 전공공부와 취업은 별개의 문제로 치부되어도, 대학도 학생도 크게 걱정할 일이 아니었다. 교수도 학생도 대학교육은 사실 취업능력보다 취업 이후 사회적 연줄형성에 보탬이 되는 것으로 여기는 데 이심전심(以心傳心) 합의해 있었던 게 아닌가 싶다.

하지만 요즘처럼 취업이 어려운 상황에선 대학에 재학하는 4년이란 시간이 소중하기 그지없고 초조한 기다림의 시간일 수밖에 없다. 그럼에도 학교수업에서는 도움이 될 만한 개인지도를 기대할 수 없으니, 학생들은 제각기 자구책(自救策) 강구에 몰두하고 있다.

학과를 불문하고 영어공부에 열심이고 한두 학기씩 휴학까지 하고 영어권 나라 어학연수를 갔다 오는 것이 예사로워졌고, 취업 면접을 위한 말솜씨 또는 미용강습까지 받는다고 한다. 심지어 취업 면접에 좀더 좋은 인상을 남기려고 성형수술까지 한단다. 많은 학생들이 이른바 'Spec', 즉 취업선발에 남보다 유리한 자신만의 경력을 쌓으려고 학과공부 이외의 일에 열중하고 있다.

취업경쟁이 이처럼 치열함에도 대학은 속수무책(束手無策)인 채, 학점 선심만 쓰고 있다. 그래서 학생들은 언변과 처신술(處身術)에 승부를 걸고 있다. 그래서 결국 면접태도, 옷차림, 미용 등을 위한 컨설턴트와 학원들의 사교육 시장만 번창하고 있다.

대학이 취업준비 '학원'처럼 되라는 것이 아니고, 급변하고 있는 산업현장 수요에 걸맞은 교육체제를 만들어내야 하지 않겠느냐는 말이다. 이야말로 여러 전공교수들이 함께 머리를 맞대고 궁리해야 할 일이다.

대학교육과 취업능력

1. '고시촌'

사실 취업준비를 위한 사교육 시장이 이미 오래전부터 가장 활성화되어 있는 분야는 정부와 법조계에 들어가려는 젊은이들을 위한 것이다. 이른바 '고시학원' 시장이 그것이고, 이들 주변에는 '고시촌', 즉 고시학원생들을 위한 일종의 캠퍼스 타운마저 성업 중이다.

과문(寡聞)이긴 하지만 이런 현상은 세계적으로 한국뿐인 줄 안다. 앞서 말했듯이 해방과 독립 직후부터 전국의 학부모와 자녀들이 '출세'의 통로로 그처럼 선망했던 법과대학들이 실은 별 도움이 안 된 탓이다.

몸단장이나 매력적인 화술(話術) 훈련은 대학이 꼭 맡아 해야 할 일도 아니고 사교육 공급자들보다 더 잘하리란 보장도 없다. 하지만 법과 행정에 관한 전문지식시험 준비에 대학이 이처럼 소외되어 있는 현실은, 대학과 정부에 책임이 있다. 법과대학에 다니든 안 다니든 독학(獨學)/사학(私學)으로 법조 전문인 자격을 취득할 수 있게 된 것은, 그런 선발제도를 만들고 유지해온 정부와 그에 순응해온 법과대학들 탓이 크다.

독립 이후 60여 년 만에 시작된 '법학 전문대학원' 제도가 해결책이 되리라고 기대하고 있다. 의사자격처럼 법조인자격도 대학에서 전문적인 교육과정 이수(履修)를 요건으로 함으로써, 사교육에 의한 시험통과만으로 법조인이 되는 길을 없애려는 제도이다. '법학 전문대학원'을 졸업하지 않아도 지금과 같은 사법시험 합격만으로 법조인 자격을 주는 제도는 2014년에 완전히 끝내겠다고 한다.

그러나 법조계 진출을 위한 사교육 시장은 적어도 앞으로 3~4년은 남아 있을 터인 데다, 우리네 불확실한 정치 장래를 보건대 과연 2014년에 지금의 사법시험 제도를 완전히 끝낼 수 있을지 확실치도 않다. 게다가 행정'고시'는 그대로 남아 있을 터이니, 정부에 취업하려는 학생들은 여전히 공교육과 사교육을 동시에 이수할 것이고, 행정'고시' 응시자들이 오히려 부쩍 늘어날 가능성마저 있다.

법률전문가 교육과 선발에 있어 지금껏 우리네 대학이 실제로 한 역할과 기능을 성찰해 보면, 다른 전문직 교육에도 참고가 될 것이다. 의료인과 함께 법조인이야말로 최고 수준의 전문적인 실무교육이 필요한 전문가이다. 따라서 법학교육 기관은 명실 공히 전문직업대학(*professional school*)이어야 한다. 서양의 유명하고 역사가 오랜 대학교들에서 법과대학과 의과대학이 다른 모든 전공에 앞서 전문직업학교로서 역할과 기능을 갖춘 것도 그 때문이다.

한국의 법과대학들은 지난 반세기 동안 전문직업 교육기관이길 거부한 것이나 다름없다. 내가 대학교수직 첫 3~4년 동안 서울대학교 법과대학에 교수로 있었던 때도 그랬고 그 이후도 크게 달라진 것 같지 않다. 최근 '법학 전문대학원'을 개설한 학교들이 법조실무 경력자들을 교수로 채용하고 있어, 장래는 좀 달라질지 두고 볼 만하다.

돌이켜 보건대 나를 포함해 과거 대부분 법학교수들의 태도와 입장은 법률 실무전문가 자격시험인 '고시'를 위한 공부는 원하는 학생들이 알아서 할 일이라는 것이었다. 교수는 각자 자기 하고 싶은 대로 강의하고 평가하면, 그것으로 충분하다고 믿었다. 사법(司法) 실무능력은 법조인이 된 다음에 현업에서 익혀나가면 될 것이라는 입장이었다.

내가 학생시절에도 그랬고 법학교수로 있던 때와 내가 아는 한 그 이후에도, 법과대학 강의는 주로 외국에서 발전된 이론을 해설하는 것이었다. 나도 그런 교수 가운데 한 사람이었다. 다시 말해 이 나라의 법 제도나 법 규정의 근거가 되거나 그 사회적 함의(含意)의 준거가 되는 외국이론과 제도적 근거 같은 것을 해설하는 것이었다.

이런 외국이론과 제도를 많이 알고 해박하게 해설해 주는 교수가 유명교수였다. 게다가 한국의 법체제가 일제 식민지배 이후 주로 독일, 프랑스식을 따른 터여서, 강의실에서 소개되는 이론들은 대부분 서유럽에서 발원한 것들이었다.

이 나라 법치의 정치·경제·사회적 현실과 특수성에 관한 언급은 교수들의 개인적 논평에 그치는 것이 보통이었다. 이 나라 현실에 관한 경험적 분석을 담고 있는 교재도 없었다. '고시' 출제/채점위원이 된 교수들의 경우에도, 집필한 교과서가 잘 팔리고 강의에 비교적 많은 학생들이 수강하는 것 말고, 강의내용과 방법은 다른 교수와 별 다를 바 없었다.

오늘날 중견 교수세대는 우리 때보다 훨씬 더 외세(外勢)의존에 비판적이니, 이 나라의 법치 현실에 대한 깊은 연구와 교육노력이 있기를 바랄 뿐이다. 그러나 아직까지는, 내 좁은 시야(視野)이긴 하지만, 교수들의 발표논문들 가운데 한국 현실에 대한 경험적 분석은 별로 보이지 않아 걱정스럽다.

학계와 실무현장 간의 관계가 이렇다보니, 법과대학과 실무 법조계 간에는 일종의 상호 불간섭 또는 때로는 상호 불신(不信)의 골 같은 것이 있었다. 법학교수들이 보기에 법조 실무인들은 법제(法制)의 근거이론이나 철학도 모른 채 법조문과 판례나 선례를 적용 시행하는 기술자에 지나지 않는다. 반면 판사, 검사, 변호사 등 실무인들은 교수들을 법 현실에 눈감은 '안락의자 이론가'일 뿐이라고 보는 것 같았다.

양편은, 사적인 자리 이외에는, 서로 전문적인 문제에 관한 의견 교환도 별로 하지 않았다. 재학 중 교수들의 가르침보다는 자습 또는 '사학'(私學)으로 '고시' 합격한 사람들이 대부분인 데다, 법과대학 근처에도 안 가보고 혼자 힘으로 자격을 얻은 이들도 있는 터이니, 법조 실무인도 법과대학 교수도 각자 전문영역에 관해 서로 상대편 의견을 경청할 까닭이 없지 않겠는가?

법과대학 교수진에 법조 실무경험을 가진 이들이 차츰 더 늘어나면, 이런 간격은 조금씩 좁혀질지 모른다. 그러나 양편 서로 다르다고 여기는 '집단정신'(*esprit de corps*)은 부분적인 인적 교류만으로 크게 달라지기는 어려울 것이다.

작년부터 시작하고 있는 '법학 전문대학원' 제도가 바로 이런 문제를 제도적으로 해결해 보려는 것이다. 대학으로 하여금 법조 실무인 양성의 책임을 지게 함으로써, 법조인의 질을 높이고 동시에 대학교육의 현실적 합당성을 확보하자는 취지의 제도이다.

하지만 기관이나 조직의 형태가 그 기능과 실적을 완전히 결정하는 것은 아니다. '법학 전문대학원' 개원 이후 1년 정도밖에 안 되었는데, 벌써 이런저런 잡음들이 들리고 있지 않은가?

법학 전문대학원은 본디 미국의 'Law School'을 본보기로 삼았다고 하니, 그들이 해온 것을 좀 살펴봄으로써 지금까지 이 나라 법학교육과 나아가 실무전문가 교육 전반의 문제를 객관화해 보는 데 일조가 되지 않을까 싶다. 내가 체험한 한(限)에서는, 미국의 법학교육은 가장 철저하고 체계적인 실무전문가 교육이다.

2. 사례중심 교육

미국 법학교육의 가장 뚜렷한 특징은 '판례연구'(*Case Study*)를 원칙으로 하는 것이다. 헌법이든 형법이든 민법이든, 강의의 주 교재가 실제 사건판결문이다. 교수마다 교육방법은 조금씩 다르긴 하지만, 강의주제에 해당하는 주(州) 또는 연방법원들의 판례들을 분석해서 각 사건의 내용과 재판과정과 판결의 법리를 밝히는 식이다. 과목마다 수십 수백 권의 판례집이 곧 교재이다.

판결문에 쓰여 있는 판사의 선고논리만 읽어 판결의 법리를 밝히는 것이 아니다. 원고와 피고가 주장하는 사실관계와 양편의 법 해석논리, 그리고 양편 주장에 대한 판사의 판단근거 등을 모두 비판적으로 따지는 것이 수업의 내용이다.

무엇보다 주목할 것은 이 모든 사실관계 분석과 법리적 평가를 우선 학생들로 하여금 하게 하는 것이다. 학생들은 매 강의마다 엄청난 양의 판례들을 읽어야 하고, 자신의 해석과 평가를 준비해야 한다. 이런 교육방법 때문에 미국 대학캠퍼스에서는 법과대학 도서관의 전등불이 가장 늦은 시간까지 켜져 있다.

아주 간략한 대강 소개에 지나지 않지만, 요지는 장래 법조 실무전문가 양성을 위한 법학교육이 교수에 의한 법리(法理)의 추상적이고 관념적인 해설에 그치는 게 아니라는 것이다. 법치(法治)와 법 적용의 현장에서 어떤 법 때문에 어떤 사람들 사이에 어떤 사건사실이 일어나고 있으며, 그들은 각자 자신의 입장에서 법을 어떻게 이해 또는 이용하고 있고, 그리고 사법부는 그에 대해 어떤 근거에서 어떤 입장을 취하고 있는지, 판례를 통해 익숙하게 하려는 것이다.

그래서 미래 법조인들은 학교에 있는 동안 이미 법의 현실 작동 과정의 동태성(動態性)을 상당한 정도 알게 된다. 게다가 또 강의시간이 주로 학생들의 발표와 토론에 할애되어 있으니, 그들은 이미 'Law School'(법학전문 대학) 3년 동안에 원고와 피고 입장의 변론문과 판사의 판결문 작성 실습훈련도 하는 셈이다.

미국의 법학교육이 이렇게 짜인 까닭은 그 나라의 법제도의 중심이 판례법(*Case Law*)이기 때문이기도 하다. 대부분의 경우 어떤 법적 쟁송이든 그것을 판결하는 근거법은 과거 유사한 사건(*Like Case*)에 대해 내려진 판결선례(*Like Law*)에서 찾는 제도이다. 그래서 법조문의 의미를 해석하는 능력만으로 충분치 않고 법적 쟁송에 이르게 된 사실관계를 객관적으로 분석하여, 유사한 과거사건을 판별해내는 능력도 갖추어야 하기 때문이다.

이런 식의 법조 실무교육을 하는 법학전문 대학을 졸업하지 않은 사람은 '법조(자격)시험'(*Bar Examination*)에 응시할 수 없으니, 대학과 실무계는 서로 일관되게 이어져 있는 관계인 셈이다. 그리고 이 시험은 우리처럼 국가가 관장하고 주로 법학교수들이 출제 채점하는 것이 아니고, 법률가들의 자치단체인 '법조협회'(*Bar Association*)에서 주관한다. 해서 법학 전문대학원을 졸업한 이들은 학교공부만 열심히 하면 대부분 이 시험에 합격한다.

가장 오래된 전문실무교육인 법학교육 이외에도 미국의 대학교육은 전반적으로 실용적이다. 적어도 학사과정 4년 교육은, 특히 대학교육 선진국인 유럽국가들의 경우에 견주어 한층 더 그렇다.

우리가 여기서 특히 미국의 법학교육의 대강이나마 살피는 것은, 현실의 생생한 사리(事理)를 터득하게 하고 구체적인 실무능력을 연마케 하는 점에서, 실무전문가 양성을 위한 대학교육으로서는 가장 정통적이고 실용적인 방법이라고 보기 때문이다. 교육의 주체는 '학문의 전당'인 대학이면서도, 학생들이 장차 종사할 직업이 요구하는 현장능력 요건들을 우선적으로 배려한 교육방식은, 모든 분야 전문가 교육의 참고가 될 만하다.

미국의 법학전문 교육이 시사(示唆)하는 바는, 이론의 학문적 보편성이나 방법론적 타당성보다 학생이 장래 당면하게 될 현실사회에 익숙하게 하고 동시에 실무전문가로서 실천능력 양성을 위주로 하고 있다는 것이다. 대학 4년을 마친 학생들을 상대로 대학원 수준에서 이런 실무적 교육을 하는 것은, 실무교육이지만 상당히 깊고 넓은 사회적 이해를 바탕으로 해야 한다는 교육철학 때문이다.

요컨대 대학교육이 정녕 실무전문가 수요에 적합한 인재를 양성해 내려면, 교재와 교육방법은 물론 대학과 실무계 간의 연계체제까지 일관되게 실무교육체제로 짜여야 한다는 것이다. 그래서 미국의 신참 법조인들은 일정기간 수습(*law clerk*) 과정을 거치긴 하지만, 대부분 학교에서 배운 것으로 능히 실무를 감당해 나간다고 한다.

이런 교육체제에서 교수의 전공은 자신의 전문 연구분야이기에 앞서 학생의 전문직업능력 양성을 위해 필요한 전체 지식의 분업(分業)과 같은 것이다. 미국의 법과대학에는 학과는 없고 헌법 민사법 형사법 등 각 법 분야별로 전공교수가 있을 뿐이다.

3. 취업 '트랙' 교육

한국의 대학들 가운데도 현장실무능력 집중교육의 필요성을 절감하는 곳이 차츰 생기는 모양이다. 최근 보도된 바에 의하면, 일부 지방 국립대학에 특정기업 취업을 목적으로 하는 '00기업 전공트랙(*Track*)'이라는 과정들이 설치되고 있다고 한다. 몇몇 대기업들이 자신들의 공장이 있는 지역근처 대학과 협력하여, 그 기업에 필요한 전문기술직 양성에 적합한 교과과정을 만들고 그 과정 학생들에게는 취업보장과 학비지원까지 한다고 한다.

학생의 장래 취업현장 기술과 대학교육이 1 대 1로 연계된 교과과정이란 점에서, 이보다 더 실무적인 교육은 없지 않을까 싶다. 교과과정의 구체적 내용은 알지 못하지만, 취업에 불안한 많은 학생들과 대학들이 부러워할 만한 시도임에 틀림없다.

하지만 미래의 인재확보를 위해 학비까지 지원하면서 4년을 기다리는 이런 과감한 투자를 할 수 있는 기업의 수도 몇 안 될 뿐만 아니라, 대학의 모든 학과가 각기 특정기업을 위한 '맞춤형' 교과과정으로 운영될 수도 없다. 몇 개의 학과 또는 전공에 위와 같은 특별과정을 둘 수는 있겠지만, 한 대학교가 전체로서 '현업훈련'(*On the Job Training*)기관처럼 변신할 수는 없다.

다만 기업과 대학의 이런 새로운 시도를 보고 대학들이 새삼 반성해야 할 것은, 기업들이 그동안 자신들이 필요로 하는 인재 양성기관으로서 기존의 대학 교육과정을 별로 신뢰하지 않았다는 사실이다. 앞서도 말했듯이 기업들은 신입사원 채용에 대학의 전공과는 별 상관도 없는 기준으로 선발하는가 하면, 일본기업들처럼 차라리 대학입학 성적으로 뽑는 것도 그 때문이다.

한국의 대학졸업생들을 선발하려는 외국기업들에게는 대학의 명성도 별 도움이 되지 않는다. 몇몇 언론에 보도된 바에 의하면, 외국기업들의 눈에는 서울대학교 출신이라는 사실은 별로 주목할 만한 것이 안 된다고 한다. 홍콩이나 싱가포르의 대학들만큼의 주목도 받지 못한다고 한다. 잘 모르긴 하지만, 홍콩이나 싱가포르 학생들은 영어구사 능력만으로도 한국 학생들보다 더 쓸모 있다고 여기기 때문일 게다.

이 나라 대학들은 이제 하루속히 교육의 '쓸모'에 관해 진지하게 성찰하여 곧 무언가 과감한 행동에 나서야 한다. 그리고 이 시대에 '쓸모' 있는 대학교육은 지식과 기술과 세상을 대면하는 안목과 감각에 있어 세계적 수준으로도 손색없다고 평가받을 정도이어야 한다.

여기서 말하는 '쓸모'는 물론 학자로서의 능력이나 자질을 두고 하는 말은 아니다. 학자로서 쓸모를 높이는 데는 지식과 기술의 현장유용성이나 인간적인 현장 적응능력 같은 것은 별로 중요치 않다. 장래 학자를 교육함에는, 나라 안과 밖의 전공분야 변화에 민첩하도록 해야 하지만 대인(對人)관계 같은 것에 크게 신경 쓰게 할 필요는 없다.

어쨌든 그러나 평생 학자/연구자가 되려고 대학에 들어오는 학생은 아주 적은 숫자임은 위에서 말한 바이다. 대부분 학과/전공 학생의 과반수는 역시 학사과정 4년 끝에 실무생업에 종사할 사람들이니, 이들을 위해서 실무현장에서의 '쓸모'가 교육의 제1차적인 잣대가 되어야 할 것이다.

이런 의미의 쓸모 있는 교육이 되기 위해 대학이 해야 할 가장 중요한 일은, 세계적 수준의 현장 기술변화를 남보다 앞서 강의실에 받아들이는 것이다. 특히 바야흐로 경제체제와 산업기술이 문자 그대로 '제 3의 물결' 산업혁명에 들어선 이 나라의 대학이, 이 새로운 '물결'에 뛰어들지 않으면 영영 외면당하고 말 것이기 때문이다.

기초이론 또는 분석방법을 잘 익히면 현실응용에도 남보다 앞설 수 있다는 입장은, 대부분의 보통수준 학생들에게 4년이란 세월은 너무 짧다는 사실을 간과(看過)한 것이다. 학사과정 4년은 현실에 응용할 수 있을 만큼 학문적 이론과 학술적 방법을 익히기에는 너무 짧다. 게다가 인문 사회과학 지식을 기본으로 하는 조직의 경영관리 실무를 위해서는, 보편적이고 일반적인 기초이론 또는 방법론이 모든 구체적 사례에 과연 쓸모 있느냐조차 의심스럽다.

요즘처럼 세계적인 기술혁신 경쟁이 치열하고 빠른 때에, 대학이 그에 발맞춰 대응하기는 결코 쉬운 일이 아니다. 특히 첨단적 기술과 정보 또는 아이디어는 변화와 변용이 훨씬 더 빠른 만큼, 대학과 같은 안정적이고 전통적인 교육기관이 그 추세에 발맞추기는 한층 더 어렵다.

그렇지만 이런 세계적인 현장변화에 발맞추지 않고는, 전통적인 대학 간의 경쟁에서도 낙오(落伍)될 뿐 아니라 다분히 영리(營利) 지향적인 직업교육기관에조차 학생을 잃게 될 것이다. 날로 빨라지고 있는 이른바 '사이버' 교육기술의 발달과 함께 자격제한도 정원제한도 없는 '영리대학'(營利大學)들은 점점 늘어나고 그 영향력도 넓어질 것이니, 웬만한 대학들은 이들과의 경쟁에도 버텨내기 어렵게 될 것이란 말이다.

4. 교육성과(成果) 경쟁

대학에서 외부세계 변화에 대응해 교육개혁을 주도하는 주체는 물론 교수진이다. 그런데 대학교수는 다른 전문직종에 견주어 직업 행태가 변하기 어렵고 또 실제 잘 변하지 않는 전문직업인이다. 그들은 그런 보수성에 대한 자부심마저 가지고 있다. 전통적으로 대학의 변화는 다른 어떤 조직보다 훨씬 더 긴 시간에 걸쳐 진행되었다.

교수의 이런 보수적인 태도와 행태는 자신의 연구에 대한 것은 아니다. 자신의 직분에 열심인 교수일수록 연구에는 남보다 앞서 새로운 지식개발을 하려고 모든 노력을 기울인다. 이렇게 연구에 매진하느라고 연구 이외의 문제는 등한히 하게 된 탓이다. 그 가운데서도 특히 사회변화 또는 대학의 관리문제 같은 것에 별 관심을 기울이지 않는다.

연구에 몰두한 교수들이 비교적 관심을 덜 기울이는 것 가운데 또 한 가지가 학생교육이다. 앞서 내 경험과 관련해 언급한 바와 같이, 탁월한 연구업적으로 유명한 교수들은 흔히 강의부터 단조롭고 지루하다. 항상 연구에 몰두하느라고 자신의 강의에 대한 학생들의 이해와 반응에 별로 신경을 기울이지 않기 때문일 게다.

대학은 분명 교육기관임에도, 이런 지적 자유풍토 때문에 교육방법이나 효과평가 등이 모두 개별교수에게 맡겨져 있다. 서양의 대학들도 최근에 이르러서야 교육효과에 관한 대학 전체로서 일반적이고 신뢰할 만한 지침과 잣대가 없음을 깨닫고 있다.

서양의 대학들이 새삼 교수들의 교육효과 평가의 객관화, 일반화의 필요성을 깨달았다는 것은, 저들도 이제 대학 간 학생유치 경쟁이 심각한 사활의 관건이 되었음을 알게 되었기 때문이다. 그리고 남보다 더 우수하고 더 많은 학생을 유인하기 위해서는, 자기네 학교의 교육효과를 객관적인 기준에 의거해 알리는 것이 다른 무엇보다 효과적임을 알았기 때문이다.

최근 수년 내 한국의 대학들이 가장 흔히 알리는 교육효과 지표는 취업률이다. 그러나 졸업생 수에 대비한 취업자 수 비율은 엄밀한 의미의 교육효과 지표가 아니다. 어느 학과 또는 전공 졸업생이 어떤 직장 어떤 업무에 취업되었는지에 관한 자료가 아니고, 전체 졸업생의 몇 %가 취업했다는 식의 자료는 대학교육 효과와는 무관(無關)한 것이다.

바로 이런 편법 때문에 이른바 '아르바이트' 수준의 취업까지 포함하고, 심지어 허위로 수치 불리기를 하는 등의 비교육적인 처사마저 저지르고 있는 것이다. 이런 식의 편법과 과장 또는 허위광고는 해당대학뿐만 아니라 결국 한국 대학 모두에 대한 불신만 넓힌다.

앞서 말했듯이 '대학정치'가 남달리 큰 몫을 차지하는 나라인 터에, 정부가 또 이런 사회적 물의를 좌시(坐視)하고만 있을 수 없었던 모양이다. 최근 교육과학기술부가 나서, '건강보험료 납부 데이터베이스'에 올라 있는 취업자만을 각 대학별 취업자로 발표하기 시작했다. 이런 일은 세계적으로도 희귀한 일이 아닐까 싶다. 어쨌든 그 결과 대학이 발표한 취업률의 반(半)밖에 안 되는 대학들이 허다하다고 한다.

건강보험에 가입한 직장에 취업한 자만을 취업자로 치부해야 할 것인지 여부는 좀더 생각해 보아야 할 문제이긴 하다. 하지만 어쨌든 대학들이 학교선전을 위해 과장, 허위광고를 한 결과가 정부에 의해 밝혀진 것이니, 해당대학들뿐만 아니고 이 나라 대학 전체에

망신이다.

졸업생 취업률이 대학당국의 이처럼 절실한 관심사가 됨으로써, 교수들이 개인적 연줄까지 동원해 제자 취업에 나서기도 한다. 어떤 대학에서는 거의 교수들의 의무처럼 되어 있기도 하다고 한다. 교수의 본업(本業)은 학생들의 취업능력 교육일진대, 개별학생의 취업알선에 나서게 하는 것은 오히려 취업능력 교육에 바칠 시간과 노력을 훼손하는 것이다. 더욱이 취업시장의 인재의 수요와 공급 양편 다 경쟁이 요즘처럼 치열하고 개방적인 때에 교수가 개인적 연줄을 통해 취업시킬 수 있는 경우는 극히 제한적이고 예외적일 수밖에 없다.

지금은 취업자 수를 따지기에 앞서 대학과 학부 또는 학과별로 교수들이 함께 머리를 맞대고 이 시대에 어떤 방법으로 교육하면 어떤 직분에서 어떤 역할로 어떤 일을 할 수 있는 인재를 길러낼 수 있을지, 구체적인 실천계획을 짤 때이다. 다시 말해 학생 교육효과를 향한 눈으로 교과과정과 각 전공교수의 담당 몫을 재평가해야 할 때란 말이다.

서울대학교에서는 2001년 이래 '교수학습 개발센터'라는 곳에서 교수들의 강의방법에 대해 자문하고 있다고 한다. 다시 말해 학생들에게 강의내용을 보다 더 효과적으로 전달키 위한 방법을 자문해주기 위한 것이다. 최근에는 1년에 100명에 가까운 교수들이 자문을 구한다고 한다. 교수들의 교육효과에 대한 관심이 점점 높아지고 있다는 증거이다. 그러나 이 기구는 스스로 원하는 교수에게 개인적인 강의행태와 방법을 기초로 보다 효과적인 강의방법을 자문하는 데 그쳐 있다.

우리가 여기서 말하려는 것은 한 발 더 나아가 각 학과 또는 전공의 교육방법과 효과를 높이는 일에 대학교 전체가 나서야 한다는 것이다. 이런 일은 한 대학 한 학과와 전공교수진이 함께 자율적으로 상의하고 합의해야 한다. 그러지 아니하고서는 그 효과가 학생들에게 온전히 구현되지 않을 것이기 때문이다. 이야말로 오늘 한국 대학교수의 자율 자치의 가장 절실하고 도전적인 첫 과제이다.

그리고 이 일은 학생의 입장과 캠퍼스 밖의 인재수요 전망에 비추어 논의되어야 한다. 앞서 말한바, 교수들이 전공하는 학문체계와 방법론적 논리는 뒤로 하고, 학사과정 4년 동안에 사회적으로 쓸모 있는 인재를 어떻게 양성해야 할지에 주목해서 할 일이다.

이런 주문은 대학교육에 대해, 마치 초·중등 학생을 대상으로 하는 교육방법 같은 것을 만들어 각자 전공을 초월해 따르라는 것처럼 들릴지 모른다. 각기 고유한 연구분야와 방법을 따르는 교수들에게, 무엇보다 학생 교육효과를 높이는 교육방법을 따르라는 것은 사실 어려운 주문임에 틀림없다.

하지만 세계적 차원의 학생유치 경쟁에서 살아남는 길은 이 뿐이지 않은가? 이 냉엄한 취업난 시대에, 우리 대학에 들어오면 이러이러한 방법으로 교육해서 이런 인재가 되게끔 하겠다는 약속 이상 더 효과적인 유인책(誘引策)이 있는가?

인간 교육효과에 대한 약속은 약속한 편도 약속받은 편도 완전한 실현을 보장할 수 있는 것은 아니다. 그럼에도 한 대학교 전체 교수진이 구체적으로 어떤 교육방법으로 어떤 인재양성 효과를 실현하겠다는 선언은, 적어도 그 학교의 차별성에 대한 관심을 집중케 할 것이다.

이 나라의 대학들은 거의 대부분, 역사와 전통에 따르는 대학의 명성으로도, 명실상부(名實相符)한 '대학원 중심'/'연구중심'으로도 조만간 세계 일류 수준에 미치기 어려운 형편이다. 오늘날 세계적으로 손꼽히는 일류대학들의 명성은 대부분 '연구중심'으로서의 실적 덕분이다. 그러나 이 일류 수준에 필적할 만한 연구실적을 낼 수 있는 형편도 아니면서, 그들 대학의 체제와 기능을 맹종하는 것은 무모(無謀)할 뿐이다.

차라리 저들과 차별화하여 학생 교육효과 높이기에 집중하는 것이 장래발전의 첩경이다. 물론 그 목표효과는 학사과정 4년 졸업생들의 취업이다. 그리고 정녕 그럴 테면 교수의 자질과 자격에 대해 논문의 편수 또는 SCI 대상 학술지 게재 여부가 최우선적인 심사기준이 되어서는 안 된다.

요컨대 세계 일류 수준의 연구능력과 지원이 확보될 수 있는 대학 아니고서는, 이제 학생교육에 온 힘을 기울이지 않고는 살아남기 어려운 때란 말이다. 그렇지도 못하면서 '학문의 전당'이란 자부심에만 머물러 있어서는, 당면한 위기를 살아남기 어려울 것이다.

5. 실무능력을 위한 교육

교육방법과 교육효과에 관한 집단적 논의를 함에 있어, 교수들이 당면할 가장 큰 장애는 앞서 언급한 학과 내지 전공 간의 영토의식(領土意識)이다. 각 학과 또는 전공교수들이 각자 분야에 관련된 문제에는 다른 학과 또는 전공의 간섭은 받아들일 수 없다고 여기는 게 문제다.

최근 학계 일부에서는 학문발전을 위해서도 여러 전공 간의 '융합', '통섭'(通涉)을 해야 한다는 주장도 없지 않다. 그러나 대학의 현실에서 이런 주장은 아직 이상론일 뿐이고, '전공영역 지키기'는 교수들에게는 자신들의 존재이유처럼 소중하게 여겨지고 있다. 그리고 학생들에게는 교수가 전수하는 전공지식만 잘 습득하면, 어디선가 쓸모 있는 인재가 되리라고 말한다.

그러나 학생들이 졸업 후 취업하는 대학캠퍼스 밖의 일자리들은 거의 대부분 한 가지 분야의 전문지식이나 기술만으로 버텨 낼 수 있는 것이 아니다. 한 조직의 일자리가 전문기술이나 능력에 따라 분화되어 있는 경우에도, 각 부서의 일거리는 다른 부서들과 연계되어 있기 마련이다.

인재를 구하는 편에서는 일거리의 이런 다면성(多面性)과 상호연관성을 이해하고 능히 적응하고 대처할 수 있는 사람을 원한다. 설령 '연구개발'(R&D)직에 취업한 사람도, 상품화 과정의 다차원성과 융통성을 배려하지 않은 채 자신의 전공연구에만 몰두해 있기를 고집해서는, 그 직장에 오래 남아 있기 어렵다. 캠퍼스 밖 현장에서는 '외곬' 인재는 별로 환영받지 못한다.

지금까지는 그래도 꽤 많은 직장들이 상당한 기간 동안의 현장 적응비용을 지불할 여유가 있었기에, 취업 이후 현장수습에 기대를 걸고 채용하는 것이 일반적이었다. 그러나 생산성 경쟁이 치열해짐에 따라 현장수습 효과를 기다릴 수 있는 여유가 줄면서, 고용주들은 가능한 한 빠른 시간 내에 생산성 향상에 보탬이 될 수 있는 사람들을 원한다. 요즘 많은 기업들이 대학을 갓 졸업한 신참보다 이른바 '경력사원'을 선호하는 것도 그 때문이다. 게다가 인재선택 공간도 국경을 넘어서까지 점점 더 넓어지고 있다.

비교적 단기간 내에 실용화할 수 있는 현장능력을 도외시하는 대학교육은 점점 더 사회적 낭비로 여겨질 것이다. 비용을 지불하고 교육을 받는 학생도 그렇게 생각할 것이고, 고용주도 그럴 것이고 사회 전반적으로도 부담스런 추가적인 비용으로 치부될 것이다.

최근 한 신문에 인용된 스위스 '국제경영개발원'(IMD)의 '2010년 세계 경쟁력 평가'에 의하면, 한국의 대학교육의 '사회부합도'는 조사대상국 58개국 가운데 46위라고 한다. '사회부합도'라는 것이 정확히 무엇인지는 잘 모르겠으나. 요컨대 대학에서 가르치는 것과 졸업 후 그 실용도(實用度) 간의 차를 의미하는 것일 게다. IMD의 한국 경제의 전반적인 경쟁력 평가보다 훨씬 낮은 것임을 상기하면, 대학들이 귀담아 들어야 할 말이 아닌가.

이런 평가에 대한 반론(反論)은 대학교육은 학생 본인과 고용주와 사회에 대한 단기적이고 실용적인 기여를 위한 것이 아니고, 진실되고 올바른 삶과 세상을 위해서라는 것일 게다. 하지만 사회도 개인도 결국 각자 가정과 직장에서의 일상생활을 통해서 발전하고 개선되는 것일진대, 생활과 생업에서 실천되기 어려운 배움은 다분히 지적 사치(奢侈)가 아닌가.

어쨌든 대학교육을 인재의 실수요(實需要)에 맞출 터이면, 무엇보다 교과과정이 위와 같은 현장 일의 다차원성과 현실성을 반영해야 한다. 그럼에도 대학의 대부분 단위 교과과정은 각 분야 학문연구의 전문성에 맞추어 짜여 있을 뿐이다.

그 보완책으로 지난 수년 이래 '부(副)/복수 전공'제를 설치한 대학들이 더러 생겼다. 전통적인 전공체제는 그대로 유지하면서 학생들의 취업기회 확대에 조금이나마 보탬이 되도록, 한 학생에게 둘 이상의 전공을 가능케 하는 것이다. 그러나 '부전공'의 교과과정도 역시 해당 전공의 학문적 연구 필요에 따라 짜여 있기는 마찬가지이니, 배움의 실용성에 별로 더 보탬이 되는 것 같지는 않다.

우리가 여기서 제안하는 교과과정에 실무현장의 다차원성 반영이란, 실무수행능력 향상을 위해 필요한 여러 전공분야의 지식과 기술을 통합해 가르치고 수학(修學)하는 교과과정을 구성하는 것이다. 그러기 위해서 각 교과과정은 실무 직업/직종에 맞추어 구성되어야 한다는 말이다.

이런 제안에 대해 4년제 대학들은, 2~3년제 실무 기술위주 '전문대학' 체제와 다를 바 없지 않느냐고 거부감을 드러낼지 모른다. 그런 거부감을 이해할 만하다. 하지만 정규 4년제 대학은 수학연수가 더 긴만큼 교육의 폭과 깊이를 더해서 차이를 만들 수 있지 않은가. 다시 말해 졸업생들의 좀더 먼 장래와 보다 폭넓은 실무능력 기반을 준비하게 하여 질적 차이를 만들어야 한다는 말이다.

최근 한 취업포털 사이트(www.incruit.com)가 4년제 대학생 500여명을 대상으로 설문 조사한 바에 의하면, 응답자의 거의 65%가 "전문대 아니고 4년제 대학에 입학한 것을 후회"한 적이 있다고 대답했단다. 그리고 이들의 압도적 다수인 88% 정도가 4년제 대학교육이 취업에 별 도움이 안 되더라는 반응이었다고 한다. 그 가운데 제법 많은 이들이 4년제 대학을 졸업한 이후 2년제 전문대학에 다시 입학했다고 한다.

그런 과감한 선택을 하지 못한 학생들 가운데 상당수는 기업들이 제공하는 인턴(*intern*) 사원 자리얻기에 치열한 경쟁을 한다. 최근 보도에 의하면, 한 대기업이 제공하는 60개의 인턴 자리에 3,200명이 지원하고 또 다른 기업에는 90명을 모집하는 데 1만(!) 명이 지원했다고 한다.

어떤 대학들은 실무능력 교육의 부실(不實)을 인정해서인지, 해외 외국기업에 인턴으로 채용된 학생들에게는 대학당국이 여행경비와 숙박비까지 지원한단다. 서울대, 연세대, 한양대 같은 유명 대학교들이 이에 앞장 서 있다.

학교와 학생들이 학기 중에도 계속되는 현장실무 인턴직에 이처럼 적극적인 것은 학교에서의 공부보다 현장 인턴십(*internship*)이 정식 취업기회를 더 넓혀 준다고 보기 때문일 게다. 이런 인턴제를 두는 대부분의 기업들도 정규사원을 선발할 때 자기네 회사에서의 인턴경력을 우대한다고 한다. 취업 희망기업 가운데 첫 번째로 꼽힐 만한 포스코(POSCO)는 신입사원 전원을 인턴 출신으로 채우고, 한 유명백화점에서는 50%를 인턴 출신으로 채운다고 한다.

이상과 같은 수치들은 요즘 대학생들과 고용자들의 오늘 이 나라 대학의 교육관(觀)을 잘 드러내는 것이고, 그동안 세상의 눈이 참으로 많이 변했음을 일깨워준다. 취업시장에서 고(高)학력 구직자들 간의 경쟁은 앞으로 더 치열해질 것이고, 고용주들은 점점 더 현장적응 능력이 높은 인재를 선호할 것이다. 그런데도 대학은 별로 변하지 않기에, 학생들과 고용주들이 자구책(自救策)을 강구함으로써, 위와 같은 현상이 생긴 것이다.

학생과 기업이 이런저런 자구책에 급급한데도, 대학들은 후한 학점주기, 강의 출석요건 완화 또는 여행경비 지원 등의 뒷바라지 정도에 안주(安住)하고 있다. 대학이 이런 임기응변에 안주하고 있는 동안, 대학의 존폐를 결정할 수 있는 심각하고 급격한 취업시장 변화가 일고 있다.

교육중심 대학을 위한 개혁

1. 교과과정의 개혁

이처럼 급변하는 취업시장에 대처해 대학이 능히 할 수 있고, 해야 할 일이 있다. 한 사람의 잠재능력은 어느 한 기업의 초보단계 실무능력 수련에 지나지 않는 인턴과정에서 충분히 발휘될 수 없다. 대학 4년간의 교육과정은 그보다 훨씬 더 긴 시간이니, 더 장기적이고 종합적인 능력은 대학만이 개발할 수 있는 게 아닌가.

정녕 그러기 위해서는 지금까지 주로 교수들의 전공 위주였던 체제와 기능을 학생교육 위주로 전환해야 한다. 우선 무엇보다 단위 교과과정의 관리주체 교수진은 교수 각자의 전공 여하에 불구하고, 교과과정의 종합성 필요에 따라 재구성되어야 한다. 그리고 그 교과과정이 어떤 전문직 직종을 겨냥한 것인지 명백히 해야 하고 그에 따라 교수진 구성이 달라야 할 것이다. 다시 말해 교수의 전공 중심으로 분화되어 있는 학과 또는 학부체제가 학생교육 목적에 따라 재편성되어야 한다.

서울대학교가 최근 시작한 '글로벌 환경경영학 전공'과정 (2010년도

2학기 개설)이란 '연합전공'의 개설 취지가 이에 근사하다. 주로 공공(公共)부문과 사기업에 취업할 이른바 '녹색산업' 전문인재를 양성하려는 과정이라고 한다. 철학 전공교수에서부터 사회학, 심리학, 행정학, 해양학, 수의학, 보건학, 경영학 교수 등 40여 명의 여러 전공 교수진이 담당할 것이라고 한다.

비교적 보수적인 서울대학교 교수들로서는 획기적인 시도이다. 이 여러 전공교수들이 과연 어떻게 통합적 교육효과를 만들어 낼지 두고 볼 만한 시도이다.

이런 교과과정 체제에서는, 대학 전체에 일률적으로 적용되는 교양과정과 전공과정 간의 획일적인 구분 같은 것은 무의미하다. 교양과정에 일반적으로 포함되는 문학, 철학, 역사학, 수학, 외국어 등의 강좌들도, 필요한 전문직업 교과과정의 일부로 그리고 그에 필요한 내용으로 개편되어야 한다.

최근 보도에 의하면, 기업의 경영자와 학생들이 대학에 앞서 이런 통합적 또는 '융합적'인 교과과정의 필요성을 말하고 있다. 세계시장에서 1, 2위 자리를 다투는 한 유명 전자업체의 임원(任員)은 대학교수로 자리를 옮기면서 '글로벌 융합교육' 과정을 개설하겠다고 한다. 즉, 실무능력교육에 인간관계와 세계적 안목을 넓힐 소양교육도 '융합'하는 과정을 새로 만들겠다고 한다.

학생들 가운데도 스스로 '동아리'를 만들어 '현업에 바로 투입되어도 좋을 만큼' 각자의 전공 이외 분야에 대한 준비를 하는 이들도 있다. 그리고 이런 다(多)전공 동아리 회원들의 각자 원하는 자리 취업률이 상당히 높다고 한다.

전공 교과과정을 이렇게 졸업 후 종사하게 될 직업 내지 직종에 맞추어 개설하는 경우에 문제는, 대상직업 또는 직종을 얼마나 세분(細分)해서 그 각각에 적합한 별도의 교과과정을 구성할 것이냐이다. 교과과정 단위를 어떻게 그리고 얼마나 세분하느냐는 결국 각 대학의 재정규모와 교수진의 전공 다양성과 수에 달려 있다.

앞서 소개한 특정기업을 위한 별도의 프로그램 설치 여부도 결국 각 대학이 형편에 따라 결정할 일이다. 다만 크게는 행정/경영 관리직과 생산기술직 그리고 공공(公共)부문과 사(私)기업 부문 등의 대분류가 교과과정 차별화의 기본이 될 수 있을 것이다.

이 같은 새로운 교과과정을 구상하고 논의하는 데 중앙과 지방정부와 사기업들의 경험과 조언도 도움이 될 것이다. 각계에 진출한 해당대학 출신들의 경험에 근거한 조언 또한 큰 도움이 될 것이다. 그 가운데서도 특히 비교적 오랫동안 정부나 사기업에 종사했던 원로들의 대학교육이 졸업 이후 자신들의 실무능력에 미친 영향에 대한 성찰 또는 충고가 큰 도움이 될 것이다.

가능하면 한 걸음 더 나아가 실무자들을 교수직에 임명하여 그들의 전문경력을 활용하는 것도 상당한 도움이 될 것이다. 정부가 최근 고위공무원 자리에 정부 밖의 전문가들을 임명하여 정부 일의 현장 적합성을 높이려는 것과 같은 취지이다.

다른 한편 장래 학자양성을 중요한 교육목적으로 하는 대학에서는, 학사과정부터 그에 걸맞은 별도의 교과과정이 있어야 한다. 이 교과과정은 지금의 일반적인 학과 내지 전공과정과 비슷하겠지만, 이 과정 재학생들에게는 지금보다 더 엄격한 학술규범이 적용되어야 한다.

지금처럼 석·박사 학위논문을 돈 받고 대필(代筆)해 준다는 제안이 인터넷에 공개적으로 광고되는 것과 같은 상황은 모든 대학의 결의와 행동으로 종식되어야 한다. 학위논문 대필을 사고파는 행위가 이렇게 공개적으로 이루어지고 있는 까닭은, '어차피 대학원은 학위를 형식적으로 (심사해) 주기 때문'이라고 한다니, 이대로는 한국의 대학은 장래 학자교육에서도, 실무전문가 교육에서도 신뢰를 잃게 될 것이다.

이런 어처구니없는 사태는 하루 속히 척결되어야 하며, 그러기 위해서도 교육체제가 학생들의 자격과 능력을 객관적으로 평가할 수 있도록 짜여야 한다. 교육의 전문화가 학사과정 시작부터 실무직 '트랙'과 학문 연구직 '트랙'이 분명히 구분되어 있는 것도, 자격과 능력평가의 객관화에 진일보(進一步)하는 것이다.

실무직 '트랙'에도 석·박사과정을 설치할 수 있지만, 그것은 법학 전문대학원 또는 경영대학원처럼 어디까지나 실무 '전문대학원'(*Professional Graduate School*) 과정으로 짜여야 한다. 그 학위도 학문 연구 대학원 과정의 석사(MA, MS), 박사(Ph. D)와 달리, 전문학위인 경영학석사(MBA)처럼 전문학위 명칭을 쓰는 것이 사회적으로 그 전문성을 알리는 데 좋을 것이다. 대학원 문제에 관해서는 뒤에 좀더 살피려 한다.

최근 미국과 영국의 대학들에 설치되고 있는, 이공(理工)학 지식과 산업현장 경영관리 능력을 통합 교육하는 'PSM'(*Professional Science Masters*) 과정을 참고할 만하다. 이공학 석사과정도 실무전문가 교육을 위해서는 이렇게 현장 경영능력을 위한 교육을 통합하고 있는 것이다. 요컨대 고도의 과학지식과 현장 경영능력을 통합하는 실무전문가 교육과정인 셈이다. 상당한 수준의 대학들을 포함해 지난 3년 사이 100개가 넘는 미국, 영국의 대학들이 이 과정을 설치했다고 한다.

4년제 정규대학교 대부분의 경우, 위와 같은 변화는 거의 혁명적인 것일 게다. 각 학과 교과과정의 부분적인 개편에 그치는 것이 아니고, 교육의 목표와 철학부터 달리하는 것이기 때문이다. 상당히 많은 학교에서는 거의 모든 학생이 실무 '트랙'에만 입학하게 됨으로써, 학문의 전공성에 따라 분화되어 있는 전통적인 학과 내지 단과대학 체제는 전면적으로 개편되어야 할 것이다. 이 같은 실무 능력 교육을 위한 대학체제의 개혁에 관해서는 뒤에 다시 말하려 한다.

대학의 교육체제가 이렇게 개혁되어서 그 목적한 바를 진정 달성할 수 있느냐의 여부는 교수들의 호응과 교육방법과 교재의 개발 그리고 학생선발의 자율에 달려 있다. 무엇보다 교수들의 자기개발이 앞서야 하고, 그 성공 여하에 따라 많은 학교의 존폐가 결정될 것이다.

2. 교수의 재교육

현장실무 능력을 위한 교육은 많은 4년제 일반대학 교수들에게 생소한 일이다. 이들은, 몇몇 분야를 제외하고는, 각자의 전공분야 학문연구에 몰두한 끝에 학위를 받고 연구실적을 발표한 경력으로 그 자리에 온 이들이다. 이들은 현실을 대학연구실 창을 통해서만 보도록 훈련되어 있는 '학자'들이고, 그에 자부심을 느끼는 사람들이다. 이들은 연구실이나 실험실에 오래 머물수록 더 많은 연구성과를 내고 그리고 그것을 자료로 해 학생을 가르치고 있다.

이들에게 현장실무를 위한 교육을 하라는 주문은, 지금껏 해오던 방법과는 아주 다른 것을 요구하는 것이다. 한 마디로 교재와 교육방법을 끊임없이 변화하고 역동적인 연구실 밖 현실에 맞추고, 학생들에게 그 현실적응과 관리능력을 교육하라는 것이다.

우리네 교수들이 지금 쓰고 있는 교재는 대부분 한국을 포함한 세계의 사실을 추상화하고 일반화하거나 추론해서 일반적인 규칙성 내지 법칙성을 정리해 놓은 것들이다. 그래서 한국의 대학교재는 미국, 영국, 독일 등의 학자들이 쓴 이른바 원서(原書)나 그 번역본 혹은 거의 번역에 가까운 국내학자의 저술들로 충분했다. 그런데 이제 그것을, 마치 미국의 법학교재처럼, 이 나라 현실의 실제 상황과 사례(*case*)를 다루는 것으로 바꾸고, 교육을 그런 현실사례를 교재로 해서 하자는 것이다.

이런 식의 교재와 교육방법은 교수 각자의 전공분야 연구만으로 능히 실행할 수 있는 것이 아니다. 다시 말해 교육방법에 관한 별도의 수학(修學)이 있어야 하고, 교재작성을 위한 특별한 노력이 필요하다. 초·중·고등학교 교사가 되려면 일정시간 이상의 이른바 교직과목을 이수해야 하는 것보다 더 많은 노력과 준비가 필요한 일이다.

지금까지 우리네 대학, 특히 학사과정에서의 교육방법은 각 교수의 전공지식의 일방적인 전달이다. 널리 사회적으로도 교수와 학생 간의 관계는, 한편은 '강의'(*Lecture*)하고 다른 편은 수강(受講), 즉 충실히 듣고 적는 사이로 알려져 있다.

이런 관계에 익숙한 교수들은 '강의'준비, 즉 강의할 내용을 충분히 준비해서 학생들에게 가능한 많은 것을 전해 주면 교육책임을 다하는 것이라고 믿는다. 나도 교수 재직시절 그렇게 믿었고, 그 일만큼은 남 못지않게 열심히 했다고 자부했다. 말하자면 '주입식 교육'에 익숙해 있었던 셈이다.

이 같은 일방적인 강의에도 물론 질의응답식의 상호작용은 있다. 교수와 과목에 따라 상호작용이 비교적 많은 경우도 있고 적은 경우도 있다. 그러나 적어도 내 경험으로는, 학생들의 질문은 거의 다 교수의 강의내용을 좀더 이해하기 쉽게 풀이해 달라는 정도였다. 학생들은 교수의 강의내용에 이견(異見) 같은 것은 감히 내놓지 못한다.

처음으로 내게 교수와 학생 간의 이런 수강태도가 심각한 문제라고 지적한 이는 한 미국교수였다. 1980년대 초 미국의 한 유명대학에 잠시 머문 동안, 꽤 많은 한국유학생들을 지도해 본 교수가, 한국학생들은 왜 모두 교수로부터 'correct answer'(정답)만을 들으려 하느냐는 질문이었다. 나는 그때까지 학생들의 그런 수강태도에 대해 별로 심각하게 생각해 보지 않았던 터라 적이 당황했다.

한국의 대학교실에서 교수와 학생 간의 관계는 여전히 그런 모양이다. 최근 한 신문에 인용된 외국기업을 위한 인재발굴 '헤드 헌

팅'(*Head hunting*) 업체의 대표도 같은 취지의 말을 한다. 대학이 정답이냐 아니냐 식의 주입식 강의만 하니, 외국계 기업이 국내 대학 졸업장에 낮은 평가를 내린단다. 그러면서, 위에 지적한 '사례중심 수업'을 하지 않고 '주입식 강의'만 한 탓이라고 한다.

외국기업뿐만 아니라 한국 직장의 경우에도 맞는 말이다. 이제 우리네 대학도 졸업생 취업을 위해 적극적인 기여를 할 터이면, 무엇보다 '주입식 강의' 위주의 교육방법은 지양(止揚)되어야 하고, '사례중심' 수업이 큰 몫을 차지해야 한다. 그리고 강의실 안에서 교수와 학생들 간의 관계는, 교수의 입에서 학생의 귀로만 연결된 일방통행식 관계여서는 안 된다.

중요한 것은 그런데 이런 변화는 강의실 안에 국한된 문제가 아니라는 사실이다. 앞서 말한 것처럼 지금껏 교수 각자의 재량에 맡겨져 있던 교육/강의 방법에서부터 교과서/교재 내용 그리고 학생들의 교수에 대한 태도와 토론방식과 자세 등에 이르기까지, 관련자 모두의 문제이다. 새로운 시도를 할 터이면 이들 모두의 합의와 협력과 실천이 필요하다.

교육방법의 이 같은 변화는 지금까지 당연한 것으로 여긴 대학 전체의 기능과 교수들의 역할과 업적평가에도 큰 변화가 있어야 한다. 무엇보다 교수 각자의 연구업적보다 학생에 대한 교육효과를 더 중요한 일로 평가해야 하고, 각 교수의 교육기여도 평가에는 졸업생들의 취업 수와 질이 큰 몫을 차지해야 한다.

한국의 거의 모든 4년제 정규대학들은 이런 변화를 위한 준비가 되어 있지 않다. 이 같은 교육체제를 실제 가동케 하는 데 제일 먼저 해야 할 일은 해당 대학교수들의 재교육이다. 교육학 전공교수 이외에는 교육방법에 관한 전문지식이 없는 대부분의 교수들이 학생에 대한 교육효과에 맞추어 교재를 준비하고 강의하는 방법을 새로이 만들고 익혀야 한다.

교수들의 재교육은 물론 전공 교과목에 걸맞게 각자 자습해야 할 일이다. 대학교수에게 '재교육'이란 말은 좀 수치스러운 것으로 들릴지 모른다. 그러나 초·중·고교의 경우처럼 누군가에 의해 준비된 방침과 내용에 따른 집단적인 재교육을 의미하는 것은 아니다. 각자 자신의 전공강좌를 위해 새로운 교육방법과 교재를 스스로 준비하자는 것이다. 이런 재교육의 필요성은 한 단과대학 또는 학과 교수진의 합의에 의해 결정되어야 할 것이다.

이 새로운 교육방법과 교재는 자신이 가르치는 학생들이 졸업 후 곧 실용하고 실천해야 할 지식과 기술 그리고 소질을 함양하는 것이니, 각 전공교수의 전공지식과 기술의 일부가 되지 않고서는 실효성이 없다.

또 이 새로운 교육방법과 교재에는 학생들이 종사하게 될 여러 직업/직종 분야의 조건과 소요(所要)가 반영되어야 한다. 따라서 획일적이거나 일반적인 기준이나 체계가 있기 어렵다. 그 내용의 구성과 방법은 학교마다 전공마다 강좌마다 다를 수밖에 없고, 가능한 학생들의 개인적 능력과 성향도 배려하여 융통성 있게 운영되어 학생들의 능동적인 참여를 가능케 해야 한다.

이런 교육방법과 교재는 인재의 현장수요가 급속하게 변하는 만큼 수시(隨時)로 수정되고 보완되어야 한다. 대학교육은 전통적으로 현실의 변화에 별로 민감하지 않았다. 현실의 이런저런 변용(變容)들은 대학에서 공부한 보편적 원리로 능히 대처할 수 있다고 믿기 때문이다. 그러면서 현장의 변용은 취업 후 익혀 가면 될 것으로 치부했다.

하지만 오늘날 대학 밖에서 일어나고 있는 혁신과 변화는 대학 안 지성(知性)의 관심을 뛰어 넘는 것들이 많아, 대학재학 중에는 상상도 못했던 현실변화에 부닥치게 되는 경우가 허다하다. 이제 대학이 대학 밖의 현실변화를 시시각각 교재와 교육방법의 일부로 받아들여야 할 때이다.

그리고 이런 교육방법과 교재를 준비하는 데는, 해당분야 실무경험이 있는 이들의 협력과 조언이 필수적임은 앞서 언급한 바이기도 하다. 다만 어느 나라, 어떤 직종, 어떤 사람들의 협력과 조언을 구하느냐는 해당강좌 또는 과목을 담당할 교수가 결정하고 실행할 일이다.

지금도 매년 꽤 많은 교수들이 스스로 '재충전'(再充電)을 위해 선진국 대학에 가서 한두 학기 정도 머물다 오곤 한다. 그러나 여기서 제안하는 실무능력 교육을 위해서는 선진국 대학에 가서 학계의 새로운 동향을 탐구하는 것이 능사가 아니다. 나라 안이든 밖이든 기술과 지식활용의 현장변화를 신속히 알아내는 것이 더 유용할 것이다.

교수들의 비교적 장기간의 외부 '재충전' 기회를 위해서는 물론 학교의 지원이 있어야 한다. 그러나 이런 일은 교수 자신의 강의준비의 일부이기도 하니, 학기 중에도 수시로 외부변화에 관한 정보를 얻을 수 있는 채널을 준비해 두어야 할 것이다.

학생교육을 위한 교수들의 재교육 재충전 노력이 이제 대학의 경쟁력이 될 것이다. 교수들의 연구실적에 따른 학교의 명성은 세계적으로 손꼽힐 만한 수준에 이르면 여전히 상당한 경쟁력 자산이 된다. 그러나 그렇지 못한 대부분의 대학들은 점점 더 졸업생들의 취업에 기여하는 교육내실(內實) 여하에 의해 평가받게 될 것이다.

3. '교육중심' 대학의 조건

지금과 같은 상황에서 모든 교수들에게 원칙론으로 학생교육을 위해 교과과정과 교육방법과 교재개발에 온 힘을 기울이라고 호소하고 설득하는 것만으로는 별 효과를 얻기 어려울 것이다. 이런 변화를 위한 결정과 실천은 한 대학교, 한 단과대학 그리고 관련학과 교수진의 자율적인 합의와 협동적 실천이 있어야 이루어낼 수 있다.

이 선택은 몰론 개별대학으로서는 큰 위험부담을 감수하는 결정이다. 모든 교수들을 학사과정 학생교육에만 열중케 하고 게다가 교과과정은 특정 직업/직종의 현장능력 양성에 초점을 맞추어, 과연 정원을 채울 수 있을지, 자신 있게 결정하기 어려울 것이다.

외부 지원/감독 기관의 협력과 지원 또한 절실하다. 특히 정부의 협력과 지원이 위험부담에 대한 상당한 안전판(安全瓣) 같은 것이 될 수 있다. 정부가 먼저 몇몇 국공립대학을 대상으로 이상 말한 바와 같은 '교육중심' 구조개혁을 이끌어 나가면, 다른 대학들에도 개혁의 자극도 되고 제도적 기반을 조성해 주게 될 것이다.

최근 보도된 바에 의하면, 교육과학기술부가 전문대학 졸업생들에게 졸업장을 자격증화하는 방안을 강구하겠다고 한다. 이런 제도를 4년제 일반대학에까지 확대하는 것도 생각해 볼 만하다. 그러나 물론 전문대이든 4년제 일반대학 졸업생에 대해서든, 정녕 기술 자격증을 받을 만큼 현장실무 능력을 갖추게 교육하고 있는지 여부에 대한 평가가 앞서야 한다.

정부는 교육의 질(質)이 하위권에 속한다고 여겨지는 '부실대학'들에 대해 주로 '통폐합'을 지도하려 하고 있다. 한때는 경제부처가 앞장서 통폐합을 권유하기도 하고, 최근에는 교과부가 해당대학 학생들의 학자금 대출을 제한함으로써 간접적으로 통폐합을 유도하려 한다.

언론보도에 의하면, 정부가 이 조치로 겨냥하는 '퇴출대상'은 총 345개의 4년제 일반대학과 전문대학 가운데 30개교 정도라고 한다. 그 가운데 학자금의 30%만 대출하는 최하위권 '최소대출' 대상교가 6개 대학이고, 70%까지 대출하는 '제한대출' 대상교가 24개교라고 한다. 이 부류에 속하는 대학들은 이미 정원을 많이 못 채우고 있는 형편이어서, 이런 제한을 가하지 않아도 조만간 폐교의 위기를 맞게 될지 모른다.

여하간 그러나 주로 통폐합에 치중하는 것은, 대학의 문제도 기본적으로 기업의 구조조정과 비슷한 문제로 보기 때문이 아닌가 싶다. 대학에 대한 단순한 통폐합식 구조개혁은 대상학교 수에 있어 한계가 있을 뿐 아니라, 대부분 학교문제의 근본적 해결을 연기하는 것에 지나지 않는다. 정부의 학자금 대여제한에 의한 '퇴출'시책이 고작 6개교 정도밖에 기대하지 못하는 것도, 그런 근본적인 한계 때문일 게다.

앞서 추정한 바와 같이 지금부터 10여 년 동안 거의 100여 개 대학이 신입생을 한 명도 뽑지 못할 정도의 상황에 가까워질수록, 정부가 개입하는 단순한 통합 또는 폐교시책은 점점 더 치열한 정치적 흥정과 거래의 대상이 될 수도 있다. 폐교의 위기에 이르는 대학들은 남보다 좀더 오래 살아남으려고 안간힘을 다할 것이다. 또 통합권유를 받는 경우에는 상대편보다 더 많은 학과와 교수가 살아남기 위해 치열한 세력다툼을 하기 십상이다.

자칫 IMF 외환관리 시절 기업들의 구조조정에, 이른바 '공적 자금' 투입에 따른 이런저런 의혹보다 더 보기 흉한 정치 사회적 스캔들이 발생할 가능성이 크다. 이런 통폐합에는 정부가 더 큰 영향력을 행사할수록 더 정치화할 것이다.

정부의 개입은 단순한 통폐합이 아니고 진정한 '교육중심' 대학으로의 구조개혁을 위한 지원이어야 한다. 그리고 이와 같은 변화를 위한 정부의 지원은 대상학교 교수진 전체의 합의와 자율적 실천을 조건으로 해야 한다. 정녕 사회적으로 유능한 인재양성을 하는 교육중심 대학이 되려는 자율적 노력에 대해 지원하고, 그에 부응치 않거나 일정기간 내에 성과를 내지 못하는 학교에 대해서는 일체의 지원을 끊는 것이다. 말하자면 적자생존(適者生存)의 조건을 만드는 것이다.

정부가 대학의 이 같은 개혁을 지원하는 데는 재정적 지원보다 여러 가지 제도의 개혁이 앞서야 한다. 그 기본목적은 물론 '교육중심' 대학기능을 최대한 활성화하는 것이다. 교수의 자격, 실적평가, 입학생 선발방법, 전공과 교과과정의 구성, 교수 책임시간제 등, 전통적인 대학시스템에서 당연한 것으로 여겨진 많은 제도가 개혁의 대상이 되어야 한다.

명실상부(名實相符)한 '교육중심' 대학이 되려면, 무엇보다 지금처럼 교수의 자격과 실적 평가에 일률적으로 연구실적을 으뜸가는 근거로 하는 체제를 지양해야 한다. '연구중심' 내지 '대학원중심' 대학교와 '교육중심' 대학교를 구분하여, 후자(後者)를 위해서는 교육능력과 성과위주로 하는 새로운 잣대와 절차가 만들어져야 한다.

최근 정부는 2015년부터 모든 국립대학 교수에게 '성과연봉제'를 적용하여, 연구성과 40%, 교육성과 40%, 그리고 교내외 봉사실적 20%로 각 교수의 연봉을 결정하게 하리라고 한다. 교수들로 하여금 연구와 교육에 보다 더 많은 노력을 기울이게 하는 자극제가 될 수는 있겠으나, 모든 국립대학 또는 전공에 같은 비율의 실적을 부과하는 것은 적절치 않다. 요컨대 '연구중심' 대학과 '교육중심' 대학 또는 학과/전공 간에 차별이 있어야 하고, '교육성과'에 대한 기준이 있어야 한다.

대학교수의 교육성과와 능력을 평가하는 것은 쉬운 일이 아니다. 연구의 질과 양의 평가에는 논문과 같은 성과물이 객관적 증거가 된다. 그러나 교육성과 내지 효과는 상당히 오랜 시간에 걸쳐 제자의 능력으로 발현되는 것이기에, 평가의 일관성(一貫性)을 유지하기 수월치 않다.

이에 관해서는 전문가들의 연구에 의존해야 하겠지만, 이미 재직하고 있는 교수들의 재임용 또는 정년보장을 위한 실적평가에, 우선 해당교수가 가르친 학생 및 졸업생들의 평가를 자료로 해도 좋을 것이다. 그리고 이런 개인적 평가가 의미 있는 자료가 되려면, 평가의 항목과 설문(設問)이 모든 대학에 대해 일정해야 할 것이다.

신규채용의 경우에는 물론 교육성과에 관한 자료는 있을 수 없으니, 대상자가 담당할 전문분야에 관련된 연구실적이 큰 몫을 차지할 수밖에 없다. 하지만 이 경우에도 '교육중심' 대학의 신규채용자는 원칙적으로 일정기간 이후의 성과재평가를 조건으로 하는 계약임용이 합당하다고 본다.

위 두 경우 다 연구실적은 교재자료로서의 가치를 중점적으로 평가하는 것이 합당할 것이다. 그리고 교육성과와 연구실적 평가 두 경우 다 심사자 가운데 외부관련 실무전문가들도 포함하는 것도, 이들 대학의 교육목적에 합당하다.

대학교수의 자격만큼 중요한 것이 학내 근무에 관한 규제이다. 이는 전통적으로 교수의 교육과 연구의 자유, 즉 학문의 자유와 관련된 것이어서, 필요한 최소한에 그쳐 있다. 현행 법제 아래서는 교육법 시행령상의 1년 30주 개학에 1주(週) 9시간 강의담당을 최저기준으로 한다는 것 이외에 별다른 규제가 없다. 이 규제도 각 대학의 형편에 따라 학교책임자의 재량으로 완화할 수 있다.

그러나 대부분의 대학에서는 이 최저기준은 사실상 잘 지켜지지 않고 있다. 다시 말해 대부분 교수들은 1주일에 9시간 이상 강의를 하지 않을 수 없는 처지에 있다. 앞서 지적했듯이 대부분의 대학들에 필요한 수만큼의 교수가 확보되어 있지 못하기 때문이다. 내가 아는 바로는 현직교수들의 가장 큰 불만이 이 강의 부담규정이다.

왜 하필 1주 9시간인지 잘 모르지만, 선진국 평균에 비하면 좀더 무거운 부담이다. 내가 미국 대학들에서 경험한 바로는 대체로 1주 6시간 정도였다. 1주 6시간이면 대체로 2~3개 과목을 담당하는 시간이다.

1960~70년대 미국 대학 가운데 특히 법과대학에서 일반적인 이해는, 한 시간 강의하기 위해서 교수는 6시간 준비해야 하고, 강의를 듣는 학생은 3시간 예습을 해야 한다는 것이었다. 따라서 교수가 1주 6시간 강의를 하면, 강의시간과 준비시간을 합해 1주일 총 42시간 노동을 하는 셈이다.

한 교수가 2, 3과목 이상 담당하는 것은 대개 전공의 범위를 넘는 것이란 이해도 있었던 것 같다. 잘 모르긴 하지만 사회 전반의 노동시간 관행에도 맞추어 보려고 한 때문일지 모른다. 교실 또는 실험실 강의에 필요한 42시간과 연구실에서의 개별 학생면담 시간 등을 합산해, 다른 직업에 견주어도 대학교수 노동시간으로 적당하다고 여긴 게 아닌가 싶다.

이 같은 명시적(明示的) 약정 또는 묵시적(默示的) 이해가 있었기에, 교수가 외부 연구용역을 맡아 수행하는 경우에도 그에 필요한 시간을 강의 책임시간에서 제(除)해 주고 대신 그에 해당하는 봉급을 공제하는 관행이 예사롭게 여겨지는 것일 게다.

한국의 대학에는 아직 이런 제도도 일반화되어 있지 않을 뿐더러, 교수의 강의 책임시간이 과연 얼마이면 적절한지에 대한 이해도 공유되어 있지 않다. 전공이 아닌 과목까지 해야 할 만큼 많은 강의부담을 맡기는 것은 부당하다는 이해는 공유되어 있지만, 1시간 강의를 위해 적어도 몇 시간의 준비를 해야 하는지 학계에 일반적인 이해가 있는 것 같지 않다.

강의준비를 어떻게 그리고 얼마나 해야 하는지는 궁극적으로 교수 개인의 직업윤리 의식과 전문지식 수준에 달렸다. 그러나 대학은 역시 사회가 공인(公認)하는 지적 능력을 양성하는 기제(機制)이니, 그 지적 능력 양성행위의 필요한 최소한의 조건에 관한 공적 기준이 있어야 할 것이다.

이런 입장에서 보건대, 사회적 공인의 제1차적 대상은 대학의 교육기능이다. 다시 말해 대학의 주체인 교수의 업무 가운데 학생교육에 직접 관련된 일에 대해서는 최소한의 공적 규제가 필요하다는 말이다.

물론 교수의 연구성과도 직접 또는 간접적으로 학생교육에 기여를 한다. 그러나 교수의 연구작업은 그야말로 각 연구자의 능력과 자기관리 과정이기에, 그 행위 자체를 공적으로 관리해 보았자 연구의 질에 별 보탬은 없을 것이다.

이에 견주어 교육업무는 그에 투자하는 시간의 양이 대상자에 대한 서비스의 질에 영향을 미친다. 교육대상자, 즉 학생과의 의사소통 기회의 양이 교육의 질에 영향을 미치기 때문이다. 이런 입장에서 보면, '교육중심' 대학에서의 교수의 업무시간은, 현재와 같은 강의담당 시간을 대상으로 하는 '책임시간'제보다 넓은 의미의 재실(在室)시간, 즉 'Office Hour'로 하는 것이 합당하다.

대학의 구성원이 아닌 사람들에게는 그것은 당연한 것을 말하는 것처럼 들릴 것이다. 그러나 우리네 대학에서는 교수의 휴강, 즉 배당된 강의를 안 하는 것 이외에는 교수의 근무행태에 대해 제재(制裁)하는 제도가 없다. 물론 Office Hour 여부에 상관없이 밤늦게까지 연구실에 남아 자신의 연구와 강의준비에 몰두하는 교수들도 없지 않다. 그러나 대학교수들이 직장 밖에서 활동하는 시간이 다른 어떤 직종보다 사실 훨씬 더 많고 자유로운 것은 바로 이 교내 재실시간 규제가 추상적일 뿐이기 때문이다.

교수가 학생교육에 전념한다는 것은 곧 학생과의 만남과 의사소통이 다른 모든 일에 우선하는 것이기에, 학생과 대면할 수 있는 일정한 장소에 있어야 한다. 따라서 '교육중심'임을 선택한 대학에 대해서는 재실 최소 근무시간제가 합당하다.

이들 대학의 경우에는 강의담당 책임시간은 오히려 각 학교의 자율에 맡겨두는 것이 좋고, 국가제도적 규제는 강의담당 분야가 각 교수의 전문분야를 벗어나지 않게 하는 것이어야 한다. 그래서 각 대학으로 하여금 교육목적에 합당한 교수충원을 하게 하고, 그에 부응치 못하면 정부지원을 하지 않는 것으로 제재해야 할 것이다.

교육과학기술부가 내놓은 통계에 의하면, 지난 20~30년 이래 개교한 1백여 개 대학교들 가운데는, 전임교수가 기준정원의 37% 밖에 안 되는 곳도 있고, 전체 평균도 50% 수준이다. 까닭을 알 수 없으나 정원의 180% 또는 360%에 달하는 몇몇 신학대학을 제외하면, 한국대학 전체의 교원 확보율도 60% 정도로 결코 좋은 형편이 아니다. 이야말로 세계적 수준의 경쟁력을 위해 하루 속히 개선되어야 할 조건이다.

4. 학생선발의 전문성과 자율성

대학의 주목적이 사회가 필요로 하는 인재교육에 있다면, 그 대학의 학생이 될 사람들의 자질과 성향을 선별하는 일은 교육의 첫걸음이다. 그렇다면 학생선발은 각 학과 또는 전공교수진의 자율에 맡겨 두어야 할 일이고, 그들의 주관(主管)으로 할 일이다. 사실 모든 전공을 초월한 일반적 의미의 '대학생' 자질과 성향을 판단하는 '입학사정관'이란 전문직은 있을 수 없다.

최근 한국에서 시작하고 있는 '입학사정관' 제도의 좋은 선례(先例)가 미국 대학에 있다고 하는 이들이 있다. 그러나 미국의 입학사정관(*Admissions Officer*)은, 요즘 우리네 대학들이 시도하고 있는 것처럼, 한 종합대학교 전체를 위해 있는 자리가 아니다. 대부분의 경우 각 단과대학에 많은 경우 '학장 보(補)'(*Assistant Dean*)라는 직함으로, 해당 단과대학 전공에 적합한 학생선발의 행정책임을 맡고 있는 자리이다. 다시 말해 '대학생'으로서 적합성과 동시에 자신의 단과대학 전공에 적합성 여부를 심사하는 부서의 행정책임자로서, 해당학과 또는 전공교수들과 긴밀한 협의 아래 입학생 선발을 도와주는 자리이다.

앞서 말했듯이 지난 세월 이 나라에서 대학입학 문제는 과도하게 정치화함으로써, 대학생 선발에는 마치 범(汎)국가적이고 보편적인 해법이 있고 또 있어야 하는 것처럼 여겨져 온 것이 문제이다. 대학교수들도 이 대세(大勢)에 휩쓸려, 전국적 해법에 따라 선발되어 맡겨지는 학생들을 수동적으로 받아 가르칠 뿐이었다. 그리고 학교 당국자들은 오직 총 정원을 채우는 데만 급급했다.

전문적 인재를 교육한다는 고등교육기관에게 교육대상자를 선별할 자유도 능력도 없다면, 교수도 학생도 교육의욕부터 별로 높지 않을 터이다. 사실 우리네 대학생들 가운데 첫 학기부터 전공선택이 잘못되었음을 깨닫고 대학 4년을 그저 허송세월하는 경우가 허다하지 않은가?

이런 현상은 '입학사정관'에 의한 선발로도 별로 달라지지 않을 것이다. 앞서 지적했듯이 '입학사정관' 심사에 제출하는 자기소개서 작성방법을 돈 받고 가르쳐 주는 사교육도 있다는데, 자기소개서 작성방법이 전자공학과에 지원한 학생에게도 국문학과에 지원한 사람만큼 중요하단 말인가? 사회봉사 활동경험도 좋은 평점을 받는데 보탬이 된다는데, 봉사태도도 모든 학과에 공통적인 교육적성 요소인가?

이 같은 생활태도나 경험에 대한 평가는 대학에서의 전공적성과는 무관한 인간적 심성이나 성향도 등에 대한 것이다. 인간적 심성이나 성향을 입학사정(査定)의 대상으로 삼는 것은, 경쟁적 수치로 나타나는 고등학교 성적이나 수능성적 순위만으로 당락을 결정하는 데 대한 사회적 불만을 무마하기 위한 것일 뿐이다.

이런 식의 사정관제 입학은 시행 3~4년 만에 벌써 문제점이 드러나고 있다. 이렇게 선발한 학생들 가운데 상당수가 입학 후 수업(授業)을 따라가지 못하고, 어떤 학생은 심지어 자살까지 해서 사회적 충격을 주고 있다.

'입학사정관'제로 하든 다른 어떤 방법으로 하든, 대학입학시험에 무엇보다 수학(修學)능력과 적성(適性)이 도외시되어서는 안 된다. 그리고 수학능력과 적성의 기준과 판단은 해당학과 또는 전공교수들이 할 수 있는 것이고, 한 학교 학생 전체에 대해 일률적으로 적용되거나 사정관에 맡겨 둘 것이 아니다.

앞서 언급한바 '입학사정관'의 불공정성 시비 가능성은 제쳐 두고서라도, 지금과 같은 사정관 제도로는 대학에서의 구체적 전공 적합성을 가려내기 어렵다. 전공 적합성을 평가하는 일은 각 학과 또는 전공 교수진이 어떤 형태로든 주도권을 가져야 한다.

게다가 전공 적합성 여부의 판단은 응모자의 지원의사에 대한 수동적인 가(可)·부(否) 반응만 하는 데 그치지 않고, 응모자에게 보다 더 적합한 학과에 대한 자문(諮問) 역할까지 하면 사회적으로도 보탬이 될 것이다. 아직도 우리네 대학 진학생들은 대학에서의 전공에 대해 거의 맹목적이다. 부모에서부터 고등학교 교사 그리고 이른바 사학(私學) 입시학원 관계자들에 이르기까지, 모두 대상학교의 유명도(度)와 그에 따른 당락 가능성만 따져 권하고 있지 않은가.

최근 10여 년 이래 '수시모집' 제도라는 것이 시행되면서, 신입생 선발에 대학의 자율권이 상당히 넓어진 것은 사실이다. 수학능력시험 성적을 도외시하고 다른 여러 가지 능력과 경험을 평가해 선발하는 방법이니, 그만큼 대학의 자율권이 확대된 셈이다. 2010년도에는 이런 방법으로 선발하는 학생이 4년제 대학 총 모집정원의 거의 61%에 달한다고 한다.

2010학년도에 200여 개 대학이 시행하는 '수시모집' 전형(銓衡)방법은 거의 2천여 가지에 이른다는 추정도 있다. 고등학교 학업성적에서부터 논술능력, 문예창작 특기, 글로벌 리더십 경험, 봉사활동 등에 이르기까지, 참으로 여러 가지 소질과 경험들이 '수시모집' 전형의 우선(優先) 평가대상이 되어 있다고 한다.

유명 사립대학을 포함한 18~19개 대학은 수시모집에 '전공 적성검사' 시험이란 것을 시행하기도 해서, 우리가 여기서 말하는 전공 적합성을 테스트하는 것처럼 보인다. 그러나 지금 시행되고 있는 이 '전공 적성검사'는 개별학과에 대한 구체적인 전공 적합성을 가리기 위한 것은 아닌 것 같다. 시험분야가 언어능력, 수리능력, 사회과학 상식 등으로만 나누어져 있어, 종래 인문사회계열과 이공계열로 크게 나누어 선발하는 시험방법과 별 다름이 없다. 과거에 있었던 대학별 입학(필기)시험과 같은 것에다 그럴듯한 새 이름을 붙인 것이 아닌가 싶다.

개별학과 또는 전공학생으로서의 자질과 성향을 판별하려면, 인문사회계열과 이공계열 또는 예체능계열로만 크게 나누어 각각 같은 유형의 질문을 하거나 시험을 부과하는 것만으로는 충분치 않다. 각 학과 또는 전공 교수진이 준비한 질문 또는 시험방법으로서, 해당학과와 전공에 지원한 학생들을 대상으로 테스트해야 한다. 이 전공 내지 학과 교수진이 곧 '입학사정관' 역할을 해야 한다는 말이다.

학교에 따라 입학지원자가 많은 경우에는 입학생 선발의 전 과정을 학과별로 교수들이 주관하기는 어려울 것이다. 학과에 따라서는 지원자 수가 상당히 많은 경우도 있을 터이다. 이런 경우 행정적이고 형식적인 일은 학교당국의 도움을 받아야 하겠지만, 적어도 전공적성을 판별하는 테스트의 방법과 내용을 작성 시행하고 그리고 그 결과를 판정하는 일은 해당학과 전공 교수진이 담당해야 한다.

각 학과의 교수진이 해야 할 일은 지원자의 고등학교 학과목 성적이나 수학능력시험 성적을 뒷받침하고 있는 전공 잠재능력을 판별하는 것이다. 고등학교 이수(履修)과목과 '수능시험' 결과뿐만 아니라 지원자의 개인적 체험이나 노력도 지원한 전공의 수학(修學)능력 평가의 대상이 될 수 있다. 어쨌든 이야말로 진정한 의미의 대학교육 수학적성 테스트(SAT: Scholastic Aptitude Test)이어야 한다.

사실 대부분 학과 또는 전공의 학사과정 교육은 평균 수준의 고등학교 학력과 학업태도만 있으면, 큰 어려움 없이 해낼 수 있다. 이공계열 수학(修學)에는 인문 사회계열보다 수리(數理)능력과 자연과학 분야에 대한 준비가 좀더 필요하겠지만, 고등학교 수준에서 두 계열 학습능력 간에 극복할 수 없는 수학능력 차이가 만들어질 정도는 아니다. 그럴진대 여기서 말하는 개별 학과별 수학적성 테스트는 각 학과 전공을 위한 고도(高度)의 전공능력을 판별하기 위한 것이 아니고, 기초적인 수학(修學) 능력자를 선발하는 것이다.

실무인재를 양성하기 위한 '교육중심' 대학에서 그보다 더 중요한 것은 해당학과 교육이 겨냥하는 전문직종에 대한 적성과 태도와 의욕이다. 지원자의 장래 직업전망과 적성 간의 관련성 여부까지 살펴서, 해당학과 지원의 적합성을 판단하면, 사회적으로 더 큰 보탬이 될 것이다.

지원자 개개인에 대한 이처럼 구체적인 '수학적성 평가'를 한다면, 그 결과에 따라 대학은 지원자에게 보다 더 적성에 맞는 학과를 추천할 수도 있을 것이다. 다시 말해 수동적으로 지원자가 지원한 학과 또는 전공에 입학 여부를 결정해 통보하는 데 그치지 아니하고, 학과 간 협의를 거쳐 더 적합한 대안(代案)학과에 입학을 추천해 줄 수도 있다는 말이다. 학교 간 협의에 의해 다른 대학교로의 추천도 가능할 것이다. 학과 간이든 학교 간이든 이 추천은 물론 지원자의 동의가 있어야 현실화되는 것이다. 이런 일을 하는 교수들이야말로 진정한 의미의 대학진학 '컨설턴트'이다.

요즘 대학진학 추천은 거의 대부분 부모나 고등학교 교사 또는 영리(營利) 목적의 '입시 컨설턴트'들임은 위에서 언급한 바이기도 하지만, 사실 이들은 모두 대학 수준의 전공 학습능력이나 적성에 관해 알지 못한다. 부모들의 경우 자신의 개인적인 대학 경험담을 들려 줄 수 있을 뿐일 게다.

부모들은 자신들의 제한된 지식으로 인해 자식이 피해를 보는 것을 결코 용인할 수 없기에, 입시전문가라고 알려진 '컨설턴트'를 찾아간다. 이들에 대한 수요는 해마다 늘어서, 작년에 20~30만 원하던 한 시간당 상담대가가 금년에는 30~50만 원 한단다. 참으로 어처구니없는 값이다.

이들이 이처럼 성업(盛業)하는 까닭은 '수시모집' 전형방법이 2천여 가지에 이를 만큼 복잡 다양해서, 지원자와 그 부모들이 갈피를 잡을 수 없기 때문이다. 그러나 과연 누가 1시간 상담으로 평생 처음 보는 젊은이의 대학입학 전형결과를 예단(豫斷)할 수 있는가! 한 사람의 평생을 좌우할 문제인데, 한두 시간 아니 하루 종일 면담해도 의미 있는 자문을 한다는 것은 터무니없는 일이다.

그렇기에 이들이 자문하는 것은 고작 지난해까지 경향에 비추어 X고등학교 내신성적 몇 등급은 어느 대학교 어느 학과에 입학 또는 불합격했다는 정도일 수밖에 없다. 자신들의 영업자산인 대학입시 관련 과거 통계자료에 근거한 억측을 하는 것일 뿐이고, 대상학생의 장래나 적성에 별 관심이 없다.

들리는 바에 의하면 거의 대부분의 경우 '하향지원', 즉 대상자가 입학하고 싶은 학교보다 낮은 지명도(指名度)의 학교를 권하는 모양이다. 이들에게는 무엇보다 자신들의 예측이 맞을 확률을 높이려는 의도가 제일 강할 것임은 당연하지 않은가.

대학입학이 이렇게 영리화, 상업화 하는 것은 대학을 위해서도 학생을 위해서도 그리고 물론 사회를 위해서도 결코 바람직하지 않다. 대학은 쉽게 입학하게 하고 쉽게 졸업하게 하는 것으로 현상유지만 하려 하고, 학생들 또한 그런 대학에 입학해 졸업만 하면 그만이라고 여기게 될 것이다. 이 나라에는 이미 그런 경향이 상당히 널리 퍼져 있다.

대학교육의 진정한 전문가이며 주체는 교수이다. 늦었지만 이제 모든 학과의 교수들이 나서, 오로지 지원한 학생의 교육과 장래 희망직업에 대한 적성을 평가해 자문하고 사정(査定)하는 진정한 의미의 컨설턴트 겸 '입학사정관' 역할을 해야 한다.

이 일은 교수 각자 많은 시간과 노력을 투자해야 한다. 구체적으로 추산할 수는 없지만, 이렇게 성의 있는 적성 테스트와 자문을 하려면 학과에 따라서는 입학사정에 적어도 1, 2개월의 시간이 필요할 수도 있다. 내 기억으로는 미국 대학원의 입학 지원서부터 합격여부 통지까지는 거의 3~4개월 기간이었다.

직접 사정에 필요한 시간뿐만 아니라, 상당한 시간에 걸친 치밀한 사전준비가 있어야 한다. 입학사정에 활용할 이런저런 테스트 내용은 사정 전에 학과 또는 전공교수 모두의 협력과 합의로 준비되어 있어야 하고, 필요한 부분에는 학과전공 밖의 전문가들의 자문도 구해야 할 것이다. 여러 교수들이 공동으로 한 가지 연구 프로젝트를 완성해 내는 것보다 더 긴밀한 협력이 필요한 일이다.

여하간 이 일이야말로 교수의 가장 기본적인 업무이고 소명(召命)인 교육의 첫걸음이니, 당연히 해야 할 일이다. 그럼에도 지금까지는 학교의 몇몇 보직교수들과 정부에 맡겨두고, 일반교수들은 학교 밖의 문제에 더 많은 관심과 시간을 바쳤다. 이제 입학전형은 교육의 주체인 교수가 교육임무의 일부로서 당연히 해야 할 일로 받아들여야 한다.

여기서 입학전형에 교수들의 적극적인 참여를 특별히 강조하는 것은, 앞으로 점점 더 치열해지는 국제적인 경쟁에서 한국의 대학들이 버텨내는 길은 학생교육의 질과 효과에서 남 못지않은 실적을 내는 것뿐이기 때문이다. 앞에 언급한 바와 같이 한국의 일류대학 졸업생도, 세계적 수준의 취업시장에서는 아직 별로 쓸모 있는 인재로 대접받지 못하고 있지 않은가.

한편에선 교수들이 세계적 수준의 연구업적을 내는 데 기대를 걸고 있는 듯하지만, 이런 기대는 사실 선진국에서도 상당히 오랜 학문연구 전통과 실적이 누적되어 있는 몇몇 대학에서나 실현될 수 있을 뿐이다. 물론 우리네 교수들 가운데도 세계적 수준의 연구업적을 낼 수 있는 이들이 있다. 그러나 조만간 이 나라의 많은 대학들이 교수들의 연구업적 명성으로 세계 일류수준 반열(班列)에 오를 수 있을 것 같지는 않다.

그보다는, 이 땅에서 태어난 학생들은 물론 다른 나라 학생들마저 유학 오고 싶어할 정도로 교육의 질을 높여 취업성과를 내는 것이 더 효과적일 것이다. 이는 지금 국내에서 일류로 여겨지는 학교에도 해당하는 것이지만, 학교의 명성이 별로 알려지지 않은 대학들에게는 사활(死活)을 결정할 거의 유일한 선택이다.

이에 어느 정도나마 성공치 못하면, 몇몇 교수들의 연구업적 여하에 불구하고 폐교 이외의 선택이 없을 것이다. 교육의 질을 높이는 일은 교수들이 앞장서 해야 할 일이고, 그 첫 번째 과제가 학생 선발이다. 그리고 이 일은 교수 각자의 개인적인 노력으로 되는 것이 아니고 한 학교 교수들의 집단적인 합의와 협력 실천이 있어야 되는 일이다.

이 일은 이 나라의 수많은 대학들과 교수들의 장래를 좌우할 새로운 도전이다. 그리고 나아가 대학문제를 입학시험 일변도로 보는 정부의 관심과 입장을 올바르게 돌리는 첩경이기도 하다.

지식 정보의 편재시대

1. 위기의식의 공유

요즘처럼 거대한 세계적 변화의 물결이 순식간에 지구 구석구석으로 퍼져 나가는 시대에는, 변화를 앞서 읽어내는 자와 그렇지 못한 자 간의 얻는 것과 잃는 것은 천양지차(天壤之差)가 될 수 있다. 규모가 큰 조직일수록 그로 인해 사활(死活)이 좌우될 수 있다. 지난 한 세대 이래 한국을 포함한 세계 각국의 대기업들이 먼 장래를 위한 준비에 투자를 경쟁적으로 늘리는 것도 그 때문이다.

최근 미국의 한 시사주간지 보도에 의하면, 이제 대학보다 기업에 들어가 연구하려는 과학자들이 더 많아지고 있으며, 기업이 대학보다 더 많은 과학자들의 연구실이 되어 가고 있다고 한다. 이는 기업들이 다른 어떤 조직보다 장래변화를 민감하고 절실하게 보고 그에 대비하는 연구개발 투자를 크게 늘리고 있기 때문이다.

이에 견주어 대학은 여전히 상당히 보수적이다. 대학교수들은 다른 어떤 조직의 구성원보다 미래의 변화를 더 잘 읽고 있다고 스스로 믿는다. 그럼에도 자신의 미래 예측지식에 근거해 사회적 참여나 비판경고는 할지언정, 자신이 소속한 학교의 장래에 대한 대안을 모색하는 데는 별로 적극적이지 않다. 소속학교에 대해서는 여전히 자신의 연구와 교육의 자유와 지원을 요구하는 데 그친다.

바야흐로 전개되고 있는 변화는 사회전반에 걸쳐 새로운 시대를 열고 있다. 게다가 이 시대변화는 국경을 초월한 범(汎)지구적인 것이어서 어느 한 나라가 자신의 뜻에 따라 제어하기도 어려우니, 대학도 기업과 마찬가지로 스스로 이 시대적 변화를 읽어 적응해 나갈 수밖에 없다.

그리고 이 변화과정은 혁명적이고 포괄적인 만큼 대학의 구성원 한 사람 한 사람이 자각(自覺)하고 동시에 전체가 협력해서 준비하지 아니하고서는, 조직 전체가 변하기 어렵다. 교수들의 자율 자치가 어느 때보다 절실한 때이다. 지금부터 10~20년이 그 시험기간이 될 것이다.

우리네 대학의 전범(典範)인 서양의 대학들에게도, 이 시대적 변화는 새삼스러운 것이다. 저들의 대학이 오늘날 세계적인 실력과 명성을 얻게 된 것은 우리보다 2, 3세기 앞선 산업혁명 덕이었지만, 지금 전개되고 있는 혁명적 변화는 지난 시대의 산업혁명 과정과는 궤도를 달리하는 것이다. 이 시대의 새로운 변화과정에는 저들도 우리와 동시대인이고 같은 도전에 직면해 있다.

저들은 지난 긴 세월동안 쌓인 전통과 명성 때문에 오히려 새로운 시대변화에 따라 과감히 변신하기 어려울지 모른다. 이 범지구적 변화를 맞아 한국의 대학들이 남들보다 앞서 과감하게 그리고 현명하게 대처하면, 세계적인 모델이 될 수도 있다. '과감하게'란 말은 대학체제 전부, 즉 교수와 학생의 자격에서부터 학위제도, 교육방법, 교육시설 기준 등 대학이란 제도의 모든 것을 변혁의 대상으로 삼는다는 뜻이다.

앨빈 토플러가 3백여 년 전 서양의 '산업혁명' 즉 '제 2의 파도'(*the Second Wave*) 혁명 이후 새삼 맞이하는 '제 3의 파도'(*the Third Wave*) '혁명'이라고 까지 한 이 범지구적 변화의 화두(話頭)는 '정보사회화'이다. 한마디로 지식/정보가 우리네 일상적 삶을 좌우하는 으뜸가는 자원이고 기회가 되는 시대란 말이다.

따라서 전통적으로 지식과 정보의 생산과 전파의 중심인 대학이 소용돌이의 중심이 될 수밖에 없다. 대학의 전통적인 연구와 교육 내용과 방법의 사회적 가치와 유용성에 대한 근본적인 도전이 일고 있는 시대이다. 대학과 교수의 학문과 교육의 선문성 권위에 대한 새삼스런 도전이기에, 진리(眞理) 탐구란 대의명분(大義名分)만으로 더 이상 버텨내기 어렵다.

이 도전은 지금까지 많은 대학들이 당면했던 재정이나 학생확보의 어려움 같은 문제보다 훨씬 근본적인 것이다. 각 대학 교수진의 구성원 모두가 이 시대변화에 대한 전망과 예측을 공유하지 않고서는, 실효성 있는 대책이 만들어질 수 없다.

그리고 이에 대한 전망과 예측은 국가적 세계적 스케일의 조망(眺望)과 동시에 각 대학이 위치한 지역사회의 장래변화에 대한 구체적인 분석에 근거해야 한다. 각 대학의 교수들이 전공과 학과를 초월하여 머리를 맞대고 심사숙고해야 할 일이다. 자신들의 학교 장래를 위해 시대변화에 대한 전망을 공유하면, 학과와 전공 간의 '집단 이기주의'적 불소통(不疏通)도 극복할 수 있을 것이다.

어느 나라에서나 대학교수들은 각자의 전공 또는 관련분야 이외의 문제에 관해 왈가왈부하는 것을 삼가는 게 보통이다. 학교의 관리나 운영문제에 관해서는 더욱 그렇다. 각자의 전공영역을 서로 존중하는 태도 때문이기도 하고, 자신의 연구와 교육 이외의 일에 다분히 무관심한 탓이기도 하다. 한국의 교수들이 앞서 이런 일반적인 태도와 관행을 탈피해서 학교 전체의 장래에 대해 합심 협력하기 시작하면, 세계적 경쟁에서 한 발 앞서게 될 것이다.

우리 교수들이 이 시대적 도전을 준비하는 데 조금이나마 도움이 될까 싶어, 아래 특히 대학과 관련된 몇 가지 생각을 적어 보려 한다.

2. 지식의 정보화

요즘 대학생들은 논문을 쓰거나 무엇이든 알고 싶은 것이 있으면, 도서관에 가서 책을 뒤지기보다 집에 앉아서 인터넷을 검색한다. 이들에게 '지식'과 '정보'는 동의어(同義語)다. 이들에게 모든 지식은 '정보'(*information*)일 뿐이고 그리고 가장 많이 찾는 정보의 출처는 인터넷이다. 이들은 지식의 출처나 논거(論據)에 별로 개의치 않는다. 이들에게 지식의 생산자 내지 전달자의 학문적 수준과 권위는 중요치 않다.

이들이 이렇게 된 것은 지식/정보에 대한 접근이 누구에게나 아주 쉬워지고, 그 폭과 양(量) 또한 엄청나게 넓고 많아진 데다, 당장의 유용성(有用性)을 더 중요하게 여기기 때문이다. 그리고 교육수준 여하에 불구하고 누구나 어렵지 않은 방법으로 필요한 지식/정보를 얻을 수 있게 되었기 때문이다.

장래 학문연구 준비를 위해 대학에 들어온 젊은이들에겐 여전히 지식의 검증방법, 추론의 논리, 학문적 계보, 검증방법의 인식론적 근거 같은 것이 중요하게 여겨질 것이다. 그러나 대학졸업 후 곧 실무에 종사할 학생들에게 대학의 강의실과 도서관은 인터넷 사이트와 근본적으로 다를 게 없다. 그래서 이제 지식탐구와 교육에 대한 대학의 권위는 별로 대수롭게 여겨지지 않는다. '그림자도 밟지 않는 스승'이니, '학자적 권위'니, '사계(斯界)의 권위자'니 하는 말들도 별 감동을 일으키지 않는다.

게다가 전문지식의 유용성 수명 또한 점점 짧아지고 있다. 대학교재에 실린 전공지식의 수명도 점점 더 짧아지고 있지만, 캠퍼스 밖 현장의 실용지식 수명은 훨씬 더 빨리 짧아지고 있다. 그래서 실무기술 교육기관으로서 대학의 전문성은 전보다 훨씬 더 쉽게 불신당할 수 있게 되었다.

이미 30여 년 전에 미국의 '미래학자' 앨빈 토플러(Alvin Toffler)가, 대학은 앞으로도 여전히 보편적 지식의 유일한 산실(産室)로 남아 있으리라는 생각은, 교수들의 직업적 편견에 근거한 '희망적 환상'일 뿐이라고 한 말을 되새겨볼 만하다. 이제 적어도 학생들에게는 이 예언은 현실이다.

지난 한 세대 이래 전 지구적 스케일의 지식/정보화 혁명이 전개되고 있음을 부인하는 사람은 이제 별로 없다. 인터넷에만 접속하면 지구상 어디에서든 필요한 거의 모든 지식과 정보를 얻을 수 있고, 동시에 그 실용적 기회와 가치 또한 그만큼 커졌다. 이런 시대적 변화를 두고 어떤 이들이 이전시대의 '자본(資本)주의' 체제에 견주어 '지본(知本)주의' 체제가 되었다고 한 말이, 좀 어색한 조어(造語)이긴 하지만, 그럴듯하다.

한국은 근대 자본주의적 산업화에 어느 정도 성공하자마자 이 거대한 세계적 스케일의 정보 산업혁명의 선두대열에 서 있다. 기술력에 서도 그렇고 젊은 세대의 적응능력에서도 그렇다. 앞서 언급한 미국 MIT 대학의 온라인 강의를 듣는 세계 여러 나라들 가운데 한국에서의 접속이 가장 많다는 사실도 다분히 그 덕택이다.

우리 눈앞에 지금 전개되고 있는 '정보화 시대'란 모든 지식이 '정보'로 취급되는 시대이다. '정보'는 실용적으로 곧 이용가능한 지식이다. '정보'로서의 지식은 인식론적 방법론적 근거 같은 것은 별로 중요치 않고, 실용성과 접근성 여하에 따라 가치가 평가된다. 정보를 찾는 이들은 정보가 근거하고 있는 이론적 체계 같은 것은 알려 하지 않는다. 정보는 단편적이고 일시적이고 파편화되어 있는 채로 유용성이 평가된다.

사람들은 정보의 과학적 보편타당성(普遍妥當性) 같은 것을 따지지 않고, 자신의 필요를 위해 쓸모 있는지 여부만 판단한다. 이런 의미의 정보는 누구라도 만들어내고 조작하고 전파해도 필요에 따라 가치가 판단된다. 정보생산자 또는 출처의 지적(知的) 과학적 능력 같은 것은 별로 중요치 않다.

게다가 정보의 저장과 전달수단이 점점 더 발달하면서, 문자, 그림, 색깔 등 전달매체에 대한 소비자들의 선호에 따라 가치가 평가되기도 한다. 이미 40여 년 전 마셜 맥루한(Marshall MacLuhan)이 예언한 '매체(*medium*)가 정보(*message*)인 시대'가 여기 와 있다.

'정보화 사회'란 이처럼 사회구성원 모두가 정보의 이용자이고 동시에 생산, 변용, 전달자가 될 수 있는 사회이다. 그리고 각자의 그런 역할과 기능에 따라 경제적 이익과 사회적 참여와 활동의 기회가 좌우되는 사회이다. 말하자면 정보가 삶의 '기회의 창'이 된 것이다.

사실 최근 우리 주변에도 정보에 의존한 경제활동, 정보 네트워크를 활용하는 정치적 집단행위와 이런저런 문화적 동아리 만들기 사례를 흔히 보지 않는가. 심지어 이제 기계적 정보연결망(網)을 예사롭게 '사회조직망'(*social network*)이라고 하지 않는가.

정보가 정치·경제·문화활동 등 점점 더 많은 사람들의 일상에 큰 몫을 차지하게 되는 것은 무엇보다 그 탐색, 저장, 조작, 전달기술이 크게 발달했기 때문이다. 정보기술의 하드웨어와 소프트웨어가 상승(相乘)발달한 덕이다. 그래서 하드웨어에 대한 접근비용이 아주 저렴해지고 동시에 접근방법 또한 쉬워져서 점점 더 많은 사람들이 이용할 수 있게 된 결과이다.

정보에 관련된 하드웨어와 소프트웨어가 이렇게 발달한 것은,

1970년대 미국의 사회학자 다니엘 벨(Daniel Bell)이, 서양 선진국 사회의 '탈(脫)산업화' 과정 결과라고 한 말이 옳은 것 같다. 다시 말해 기계적이고 획일적인 대량생산 산업조직과 그에 상응한 근대적 산업/사회구조로부터 탈피하려는 경향에 부응한 결과라는 말이다.

서양 선진국들에서는 이미 1960년대 후반쯤부터 거대한 산업의 생산조직 규율에 얽매인 일상생활에 염증을 느끼는 사람들이 부쩍 늘기 시작했다. 이른바 '9 to 5', 즉 '9시까지 출근해서 5시까지' 일하는 규칙적이고 무미건조한 삶에 대해 대중이 회의를 느끼기 시작한 것이다.

한적한 시골이었던 실리콘 밸리(Silicon Valley)와 과거 철강산업의 세계적 중심이었던 피츠버그가 미국 정보산업의 연구개발 중심도시로 변신한 것도 바로 '탈산업화' 과정에 따른 경제지리(經濟地理)의 변화이다. 젊은이들은 이제 이런 정보산업 중심도시에 취업하는 것을 선망한다. 우리 주변에 지난 1997~98년 외환위기 이후 무수히 창업한 이른바 '벤처'(*venture*) 기업들의 대부분이 소규모 정보관련 사업이었음도 같은 맥락의 변화다.

이런 현상을 두고 어떤 이들은 '포스트 포디즘'(*post Fordism*)이라 하기도 한다. 미국의 포드자동차 회사 공장에서 처음 시작했다고 알려진, 거대한 조립생산 공정에 얽매인 기계적인 근로규칙으로 사회가 규율되는 구조를 탈피한다는 뜻이다. 그래서 개인들은 더 이상 '조직인간'(*organization man*)으로 살기를 거부하는 것이다.

이처럼 탈(脫)산업화하려는 사람들이 많아진 것은 포드(*Ford*)주의적 산업체제가 대중의 물질적 풍요를 가져온 결과란 해석이 그럴듯하다. 다시 말해 많은 사람들이 이제 더 이상 밥벌이에 급급할 필요가 없어졌기 때문이란 말이다. 어쨌든 많은 사람들이 보다 더 여유 있게 보다 더 폭넓은 인간적인 삶에 대해 돌아볼 수 있게 된 때문일 게다. 지금 이 나라의 젊은이들이 전 세대만큼 밥벌이에 급급하지는 않은 것도 같은 맥락의 변화현상이다.

다른 한편 기업들도 발달한 정보기술을 활용해, 생산공정을 자동화함으로써 생산비용을 줄일 수 있게 되었다. 게다가 정보의 실시간 네트워크가 세계적으로 확장됨으로써 한 기업의 생산과 관리공간이 세계적으로 확대될 수 있게 되었다.

기업의 입지와 활동에 국경은 이제 장애가 되지 않게 됨으로써, 한 나라의 산업화 정도 여하에 불구하고 세계적 첨단 일자리가 들어올 수 있게 되었다. 산업화 정도는 다분히 전근대적인 인도(印度)의 수많은 젊은이들이 세계적 수준의 정보통신 기술직에 종사하고 있는 것이 그 비근한 예다.

생산기술과 조직의 자동화/정보화는 또 사람들의 직장생활 자체에 대한 기대와 의식을 크게 바꾸어 놓고 있다. 큰 직장에서 한 직급씩 승진하면서 오랫동안 근무할 수 있는 자리가 점점 줄어드는 경향과 함께, 평생 한 직장에만 근속(勤續)하는 것 자체를 보람된 것으로 생각하지 않는 이들 또한 점점 더 많아지고 있다.

즉시적이고 광대한 스케일의 정보의 생산, 저장, 접속기술이 이처럼 수많은 사람들의 의식과 일상적인 생활행태 전반에 큰 변화를 가능케 함으로써, 무엇보다 사람들 간의 사회관계에 큰 변화를 가져왔다. 사회적 지위가 같다든지, 지리적으로 가까이 산다든지, 과거에 어떤 인연이 있었다든지, 현재 같은 직장 또는 같은 직업에 종사한다든지, 전공을 같이 한다든지 등, 사회구조 상의 위치나 조직질서나 규범을 같이하지 않아도, 서로 소통(疏通)하는 관계를 맺을 수 있게 되었다.

서로 얼굴을 맞대지 않고서도 실시간으로 많은 사람들과 소통할 수 있는 매체가 있기 때문이다. 무엇보다 이제 우리네 삶에 활용할 수 있는 지식/기술/정보에 대한 접근과 이해가 공적(公的)인 교육 수준 여하에 따라 별로 차이(差異)가 없게 되었다.

이런 변화는 당연히 지난 수 세기 동안 지식의 발상과 전파지(傳播地)로 여겨진 대학에 가장 큰 도전이다. 그리고 한국처럼 대학교육이 이미 대중화한 나라의 대학들에 대해 한층 더 절실한 도전이 될 수밖에 없다. 이런 시대적 변화에 민감한 젊은 층 가운데 대학생 수의 비율이 높은 만큼, 대학에 미칠 충격의 폭이 훨씬 더 클 것이다.

3. 대학 밖의 '기회의 창'

바야흐로 전개되고 있는 '정보사회'에서는 지식의 높고 낮은 수준도, 전문적 탐구능력도 큰 부러움의 대상이 되지 않는다. 한 분야 또는 한 가지 현상만 오랫동안 관찰하고 깊이 탐구하는 것은 오히려 다른 많은 정보에 눈감아, '기회의 창(窓)'이 좁아질 뿐이라고 여긴다. 같은 맥락에서 오랜 시간의 교육과정을 거쳐 한 분야의 전문 직업인이 되는 것도 별로 보람된 일이라고 생각하지 않게 된다.

최근 보도된바 1980년대에는 50세 이하의 노벨 물리·화학·의학상 수상자가 20명이었는데, 2000년대에는 8명밖에 안 된다는 사실도 이런 범세계적 변화과정과 무관치 않을 게다. 약 20년 사이 3분의 1 가까이 줄었다는 것은 우연한 현상 같지 않고, 필경 학문 공동체의 변화 탓일 게다. 생각건대 한 전문분야에 평생을 바치는 연구자들의 수가 줄어들고 있기 때문일 것 같다.

우리보다 근대적 산업화도 앞섰고 '평생직장' 고용의 원조인 일본에서 최근 사회적 관심의 대상이 되고 있는 이른바 'Freeter' 현상도, 이런 시대적 산물인 것 같다. 'Freeter'란 말은 영어의 'free', 즉 자유라는 낱말과 독일어의 노동자, 즉 'arbeiter'란 단어의 일본식 조어(造語)임은 널리 알려진 바이다. 한국에서는 이들을 '아르바이트' 하는 사람들처럼 이해하고 있는 것 같다.

그러나 일본의 식자(識者)들이 걱정하고 있는 젊은 세대의 Freeter 현상은, 정규직업을 구하기 전 또는 구하지 못해서 일시적으로 '아르바이트'를 하고 있는 이들에 대한 것이 아니다. 젊은 세대 가운데 일자리에 구애(拘碍)받지 아니하고 보다 자유롭게 살려는 이들이 부쩍 늘고 있는 현상에 대한 걱정이 담긴 표현이다. 이들 가운데 일하고 싶어도 못하는 이들도 물론 있겠지만, 'free'란 말의 의미에 더 끌려 만들어진 것이 아닌가 싶다.

미국, 영국을 비롯한 산업 선진국들에서 점점 더 많은 젊은이들의 관심을 끌기 시작한 이른바 'Soho'(*small office home office*) 생활도 같은 맥락의 현상이다. 한국에서도 최근 이에 대한 관심이 인터넷 쇼핑몰(*shopping mall*)과 관련해 점점 널리 퍼지고 있다.

이 약칭(略稱) Soho는 미국 뉴욕시에 1970년대 말 이후 예술가들의 작업실 겸 주거의 집합공간으로 재단장(再丹粧)된 거리를 지칭하는 것인데, 그것이 과거 영세공장 밀집구역, 즉 'Soho'(*South of the Houston*)와 같은 것도 우연의 일치만은 아닌 것 같다. 영국 런던에도 과거 'Soho'라 불리던 사창(私娼)과 술집 밀집지역이 요즘 예술가들의 창작/주거공간과 고급 레스토랑 지역으로 변신해 있다. 세계적 경제 중심도시인 이 두 도시의 지역 이름이, 이 시대 세계 여러 나라 젊은이들의 개인중심적 삶의 양식(樣式)을 상징하는 말로 선택된 것도 우연이 아닌 것 같다.

최근 세계적 대도시들에 'Soho' 현상이 확대되어 나가는 것은 물론 인터넷 덕이다. 세계적으로 연결되어 있는 인터넷 망 가운데 자신의 웹사이트 하나만 개설하면, 즉 '웹 가게'(*Web store*) 하나만 열면, 세계적인 스케일의 시장에 들어설 수 있는 시대가 되었다.

우리 정부도 최근 '1인 창조기업'이 실업자(失業者) 감축의 큰 몫이 될 만하다고 보아서인지, 이들을 위한 사무실 공간을 지원하리라고 한다. 말하자면 정부가 'Soho' 같은 개인 영업공간을 지원하겠다는 것이다.

'정보화'가 이처럼 삶의 거의 모든 면에 스며드는 것은 위에 말했듯이 우리네 삶을 설계하고 영위하는 데 필요한 지식/정보를 때와 장소, 소속과 지위, 계층과 학력 여하에 차별 없이 얻을 수 있기 때문이다. 지식/정보가 요즘 흔히 쓰는 말로 'ubiquitous', 즉 온 세상 누구에게나 편재(遍在)해 있기 때문이다.

물론 지금도 상당한 수준의 전문교육 없이는 이해하기도 활용하기도 어려운 지식과 정보도 있고, 외국어 독해능력이 정보접근 폭의 한계가 되기도 한다. 그러나 대학 4년 수학(修學) 정도의 능력으로 할 수 있는 일에 필요한 지식/정보는, 이제 학력에 구애받지 않고 거의 모든 사람들이 접근 이해할 수 있게 되었고, 외국어 능력도 고등교육 학력과는 무관한 것이 되었다. 머지않아 자동번역장치까지 보급되면 더 많은 지식/정보에 더 많은 사람들이 접근할 수 있게 될 것이다.

이런 시대에 대학은 더 이상 지식과 정보의 유일한 특권적 전당(殿堂)이 아니다. 실무현장이나 일상 삶에 필요한 지식과 정보에 관한 한(限), 많은 사람들이 이제 대학교육을 받지 않았다고 크게 불리한 위치에 있게 된다고 생각지 않는다.

일본의 평론가 다치바나 다카시가, 이제 "대학에 의한 고등교육 독점시대에서 고등교육 유비쿼터스(*ubiquitous*) 시대로 접어들었다"(《도쿄대생은 바보가 되었는가》, 2008)라고 한 말이 참으로 적절하다. 교수들에게는 실망스럽고 좀 모욕적으로 들릴지도 모르지만, 요즘 대부분 학생들의 학업태도를 냉정히 살펴보면 어느 정도 수긍할 만도 하지 않은가. 학생들의 학문적 진지성은 점점 줄어들고 있는 게 사실이 아닌가 말이다.

이 나라에는 지난 10여 년 이래 체계적인 전문지식 교육에 대한 평가절하에 대중매체도 합세하고 있다. 이들이 최근 가장 많이 보도하고 있는 인생 성공담(成功談)은 빌 게이츠(Bill Gates)와 스티브 잡스(Steve Jobs)에 관한 것인데, 이 두 사람은 다 대학중퇴자다.

두 사람 다 컴퓨터 하드웨어/소프트웨어 개발로 세계 1~2위 부자가 된 사람들이니 정보화시대에 걸맞는 성공담이긴 하다. 하지만 둘 다 대학중퇴자라는 사실을 성공담 방송에 항상 돋보이게 하는 진의(眞意)는, 이런 고도(高度)의 기술능력도 이제 대학교육과 무관하게 개발해 낼 수 있음을 널리 알리려는 게 아닌가 싶다.

최근 방송매체들이 어린 아이들의 장래에 관한 충고를 할 때 자주 '창의성'(創意性)을 강조하는 것도 그런 취지인 것 같다. 학력보다 개인의 창의력이 성공의 열쇠라는 점을 강조하는 데 열심이다. 즉흥적 오락 위주의 매체인 방송매체가 특히 창의성을 강조하는 것을 이해할 만은 하다. 하지만 요즘 10대 학생 절반 가량의 장래 '꿈'이 연예인이 되는 것이란 사실도 총천연색 방송매체의 이런 부추김과 무관치 않을 듯해 한편 걱정스럽기도 하다.

'창의력'이란 본디 좀 모호한 개념인데, 대중매체의 함의(含意)는 교실에서 교과서에만 의존해서 열심히 학습하지 않아도 개인적인 상상력(想像力)을 집중해 무언가 이룰 수 있는 능력을 말하는 것 같다. 이 함의는 대학입학 준비는 기계적인 암기(暗記) 공부일 뿐이니 그런 경쟁에 낙오했다고 낙심할 필요 없다는 위로를 전하는 데 안성맞춤이기도 하다.

대중매체가 이런 사회적 설득에 나섰음은, 이 나라에도 이제 대학이 고등교육의 '독점'기관으로 남아 있기 어렵게 되었음을 뜻한다. 게다가 세계적으로 앞서가는 우리네 인터넷 기술이, 대학을 뿌리치고 나온 빌 게이츠나 스티브 잡스의 성공담을 앞세운 '창의력' 부추김에 큰 힘이 되고 있다.

어쨌거나 이 땅에도 'Freeter'와 'Soho' 선호형(選好形) 젊은이들이, 인터넷 쇼핑몰에 그치지 않고, 다른 많은 분야에까지 점점 더 늘어날 것이다. 요즘 대기업의 신입사원들 가운데도 몇 년 근무하지 않고 떠나는 이들이 많아지는 것도 같은 맥락의 현상이다. '평생직장'의 안전판도 별로 절실하지 않고, 일생동안 한 가지 전문기술에만 매달려 살고 싶지도 않은 때문이렷다.

지금의 40대 중반 이하 인구가 대학생 연령층의 학부모가 될 10~20년 후쯤부터는 위에 말한 바와 같은 경향은 훨씬 더 널리 퍼질 것이다. 이때쯤 되면 대부분의 학부모들도 지금과 같은 모습의 대학에 자식을 보내는 데는 지금처럼 열성적이지 않게 될 것이다.

장차 10~20년 후 이 나라의 학부모들은 젊은 시절 그들 자신 '정보화'시대의 주역들이었던 만큼, 자녀들이 누릴 수 있는 '기회의 창'에 대해 더 개방적이 될 것이다. 그래서 지금까지의 학부모들처럼 자녀들에게 '출세'(出世)의 길을 열어주기 위해 대학에 보내야 한다고 믿는 이들은 지금보다 훨씬 적어질 것이다.

그런 데다 중상위계층 부모들의 자녀 대학선택 안목은 급격히 전세계적으로 넓어지고 있다. '기러기 아빠' 되기를 마다하지 않고 수많은 초등학생 자녀까지 해외유학 보내는 나라는 아마 한국뿐이 아닐까 싶다. 이미 수년 전부터 한국의 외국 유학생 수는 인구 10억이 넘는 중국, 인도 유학생에 크게 뒤지지 않는다. 우리네 부모와 자녀들의 '출세'의 개념과 무대 그리고 그 '기회의 창'에 대한 인식이 세계적 정보망에 대한 접근능력만큼 빨리 넓어지고 있는 것이다.

이런 시대변화 조짐들을 보건대 지금부터 10년은 한국 대학들에 획기적인 결단과 개혁이 있어야 할 때이다. 10년은 대학의 변신을 위해서는 결코 길지 않은 시간이다. 선·후진국을 막론하고 세계의 모든 대학들도 비슷한 처지에 있게 될 터이지만, 한국의 대학들에게는 더욱 절실한 도전이다. 이 거대한 시대적 변화를 정면으로 대응치 않는 대학은 필경 우물 안 개구리처럼 될 것이고, 우물 안 물은 조만간(早晩間) 고갈되고 말 것이다.

전공을 넘어

1. 주류와 비주류의 합작

사실 한국의 교수들이나 학교관리자들 가운데 다가오고 있는 대학의 위기를 이미 감지(感知)하고 있는 이들도 적지는 않은 것 같다. 그러나 도전이 이처럼 세계적 스케일이고 거국적인 만큼, 몇 사람의 각성(覺醒)이나 노력으로는 큰 힘이 되지 못한다. 전체 교수진의 합의와 참여가 있어야 한다.

최근 수년 내 여러 대학들이 상황변화 대응방식을 보면 주로, 새로운 '틈새시장' 인력수요에 부응하여 몇 개의 학과를 신설하거나 기존의 학과를 통폐합하는 식의 '구조조정'을 하는 것이다. 예를 들어 어떤 대학은 최근 특히 인기가 높아지고 있는 방송매체의 연예프로그램 인력수요에 부응해 '대중문화 시나리오 학과'를 신설하고, 다른 데는 점점 많아지고 있는 애완동식물을 위한 '애완동식물학 전공'을 따로 만들고, 또 다른 대학은 '장례지도학과'를 신설하는 것 같은 식이다. 그리고 구조조정은 대부분 학교 전체의 비용절약을 위한 배려에 그치고 있다.

하지만 이런 정도의 대응은 임기응변(臨機應變)적이고 단기적 대책일 뿐이다. 이 같은 임기응변적이고 부분적인 대응은 '거대한 전환'을 버텨내기에 역부족(力不足)인 데다, 자칫 기존체제의 현상유지를 위한 변명이 될 뿐이다.

어떤 대책이든 학교의 극히 일부의 변화에 그치는 한(限), 그 학교의 중심부/주류(主流) 교수진의 일상과 의식에는 거의 아무런 영향을 미치지 않는다. 말하자면 일부 비주류(非主流)의 몫에 그친다.

전통적으로 대학의 근간(根幹)이며 중심부를 이루고 있던 학과와 교수진에는 별 영향이나 각성을 일으키지 못하고, 일부 '주변부' 내지 비주류학과 교수들만 관심을 갖고 참여하는 변화란 말이다. 이 같은 주변부 변화는 한 학교 전체 교수진의 의식과 행태에는 별다른 각성을 일으키지 않는다.

여기서 중심-주변, 주류-비주류 관계를 거론하는 까닭은, 그것이 한 대학교 캠퍼스 안 여론형성의 맥락이기 때문이다. 물론 중심부 주류교수들이 그 주도집단이다. 역사가 비교적 오래된 대학일수록 중심부의 위상이 더 공고하고 대학 전체에 미치는 영향력이 크다.

어느 집단에서든 오늘의 여론중심 주류는 그 자리를 수월히 양보하려 하지 않는 게 보통이다. 그런데 대학은 게다가 학문적 정통성론까지 동원되어 중심-주변, 주류-비주류 관계가 더 완고하다. 한 대학교 전체 교수진이 합심해서 큰 개혁에 동참하게 되려면, 기존의 이 관계를 극복하는 것이 급선무이다.

구체적으로 어떤 학과 또는 전공 교수진이 중심부 주류인지는 각 대학교의 역사에 따라 다르다. 비교적 역사가 오랜 일류대학교들의 경우에는 개교 이후 상당히 오랫동안 인문학을 위시한 이른바 기초학문 분야 학과들이 중심부였으며 그 교수진이 주류를 이루고 있었다. 이후 나라의 산업화가 확대 심화되면서 응용과학 내지 실무 전문분야의 학내 영향력도 차츰 높아지기 시작했지만, 상당한 기간동안 역시 비주류로 남아 있었다.

해방과 독립 이후 한국 대학교육의 선두주자(先頭走者)였던 서울대학교의 경우에는, 오늘날 입학지원자들이 제일 들어가고 싶어하는 법과대학, 경영대학, 의과대학, 공과대학 등은 별로 대단한 전공으로 여겨지지 않았다. 일부 주류교수들은 이런 대학들은 전문대학 수준의 교육기관이라고까지 했다. 지금의 인문대, 사회대, 자연과학대의 모체인 문리과(文理科) 대학이 대학 중의 대학이라고 자부하고 있었다.

이런 역사는 우리네 대학의 모델이 되었던 서양의 유명대학들의 경우에도 비슷했다. 우리보다 훨씬 앞서긴 하였지만, 이들의 경우에도 지난날 서울대학교의 문리과 대학에 해당하는 'Liberal Arts and Sciences College'가 중심이었다. 이들의 경우에도 근대적 산업경제의 성숙에 따라 공과대학, 의과대학, 경영대학 등이 추가되었다. 1960년대까지만 해도, 유럽의 유명 대학교수들이 미국 대학들의 실무 전문대학 설립에 급급한 모습을 보고 대학교육의 실용주의적 타락이라고 폄하(貶下)하다가, 뒤이어 그 선례를 따라간 것도 같은 맥락의 변화현상이다.

지난 세기까지 사회변화 과정은 2~3백 년간 지속된 근대적 산업화 과정의 연장선상에 있는 것이었다. 그래서 대학들은 주변부의 점진적 변화로 대응하면서 학교 전체의 전통을 유지해 올 수 있었다.

그렇지만 이 같은 주변부 첨가(添加)식의 변화에 의존하는 대응은, 캠퍼스 밖의 변화가 혁명적이라 할 만큼 획기적인 상황에서는 별 도움이 되지 못한다. 기존의 중심부-주변부, 주류-비주류 관계

질서가 그대로 유지되는 한, 학교 전체의 시대적 변화에 대한 적응능력은 획기적으로 변하지는 않기 때문이다.

교수사회 전체의 보수성도 사실 이 주류 교수진의 중심부로서의 자부심 탓이다. 때문에 이들의 동참 없이는 학교 전체의 근본적 변화는 기대하기 어렵다. 지난 한 세대 이래 한국의 대학처럼 총장, 학장을 교수직선제로 선출하는 경우에는 더 그렇다. 직선제 총장은, 다른 어떤 정치집단의 경우나 마찬가지로, 중심부/주류 여론을 거역하기 어렵다.

그런데 사실, 위에 살핀 바와 같은 앞날의 세상변화를 보면, 지금까지 대학의 중심부로 여겨진 학과와 전공분야의 장래가 가장 불확실하고 불안하다. 인문학 분야는 이미 많은 대학 진학자들의 '비(非) 인기학과' 목록에 올라 있고, 과거 최상위권 학생들이 지원하던 사회과학, 자연과학, 기초학문 분야 학과들도 이제는 보다 실용적인 전공학과들에 자리를 내주고 있다.

바로 이들 기초학문 분야 전공교수들이 누구보다 더 절실하게 자신들의 학과와 전공의 장래에 대해 걱정해야 할 때이다. 지난 10여 년 이래 유명대학교들의 학과별 합격자 '커트라인'을 보면, 학생들의 전반적인 선호(選好)가 보다 실용적인 전공으로 크게 바뀌고 있음이 분명하니, 지난날 상위권 학과들의 장래가 한층 더 불확실하다.

지금이야말로 중심부/주류 교수진이 대학 전체의 변화를 위해 적극 나설 때이다. 대학 중심부로서의 자부심과 자존심만 지키려 하여서는, 자칫 자신들의 전공분야가 먼저 많은 사람들에 의해 잊힐지 모른다.

2. 명실상부한 학부제

4년간의 학사과정만 마치고 사회에 진출하는 학생들을 위해서는, 기초학문 분야 강좌도 실무 직업능력 교육을 위한 교과과정의 일환(一環)으로 통합되는 것이 바람직하다. '연구중심', '대학원중심' 대학으로서 세계적 경쟁력이 없는 학교의 경우, 학사과정 교육에 집중할 터이면 더욱 그래야 한다. 그렇게 하는 것이 교육의 질을 높일 뿐 아니라 기초학문 전공교수들의 장래도 보장하는 길이 될 것이다.

여기서 통합이란 말은 학술적 필요에 의해 세분화되어 있는 전공체제를 지양(止揚)하고, 모든 강좌가 학생들의 현장실무능력 교육을 위한 것으로 통합됨을 뜻한다. 앞에서도 언급한 바이지만, 전통적으로 대학의 학과 세분화는 학문발달의 필요에 의해 이루어진 것이고 학생 교육효과는 2차적인 것이었다. 특히 학사과정만 마치고 졸업하는 학생들에 대한 교육효과는 거의 도외시된 게 사실이 아닌가.

졸업생들이 4년간 수학(修學)한 전공 여하에 불구하고 직장을 찾는 현상이나, 인력을 구하는 편에서 취업희망자의 전공을 가리지 않는 것도, 지금의 학과/전공별 교과과정들이 현실의 직업능력 수요를 반영치 않고 있기 때문이다.

한 대학교의 수십 수백 개의 전공 전체를 아우르면 세상을 이해하고 설명할 수 있을지 모른다. 그러나 그 한 부분 전공을 겨우 4년 동안 그리고 그나마 피상적으로 수업한 전공지식이 다종다양(多種多樣)하고 변화무상(變化無常)한 직업의 현장에서 별 쓸모가 없는 것은 당연하다.

이 시대의 직업여건 변화는 다른 어떤 시대보다 더 빠르고 포괄적이어서, 현장수요 변화에 대응할 수 있는 능동적 적응능력 배양이야말로 대학교육의 시대적 소명이라 해도 좋을 게다. 대학의 실무능력 교육에 대해서는 앞의 7, 8장(章)에서 살핀 바 있지만, 바로 앞에서 살핀 시대적 변화의 관점에서 아래에 좀더 첨가해 보려 한다.

정녕 '교육중심' 대학으로 제 2의 개교를 할 터이면, 격변(激變)하는 시대를 살아가야 하는 학생의 입장에서 생각하는 것이다. 그리고 이렇게 격변하는 시대에는 구체적으로 전문화된 지식과 기술 전수를 위주로 하는 교육은 장기적인 융통성을 보장하기 어려움을 인정해야 한다. 대학 밖 현장의 생산기술과 조직관리 방법 그리고 산업의 국제적 분업체계는 시시각각(時時刻刻) 변하고 있기 때문이다.

한 가지 전문기술 또는 전공지식만 갈고 닦아서 평생 생업을 이어가겠다는 생각이 대부분의 보통사람들에게는 큰 모험인 시대이다. 40대 중반에 벌써 직장에서 별 쓸모없는 사람이 되고, 50대에 정년퇴직해야 하는 요즘 우리 주변의 현상이 그런 모험의 낭패스런 현실화이다.

현실은 이제 대학에서의 전공이 평생 생업의 도구지식과 기술이 되고 또 그래야 된다는, 지금까지의 대학교육 목적과 점점 더 멀어지고 있다. 그런 데다 삶의 기회에 대한 젊은이들의 모험심(venture) 또한 어느 시대보다 왕성해 있다. 현실의 이 같은 변화를 거역할 수 없을진대, 적어도 대학 학사과정에 관한 한(限) 교육목적부터 재검토할 때이다.

우선 무엇보다 대학에서 배우는 지식과 기술의 현실유용성 수명(壽命)이 급속히 짧아지고 있음을 솔직히 인정하고, 대학교육의 '전공'체제를 그에 걸맞게 개혁해야 한다. 전통적인 학과/전공체제를 지양(止揚)하는 것부터 심각히 생각해야 한다.

이미 오래전부터 대학에 입학하는 대부분 학생들에게 전공학과 선택은 거의 미지(未知)의 여로(旅路) 선택과 같은 것이었지만, 이제 그 선택의 모험은 한층 더 커지고 있다. 학술전문화에 상응한 전공학과 체제는 대학원 과정에 한정(限定)하고, 학사과정에는 이공계열과 인문·사회계열 식의 대분과(大分科) 체제로 통합하는 것이 바람직하다.

지금도 신입생 선발에는 '학부' 또는 '계열별'로 여러 학과/전공을 묶어 선발하는 방법을 택하는 학교들이 없지 않다. 그러나 지금의 '학부제'는 기본적으로 신입생 선발방법 개선의 일환으로 시작된 것임은 앞서 말한 바이다. 본디 대학교육의 전반적인 개혁을 의도한 것이 아니어서 교수들의 심각한 협의를 거친 결과가 아니었고, 일종의 편법으로 받아들여져 운영되어 왔던 것이다. 그 결과 최근 신입생 모집이 비교적 쉬운 대학들에서는 학부제를 폐지하고 학과별 모집으로 회귀(回歸)하는 곳이 늘고 있다.

학과별 모집으로 회귀하는 대학과 해당학과 교수들의 주장은 대체로, 학부단위로 입학한 학생들은 '소속감'이 없다든지, 1~2년 후 학과를 선택할 때 '학문에 뜻을 두고' 선택하지 않고, 취업 잘되는 곳만 선호하는 등의 문제가 있다는 것이다. 입학은 학부단위로 하지만 어차피 1~2년 후 각 학과에 소속할 터이면, 교육의 기본은 여전히 학과별 전공체제이면서 그 질(質)만 훼손하는 것이 아니냐는 반론도 일리(一理)가 없지 않다.

여기서 제안하는 '학부'제 또는 '계열'제는 학사과정 전체에 그리고 4년 전 학년에 걸쳐 실시하자는 것이다. 구체적으로 어떤 학부 또는 계열로 통합할 것인지는 각 학교가 결정할 일이다. 다만 그 기본은 이공(理工)학부, 인문학부, 사회과학부 등의 큰 묶음으로 통합/분화하는 것이 바람직하다. 그렇게 하는 것이 학생들의 수학(修學)능력과 적성판단을 하는 데 적합할 것이고, 입학 이후 수학(修學)과정을 통해 장래 직업적성을 판단해서 교육하는 데도 도움이 될 것이다.

물론 사범대학과 의학, 치(齒)의학, 약학, 수의학, 간호대학 등 학사과정 이수 이후 국가공인시험에 의한 자격취득을 해야 해당 전문직에 종사할 수 있는 전공과정은 별도로 고려하는 것이 마땅하다. 이들 대학은 근본적으로 전문직(*professional*) 교육기관이기에, 교과과정의 전문성이 그 존재이유이기 때문이다. 법과대학과 의과대학처럼 전문대학원 과정으로 할 것인지 여부는 별개의 문제이다. 그리고 예체능계열 교육은 다분히 기능세련화 과정이기에, 입학생 선발과 그 이후 교육과정에도 지금처럼 비교적 세분화된 기능교육을 해도 좋을 것이다.

여기서 제안하는 '학부제'의 요체는 한 학부의 모든 강좌수강은 원칙적으로 해당학부 학생 각자의 선택에 맡기는 것이다. 각 교과과정이 현재 각 학과의 그것처럼 다수(多數)의 '전공필수' 강좌로 짜여 해당 학과/전공 학생들은 반드시 수강해야 하는 것이어서는, 진정한 의미의 학부제라 할 수 없다.

어떤 전공과 관련된 강좌든 최대한 학생들로 하여금 선택할 수 있게 하여야 한다. 가능한 폭넓은 범위에 걸쳐 수학할 수 있게 하는 것이 학부제의 진정한 취지를 실현하는 것이다.

학부제를 명실상부(名實相符)하게 시행하려면, 현재 수십 개 전공별로 나누어져 있는 학위의 종류와 명칭도 학부제에 상응하는 것으로 통합되는 것이 바람직하다. 가령 미국의 경우처럼 인문사회계열에는 BA(*Bachelor of Arts*), 이공학 계열에는 BS(*Bachelor of Sciences*)

등으로 크게 나누는 것을 생각해볼 만하다.

현재로서 학부제에 가장 근사한 것은 서울대학교의 '자유전공학부'일 게다. 현 상태로는 일정 수의 학생들에게만 허용되는 제한적이고 실험적인 것 같지만, 학생들 스스로 전공을 설계할 수 있게 하기도 하고, 기존 전공학과에서 할 수 없었던 여러 분야 '융합'전공도 허용하는 모양이다. 지난 날 서울대학교 형편에 견주어 보면 참으로 획기적인 시도라 할 만하다.

물론 그렇다고 하여 아무런 교육방침도 기준도 없이 이런저런 강좌를 개설하여 학생들의 무분별한 선택에 맡겨둘 수만은 없다. 여기서 강조하는 것은 학술적 전문성보다 학생들의 장래 직업능력을 위한 배려를 우선으로 해야 한다는 것이다.

다시 말해 대학 4년 안에 전문지식의 깊이 또는 기술의 성숙도(成熟度)를 높이려 하기보다 직업현장에서의 적응과 발전을 위한 기초소양을 갖추게 하자는 것이다. 급변하는 시대에 대학 4년 안에 한 분야의 '전문가'(*specialist*)를 양성하려는 것은 과욕이다.

지금 우리가 살고 있는 이 시대에는 대학 강의실에서 배운 지식과 기술의 유용성 수명은 아주 짧으니, 지식과 기술의 성숙발전은 상당부분 졸업 후 직업현장에 맡기는 수밖에 없다. 대학이 정녕 자기학교 출신들의 직업능력을 위해 좀더 많은 것을 갖추어 주려면, 직업현장 관리자들과의 협력체제를 통해서 하는 것이 더 효과적일 것이다.

미국을 비롯한 선진국 대학에서는 이미 오래전부터 학사과정 4년을 명실상부한 전문가 교육과정으로 운영해서 실효성이 있는지에 관해 심각한 논의를 해왔다. 그러는 동안 시카고 대학교를 비롯한 몇몇 대학들은 1990년대부터 학사과정에서는 가능한 한 '전공필수' 과목의 수를 줄이고, 학생들이 소속학과를 초월해 선택할 수 있는 선택과목의 수를 늘렸다. 어떤 대학은 '전공필수' 과목을 전적으로 폐지해 버리기도 했다. 이들은 말하자면 종래의 학과체제를 유지하면서도 사실상 학부제를 실시하고 있는 셈이다.

수학능력시험 과목 등의 학생선발과 관련해서는, 한국에도 최근 '문(文)과' '이(理)과' 계열 간의 너무 뚜렷한 차별화에 대한 반론이 없지 않다. 그럼에도 입학 이후의 교육체제에 관해서는 일부 교수들에 의한 실험적인 전공통합 프로그램 말고는, 한 대학교 전체에 걸친 변화시도는 찾아보기 어렵다. 앞서 말했듯이 역시 우리 대학의 학과/전공 교수진 간의 '집단 이기주의'적 장벽이 가장 큰 탓이 아닌가 싶다.

그리고 끝으로, 학부제와 같은 통합교육 과정이 성공하려면, 학생에 대한 교수의 개별지도가 필수적이다. 다시 말해 학생 한 사람 한 사람에 대한 교수들의 개별적인 지도와 자문이 교과과정의 일환이 되어야 한다는 말이다. 교수들은 훨씬 더 많은 시간을 자신의 연구보다 학생지도에 할애해야 할 것이다. 학생지도와 상담이 교수 실적평가의 가장 큰 몫을 차지하게 되어야 하며, 그래서 학교는 전체로서 문자 그대로 '교육중심' 대학체제로 탈바꿈하여야 한다.

위에 언급한 서울대학교 '자유전공학부'에서도, 학생들이 스스로 전공을 설계하는 경우에는, 전공설계의 타당성과 이수(履修)계획 등에 대해 지도교수의 심사와 승인을 받도록 하고 있다. 다만 현재의 서울대학교 자유전공학부는 전체 학사과정 가운데 극히 제한된 일부이기에, 담당 지도교수들의 소속감과 참여의식이 어떤지 모르겠다.

학생 개개인의 수학(修學) 능력/적성 및 장래 직업적성에 대한 판단과 그에 따른 수강과목 지도 등은 반드시 교수가 담당해야 할 몫이다. 이런 지도를 효과적으로 하려면, 학생이 진출하고자 하는 직종과 직업의 인재수급(需給) 전망에 대한 신빙성 있는 자문도 할 수 있어야 할 것이다.

우리네 현실에서 이런 자문은 이른바 '취업 컨설턴트'라는 사람들이 사적(私的) 영업으로 하고 있고, 최근 이들의 서비스를 구하는 이들의 수는 점점 늘고 있다고 한다. 이들은 그러나 서비스 구매자의 개인적인 성향과 적성이나 능력에 관해, 그가 졸업한 대학의 교수만큼 잘 알지 못한다. 대학이 진정한 의미의 '교육중심'이 되어 교수들의 학생지도가 한층 충실해지면, 학생들이 졸업 후 당면케 될 직업현장의 모험을 훨씬 더 줄일 수 있을 것이다.

이상 제안한 바와 같은 대학개혁은 결코 쉽지 않은 일이다. 현재 한국의 4년제 정규대학들은 거의 다 이른바 '종합대학교' 체제의 큰 관료조직이다. 다시 말해 여러 개, 많게는 수십 개의 학과로 구성된 '단과대학'이 적어도 5~6개, 때로는 10여 개 이상이고 이들 단과대학을 총괄 책임지는 총장과 참모진으로 구성된 대학본부가 정점(頂点)에 있는, 전형적인 피라미드형 관료조직이다. 사립대학교의 경우에는 학교 관료조직 위에 또 한 층의 사실상 총괄 책임기관인 재단이 있다.

대학의 관료조직은 공공기관의 그것보다 어떤 면에선 더 완고(頑固)하다. 공공기관의 관료조직은 기관 전체로서의 의사결정과 기능을 합리화하는 데 주력하는 것이 보통인데 견주어, 대학의 경우는 그동안 개별전공의 벽을 더 두텁게 하는 장치로서 더 큰 몫을 하고 있다. 여러 전공학과들은 '종합대학교'라는 한 기관의 구성부분임에도, 서로 간에 의사소통과 협력은 거의 하지 않고서도 유지되게 하는 기능을 하고 있는 것이다.

수십 년간 굳어져 온 이런 대학 관료조직 체제를 바꾸는 것은 결코 수월한 일이 아니다. 현직시절 필자를 포함해, 우리네 교수들은 대부분 학교 전체에 관련된 문제나 다른 학과 또는 단과대학 문제에 관해서는 별 관심도 없으며, 그런 일은 총장과 대학교 본부가 알아서 할 것이라고 여기는 게 보통이다.

이런 조직체계에서는 교수 각자의 일상에는 비교적 많은 자유가 주어지지만, 여러 학과와 단과대학에 관련된 일은 좀처럼 진전되지 않는다. 큰일은 국공립대학에서는 정부가, 사립대학에서는 재단이 해주기를 기대하고 있는 게 보통이다.

우리가 여기서 제안하는 학과통합에 의한 '학부제'와 교육목표는 바로 대학 관료조직 체계에 익숙해 있는 대다수 교수들의 의식과 일상적 행태의 획기적 변화를 전제로 하는 것이다. 이야말로 교수진 전체의 적극적인 참여에 의한 진지한 논의와 합의가 있어야 할 일이다. 한 대학교의 존폐를 좌우할 일임에 동의한다면, 모처럼 전체 교수진의 적극적인 참여를 기대할 수 있지 않을까 싶다.

연구중심 대학원중심

1. 속 빈 대학원

학사과정의 개혁은 대학원의 성격과 기능의 개혁과 함께 해야 한다. 학교 전체로서의 특성과 기능을 명백히 하고 그에 따라 제한된 재정을 가장 효율적으로 배분키 위해 해야 할 일이다.

한국 대학교들의 대학원 석·박사과정의 교육과 연구에 대한 관심은 학사과정보다 일천(日淺)한 데다 여전히 다분히 피상적이다. 거의 모든 '종합대학교'에 대학원이 있지만, 대부분 석·박사과정의 형식적 요건충족에 만족하고 있는 형편이다.

한국의 대학들이 개교한 이후 최근까지 거의 모든 대학교의 대학원은 유명무실(有名無實)한 상태였다. 1950년대 필자의 학생시절에는 대학원은 학적(學籍)만 유지하고 머무르는 '대기실'이라는 별명까지 있었다. 대학졸업 후 취직이 안 되는 동안 남들의 눈총을 피해 기다리는 곳이란 뜻이었다.

나라의 산업화가 어느 정도 실적을 내기 시작한 1980년 전후, 앞서 말한 외부 연구용역 자금이 들어오면서부터, 몇몇 학과의 교수와 대학원 학생 간의 관계가 다소간 긴밀해지기 시작했다. 대학원 학생들이 교수들의 연구보조원 정도의 역할을 하게 된 것이다. 이 정도 제한된 범위에서나마 현실적으로 의미 있는 대학원의 역사는 이제 겨우 30년쯤 되는 셈이다.

여기서는 주로 이른바 '일반대학원'의 경우를 말하지만, 그 가운데서도 특히 몇몇 대학교의 이공(理工)학 계열 대학원 학과들이 이 연구용역 지원의 앞선 수혜자가 되었다. 인문사회계열도 뒤이어 국가 사회의 현실문제에 관한 자문이나 처방을 할 수 있는 학과들은, 이공계보다 적은 규모이나마, 외부지원을 받기 시작하였다. 어쨌든 이들 학과의 학생들은 학교에 남아 교수의 지도 아래 할 일이 생기기 시작했다.

그러나 이런 정도의 변화도 지금까지 일부 유명대학교에 한정된 것이다. 대부분의 경우 지난 30여 년 동안 대학원 과정의 변화는 이른바 '특수대학원'의 우후죽순(雨後竹筍) 같은 개설뿐이다. 이 변화도 근본적으로는 성공적인 산업화, 경제성장 덕이다. 하지만 '특수대학원'의 급격한 확산은 대학 자체의 '대학원중심' 교육발전에는 별 도움이 되지 아니하였다.

이 나라 '특수대학원' 붐은 산업화, 경제성장에서 대학출신 직장인들이 단기간에 엄청나게 많아지면서 그들 간의 직장 승진 또는 '출세' 경쟁이 치열해짐에 따른 것이다. 대학 출신자들의 직장 봉급이 생존을 보장할 만큼 된 이후, 경제적 사회적 경쟁의 상대적 우위(優位)를 차지하기 위한 수단으로 석사학위가 도움이 되리라고 믿었기 때문이다. '특수대학원'은 거의 야간수업 강좌이어서 직장인들에게 안성맞춤이었다.

이처럼 많은 직장인들이 사회적 신분경쟁 자산으로 하필 (석사) 학위를 선호하는 까닭은 역시, 대학 취학률을 세계 으뜸자리에 올

려놓은 이 나라의 '출세' 교육관(觀)과 같은 맥락의 현상인 것 같다. 다른 나라 대학에도 직장인 재교육을 위한 대학원 과정이 없지 않지만, 한국처럼 많은 사례는 들어보지 못했다.

한국의 경우에는 또 많은 대학들이 이 '학위 경쟁자'들을 재정 수입원(源)으로 환대(歡待)해 주기 때문이기도 하다. 대부분의 특수대학원 강좌는 강의실 공간만 있으면 되고 그 이외 연구공간이나 시설은 필요치 않으니, 지출 대비 수입이 비교적 큰 투자대상이다. 학생들도 수업이나 연구시설 수준에 별로 개의치 않고 학위 취득조건만 최대한 관대하게 해주면 만족한다. 심지어 수로 사회적 '안면(顔面) 넓히기'를 위해 이 대학 저 대학을 섭렵하는 이들도 적지 않다.

나도 재직시절 한때 소속 대학원의 야간강좌를 맡아 해본 적이 있다. 서울대학교의 경우에는 한 대학원 안에 주(晝)·야(夜)간 과정이 함께 있고, 전임 교수진도 있다. 적어도 주간과정은 '일반대학원'보다 더 충실하면 했지 결코 뒤지지 않는다.

그럼에도 역시 야간강좌는 교수도 학생도 지친 시간이기에, 학구열은 주간에 견주어 크게 떨어졌다. 학생들은 교수의 강의를 받아 적기에도 힘겨워 보였고 출석률도 별로 좋지 않았다.

다만 학위 취득조건과 심사만은 주간부와 조금도 다름없이 엄격히 시행함으로써 야간부 수료자들 가운데 석사학위까지 취득하는 이들은 많지 않았다. 학위 취득조건을 이렇게 엄격히 함으로써 서울대학교 안에서는 야간부가 있는 3개 대학원, 즉 보건, 행정, 환경대학원을 '특수대학원'이라 해야 할 것이냐 '전문대학원'이라 할 것이냐 논란이 있었다.

그러나 어떻든 역시 주·야간에 이런저런 이중(二重) 잣대가 작용되었던 사실을 부인키 어렵다. 내가 환경대학원 원장이 된 이후 힘들인 일 가운데 한 가지가 바로 이 야간부를 폐지한 것이었다.

전국적인 '특수대학원' 붐이 결과적으로 한국 대학들로 하여금 대학원 교육에 대해 안이(安易)한 입장을 오랫동안 유지하게 했다. 최근 새삼 사회적 관심의 대상이 되고 있는, 학위논문 대필(代筆) 또는 표절 등도 이런 안이한 현실 타협적인 태도와 무관치 않다. 이런 사태를 방치하면 자칫 대학원교육 전반에 대한 불신으로까지 이어질 수 있다.

게다가 대학원교육에 대해서는 국가 사회적인 관심도 별로 없었다. 학사과정 교육에 견주어 보면 그야말로 무관심이었다. 이공(理工)계열에 관해서는 고급기술인력 개발의 중요성이 자주 강조되긴 하였지만, 그와 관련해 대학원교육의 중요성과 현실을 심각하게 거론하는 일은 별로 없었다.

정부에서 대학원교육과 연구에 대한 지원을 본격적으로 구체화한 것은 1999년 이른바 '두뇌한국 21('BK 21')사업'이란 것이었다. 이 사업은 '세계적 수준의 대학원'을 육성하여 '신진 연구인력'을 양성하는 데 도움을 준다는 명분으로 시작하여, 지금까지 3조 원이 넘는 돈이 지원되었다. 대학원교육에 대한 한국 정부의 지원으로서는 지금까지 가장 큰 규모의 사업이다.

이 사업 지원금은 주로 대학원 석·박사과정 학생과 박사 후(*post doctoral*) 연구생 및 '연구교수' 등의 연구비와 인건비에 쓰였다. 그리고 부수적으로 학술지 논문발표 및 해외연수 경비 그리고 대학원 전용시설 확보 등에 쓸 수 있었다. 선정된 사업에 참여하는 석사과정 학생에게는 매달 50만 원, 박사과정 학생에게는 90만 원, 박사 후 연구생에게는 200만 원, 연구교수에게는 250만 원이 지급되었다. 다른 장학금들에 견주어 상당히 많은 액수이고 학습과 연구에 열중하게 하는 데 상당한 도움이 될 만한 액수이다.

이 지원은 대부분 대학원 학과 또는 전공별로 특정 연구사업을 신청해 선발되어 받는다. 현재 70여 개 대학교 560여 개 사업이 지원대상이고, 이공계열뿐만 아니라 인문 사회계열 학과들도 대상에 포함되어 있다고 한다. 전체 대학원과 학과 수에 견주어서는 과반에 못 미치는 것이긴 하지만, 지원대상으로 선정된 대학원과 학과들에게는 자신들이 설계한 연구 프로젝트로서 상당한 실적을 낼 수 있는 액수이다.

'BK(*Brain Korea*) 21 사업'은 본디 서울대학교 등 이른바 '대학원중심'/'연구중심' 대학교들을 선별하여 집중 지원하기 위한 것이었다. 그러나 시행 후 곧 제외된 대학들의 집단 항의에 부딪쳐, 지원대상이 위와 같이 크게 확대되어 오늘에 이르렀다.

2004년 노무현 정권에서는 'NURI'(*New University for Regional Innovation*)란 약칭의 '지방대학 혁신역량 강화사업' 지원도 별도로 시작되었다. 이 사업은 여러 지방대학들을 지역 균형발전을 위한 연구/개발 중심으로 발전시키겠다는 취지의 지원이다.

이 사업은 전문대학까지 포함하는 것이어서 오직 대학원 육성지원이라고 보기는 어렵다. 하지만 전문 연구인력을 양성하는 데 기여하겠다는 취지에서 'BK 21'과 크게 다르지 않다. 이 사업으로도 출범 이후 5년 간 100여 개 지방대학에 1조 4천억 원 가량의 큰 재정이 지원되었다.

이공계의 경우에는 '연구중심' 대학원으로 발전시키려는 정부 지원책은 위 두 가지 대규모 지원사업 이외에도 여러 가지가 있다. 보기 드물게 긴 이름의 '국가 과학기술 경쟁력 강화를 위한 이공계 지원 특별법'을 비롯해, 교육과학부 이외 다른 부처들도 이런저런 지원을 할 수 있는 근거규정도 있고 실제 다소간의 지원도 제공된다.

그러나 이런 지원과 노력에도 불구하고 지난 수년 이래 서울대학교를 비롯한 일류대학들의 이공계 대학원 학과들은 오히려 정원미달 사태까지 맞이하고 있다. 같은 맥락에서 거의 모든 대학원들의 인문 사회계열의 형편도 전과 크게 다르지 않거나 오히려 더 어려워지고 있다.

전반적으로 앞서 살핀 바와 같이 요즘 젊은이들의 생업(生業)에 대한 태도가 변해서, 전문 지식/기술 연구를 별로 값어치 있고 장래성 있는 일로 보지 않기 때문이 아닌가 싶다. 게다가 또 대학원 과정에서 전문지식을 탐구하고 싶은 이들 가운데 외국에 유학을 선호하는 이들이 점점 더 늘고 있는 탓도 있을 것이다.

대학의 연구능력의 세계적 경쟁은 교육의 경우보다 훨씬 더 치열한 터에, 이 나라 대학원에 대한 관심과 지원은 너무 늦게 시작되었다. 오늘의 우수한 젊은 인재들에게, 이미 세계적으로 이름난 외국의 연구중심 대학원으로 유학 갈 기회를 뿌리치고, 우리 대학원의 장래를 위해 참고 기다리라고 할 수는 없지 않은가.

2. 대학원 지원의 탈(脫)정치

정부가 지난 10여 년 이래 대학원 연구능력 향상에 상당한 돈을 투자했음에도 오늘까지 별 효과를 내지 못한 것은 정책의 부실(不實) 탓이 크다. 요컨대 위와 같은 일련의 대학원 지원책도, 대학입학 정책의 경우처럼, 정치적 배려로 얼룩진 때문이다. 대학원 지원책의 경우 정치적 배려를 압박해낸 유권자는 학부모들이 아니고 대학교수들이었음이 다를 뿐이다.

몇몇 대학교에 집중 지원하려고 시작한 것을 수많은 대학으로 확대한 것도 그 때문이고, 고급 지식/기술 개발을 위한 '연구중심'을 '지역 균형개발 중심'으로까지 확대 재포장한 것도 그렇다. 사회적 공평분배 정치가 대학원 교육지원에까지 이어진 결과이다. 설령 대학 4년 학사과정 교육기회의 공평분배 시책은 사회적으로 어느 정도 긍정적인 효과가 있을지언정, 전문 학술/연구 인재양성에 대한 정치적 접근은 그 본래의 목적 자체를 흐리게 하고 효과를 왜곡할 뿐이다.

깊이 있는 학술연구를 위한 능력과 적성은 어느 나라에나 제한된 자원이다. 그래서 대학이든 기타 연구기관이든 '연구중심' 간에는 우열(優劣)과 차이가 있기 마련이다. 우수하고 적성을 갖춘 인재가 제한된 만큼 그들은 조건이 비교적 좋은 몇몇 곳에 집중하기 마련이기 때문에, 우수한 능력은 부익부(富益富) 빈익빈(貧益貧)하기 십상이다.

이 같은 우열관계는 이제 세계적 스케일로 현실화되어, 한 나라 안 '연구중심' 능력발전에 직접적인 영향을 미친다. 위에 말한 해외

대학원 유학생의 증가와 국내 일류대학들의 대학원 정원미달도 같은 맥락의 '두뇌유출'(*brain drain*) 현상이다. 이런 현상은 바야흐로 전개되고 있는 세계적 개방과 함께 점점 더 확대 심화되어 갈 것이다.

한국의 대학들이 비교적 단기간에 이만큼 성장한 것도 50~60년 전부터 시작한 '두뇌유출' 역류(逆流) 덕에 교수진의 수준이 단기간에 높아졌기 때문이었음은 앞서 말한 바이다. 그러나 또 바로 그 때문에 스스로 고급 전문인재 양성을 등한히 했는지 모른다.

이제야말로 이에 대한 결단을 할 때이다. 각 대학교 교수진이, 정부지원을 요구하기에 앞서, 스스로 세계적 수준의 '대학원중심'/'연구중심'이 되도록 자원과 노력을 집중해야 할지, 그리고 또 그렇게 해서 과연 세계적 수준의 경쟁력을 갖출 수 있을지 결단을 내릴 때이다.

이 결단과 결정은 어디까지나 냉정하고 현실적인 사실분석과 허심탄회한 심의(審議) 끝에 내려져야 한다. 대학교에는 반드시 대학원이 있어야 한다는 식의 명분론이나 교수로서의 자존심 같은 것에 이끌려서 성공할 일이 아니다. 또 위의 'BK 21 사업' 같은 외부로부터의 연구사업 지원만 있으면 대학원 교육의 질이 높아지리라는 것도 안이한 생각이다.

세계적으로 경쟁력 있는 대학원을 만들고 유지하려면, 교수들의 일상(日常)이 그에 걸맞게 달라져야 한다. 우선 무엇보다 교재와 실험과 강의 등에 있어, 학부과정 학생들을 위주로 하는 경우보다 훨씬 더 많은 시간과 준비가 필요하다. 학생 개개인에 대한 지도도 더 많은 시간과 학술적으로 깊이 있는 내용이 되어야 한다. 요컨대 명실상부(名實相符)한 '대학원 중심'이 되려면, 교수들의 일과(日課)가 대학원 중심이 되어야 하고 동시에 그럴 능력과 열의가 있어야 한다.

정녕 그렇게 되려면 학생정원 배분에도 학사과정의 비중이 대학원 과정에 견주어 적어야 할 것이다. 그리고 '대학원중심' 대학교에서는 학사과정에서부터 대학원에 진학할 학생들과 그렇지 않은 학생들을 구분해서 교육해야 한다. 대학원에 진학할 학생들은, 위에 말한 일반 학사과정과 달리, 학사과정 3학년 경부터 전공을 선택하게 해서 그 준비를 시켜야 할 것이다. 요컨대 해당대학교 전체의 교육체제가 대학원 교육을 중심으로 짜여야 한다는 말이다.

최근 언론에 서울대학교가 계획하고 있다고 보도된, 이른바 '오너즈 칼리지'(*Honors College*)라는 것도 다음 세대 학술연구자를 양성키 위한 과정으로 환영할 만한 것이다. 아직은 구상단계인 것 같고 그 이름처럼 별개의 단과대학인지 알 수는 없다. 그러나 어쨌든 별개의 단과대학 형태보다는 기존 각 단과대학과 학과의 일부로 하는 것이 더 현실적이지 않을까 싶다.

정부를 비롯한 외부 지원기관/단체들의 개별 연구프로젝트 지원이 곧 대학원 교육의 질을 높이는 길이라고 생각하는 것은 과욕(過慾)이다. 'BK21 사업'의 경우처럼, 지원을 하는 편의 필요에서가 아니고, 지원을 받는 대학에서 제안하는 연구사업에 대해 지원하는 방식은 진일보(進一步)한 것이긴 하다. 그러나 역시 학생들이 개별 연구프로젝트에 교수와 함께 참여하는 것만으로는 대학원 교육과정 전반의 질을 높이기에 불충분하다.

지금 이 나라 대학원 교육의 세계적 경쟁력 향상을 위해서는 정부의 지원이 긴요하다. 그러나 정부, 특히 주무부서인 교육과학부는, 개별 연구사업 지원보다, 해당 대학교를 선별하여 그 대학원 교육의 질 향상을 위해 소요되는 경비를 분담해주는 것이 더 효과적일 게다. 개별 연구프로젝트에 대한 지원을 위해서는 다른 관련 부처 또는 기업에 산학협동적 지원을 권장할 수 있을 것이다.

무엇보다 중요한 것은, 대학원 교육을 위한 정부지원은 선별적이어야 하고, 그리고 선별은 지원을 원하는 대학교의 세계적 수준에서 본 잠재력과 준비상태를 엄밀히 따져서 해야 한다. 지원은 장기적으로 지속되어야 하고 대학 측의 투자를 보충하는 것이어야 한다. 대학원 교육지원에 관한 인기정치는 정권에도 대학에도 백해무익(百害無益)할 뿐이다.

그리고 여기서 말하는 정부의 대학원 지원은 이른바 '일반대학원'에 한정되어야 한다. 다시 말해 장래의 학문과 기술발전을 이끌 세계적 수준의 고급인재 양성을 위한 장기투자(長期投資)이어야 한다는 말이다. 이런 장기투자는 개별학교의 재정만으로는 능히 감당할 수 없기 때문이다.

대학원에서 이렇게 미래지향적이고 높은 수준의 학술/연구 인재를 양성하려면, 대학이 먼저 그에 걸맞은 인적 물적 잠재력을 갖추고 있어야 한다. 미국의 프린스턴(Princeton) 대학처럼, 강의부담도 없이 각자 원하는 연구만 하는 교수들로 채워진, '고등연구원'(*Institute for Advanced Study*) 같은 것을 운영할 만한 인적 물적 여유가 있어야 한다.

한국의 대학들은 이른바 '산학협동'이 너무 강조된 터에, 각 대학의 거의 모든 연구소들이 외부 용역연구에 의존해 각자 자급자족하는 형편임은 앞서 언급한 바이기도 하다. '산학협동' 연구를 많이 발주(發注)하는 기업이나 공공기관이 비교적 선호하는 서울대학교에는 70개가 넘는 산학협동 위주의 연구소가 있고, 이들이 사실 서울대학교 연구기관의 근간(根幹)이다.

이런 연구기관에서 수행되는 연구 프로젝트는 교수들의 연구실적 쌓기와 생계에 보탬이 되는 것은 틀림없지만, 교수와 함께 참여하는 대학원 학생들의 체계적인 교육에 대한 배려는 하기 어렵다.

사실 많은 학생들이 교수의 산학협동 연구프로젝트에 참여하는 것을 일시적인 '아르바이트' 정도로 여긴다.

어쨌든 아직도 이 나라 대학연구의 대부분은, 승진과 정년보장 등 교수인사(人事)의 근거가 되는 연구실적 쌓기와 개인적 수입, 그리고 '산학협동'에 대한 사회적 기대에 의해 지배되고 있다고 해도 과언이 아닐 게다. 이 대세(大勢)에 밀려 장래 학술과 기술발전의 주역이 될 인재양성을 위한 체계적인 교육과 그를 위한 순수 학술연구(*original research*)는 등한시되고 있다.

세계적 수준의 '대학원중심'이길 원하는 대학교는 먼 장래를 향해 학문과 연구인재를 교육하려는 결단과 그에 필요한 학술적 재정적 능력을 감당할 수 있는 곳이어야 한다. 정부를 비롯한 외부 기관단체들도 정녕 대학원 교육을 도우려거든, 이런 결의와 능력을 갖춘 곳을 엄선(嚴選)해서 집중 지원해야 할 것이다.

지금부터 10~20년 사이 이 나라 많은 대학들의 운명은 학사과정과 학생정원 채우기 여하에 달린 터에, '일반대학원'의 국제경쟁력 확보 같은 것은 사치스런 일이라 해도 좋을 게다. 대학원은 명분과 자존심으로는 포기하기 어려운 일이지만, 정부와 기타 관련기관의 선별지원 방침과 기준이 확고하고 명백하면 수긍하게 될 것이다.

3. 특수대학원에서 전문대학원으로

'일반대학원'의 선별지원에서 제외된 학교들은 대안(代案)으로 이른바 '특수대학원' 또는 '전문대학원' 발전을 선택 집중할 수 있을 것이다. 이들 대학원은 대상 전문직업의 현장능력을 교육하는 것이 주(主)목적이기에, 적어도 당분간은 직접적인 국제경쟁 도전은 받지 않을 터이다. 적어도 앞으로 10여 년 동안 이런 대학원에 입학하는 학생들의 대부분은 이 나라 직업현장에 근무하거나 할 사람들이고, 그에 적합한 전문직업 교육은 한국의 대학이 가장 잘할 수 있을 것이기 때문이다.

이런 부류 대학원들의 문제는 오히려 지금까지 국내대학 서로 간에도 실력경쟁이 없었던 것이다. 위에 말했듯이 단기간에 입학지원자들이 너무 많아져서, 대학들은 교육의 질 향상을 위한 별 노력과 투자를 안 하고도 '대학원'을 유지할 수 있었다. 특히 이른바 '특수대학원'이라 불리던 곳들이 그렇다.

한국에 '특수대학원' 또는 '전문대학원'이라 이름 붙여진 대학원 교육과정은 대부분, 국가/사회가 필요한 것으로 공인(公認)하기 전에, 학교가 자율적으로 개설한 전문직업대학원 과정이다. 내가 서울대학교에 창설하는 데 미력(微力)이나마 기여하고 30여 년 동안 재직한 서울대학교 환경대학원도 그런 사례 가운데 하나이다. 경영대학원, 행정대학원, 보건대학원 또는 최근의 건축전문대학원, 물류전문대학원 등 대부분 그런 부류에 속한다.

지난 해 개설된 '법학전문대학원' 이외의 특수/전문 대학원들은 법적 근거도 불확실하다. 최근 교육과학부가 법학전문대학원이 개설된 몇몇 사립대학교의 종래 있던 '법무대학원'을 폐쇄하라고 한데 대해, 해당학교들은 교육과학부는 법학전문대학원과는 교육목적이 다른 대학원을 폐쇄하라는 권한이 없다고 반발하고 있다고 한다. 교육과학부는 이에 대해 대학원 정원기준에 관한 권한에 근거한다고 하지만, 해당대학들은 그 권한은 어떤 특수대학원의 개원 또는 폐쇄를 지시할 수 있는 것은 아니라고 반발하고 있다.

어쨌든 시작부터 한국의 특수/전문 대학원들은 모두 학교 또는 학계가 서양 여러 나라의 선례(先例)를 본받아 자율적으로 만든 전문직업 교육과정이다. 국립대학의 경우에도 개설 여부나 종류와 성격에 관해서 정부의 정책적 고려나 간섭이 없었다. 앞서 언급한 서울대학교에서 '특수대학원'이냐 '전문대학원'이냐 하는 논란도, 이처럼 미처 국가 사회적 공인이 없는 채 창설된 탓이다.

우리네 '특수대학원' 또는 '전문대학원'의 선례가 된 서양의 경우는 해당 전문직업 자격의 사회적 또는 국가적 공인이 앞서거나 또는 그와 함께 대학에 전문 교육과정이 만들어진 역사가 우리와 다르다. 다만 최근에 개원된 '법학전문대학원'과 '의학(치의학)전문대학원'이 저들의 경우와 유사하다. 이들은 이미 일제(日帝) 식민지배 시절부터 전문직업인 자격의 공인(公認) 전통이 있었고 국가적 공인이 앞섰다는 점에서도 그렇다.

때늦은 감은 있지만, 법학, 의(치의)학 전문대학원 이외의 '특수' 또는 '전문' 대학원이 맡고 있는 전문직업 교육과정들도 이제 본격적으로 국가 사회적 공인 여부를 따져야 한다. 다시 말해 어떤 전문직종의 자격에 대해 국가/사회적 공인이 필요한지, 그리고 공인 자격을 위해 대학원 석사학위과정 수준의 교육이 필요한지 등에 대해, 관련분야의 논의와 합의가 있어야 한다는 말이다. 이런 전문직은 그 직업인들의 개인적인 생계수단이기도 하지만 근본적으로 사회적으로 공인된 표준에 따라서 실천하는 사회적 서비스 직이기 때문이다.

이 과정에서 물론 해당직종의 전문성을 갖추기 위해서 어떤 전문지식과 기술을 습득해야 하는지도 논의되고 그 필요한 최소 수준에 대한 합의가 있어야 한다. 그래서 이런 전문직업 교육을 하는 대학원들은 그에 합당한 교육내용과 수준을 갖추도록 해야 한다.

'법학전문대학원' 졸업생들이 나오기 전까지 법조전문가가 되고자 하는 젊은이들이 법과대학보다 '고시촌', '고시학원'에 더 많이 의존하는 것이, 바로 법률전문가 자격과 그에 필요한 전문교육에 관한 국가적 사회적 합의가 없기 때문이다. 또 부동산 '공인중개사' 자격시험에 응시하는 매년 10여 만이 넘는 사람들 대부분은 부동산 관련 전문 교육과정을 거치지 않은 사람들인데, 부동산에 관한 전문교육을 한다는 대학원들이 학위를 주고 있는 것도 같은 맥락의 현상이다.

사실, 최근 제도화되기 시작한 의학, 치의학, 법학 '전문대학원'을 제외한, 한국의 모든 전문직업대학원(*professional graduate school*)들이 비슷한 처지에 있다. 그래서 그 많은 '특수' '전문' 대학원들이 수월하게 개원할 수 있었던 것이다.

이 나라에도 1970년대 초 이후 '국가기술사 자격법'이라는 것이 있어서, 주로 공학계열 기술분야에는 국가공인 시험에 합격한 자에게 '기술사' 또는 '기사' 자격을 주는 제도가 있다. 그리고 상당한 정도의 기술이 필요한 일에는 이들 '기술사' 또는 '기사'의 참여가 법적 요건으로 되어 있기도 하다.

문제는 그러나 실무경력 기간만을 기술사 자격취득의 필요조건으로 하고 있는 것이다. 이 자격시험 응시조건으로 대학원 재학기간도 수학(修學)내용의 전문성 여하에 불구하고 경력으로만 인정할 뿐 아니라, 대학졸업 학력은 기사나 기능사 자격보다 홀대받고 있다. 대학졸업자가 기술사 자격시험에 응시하려면 실무경력 9년, 즉 대학재학 4년에다 실무경력 5년을 더해야 하는 데 견주어, 기사자격 취득자는 6년, 기능사 자격자는 8년이면 족하다. 그런데 이마저도 지나친 학력우대라고 조만간 개정되리라고 한다.

이 법이 만들어질 당시 기득권 집단에 의한 희소성 가치의 보존과 대학교육의 전문성 불신이 겹쳐 이런 제도가 생긴 게 아닌가 싶다. 잘 모르긴 하지만, 정부는 또 이제 막 고도(高度)기술 산업화가 시작할 무렵인 1970년대 초에, 대학교육에만 의존해서는 당장 필요한 현장 기술인력을 충분히 확보할 수 없다고 판단했기 때문이었을 것 같다. 어쨌든 그러나 여전히 이런 제도가 유지되고 있는 것은 사회에도 대학에도 손실이다.

이렇다 보니, 최근까지 법조 전문직도 그랬고 기타 국가적 공인을 받는 모든 전문/기술직 자격은 몇 장의 시험답안으로 가부가 결정되었다. 결국 시험관리 당국에 의해 선출되는 시험 출제위원과 그들의 출제경향 여하에 의해 크게 좌우되는 셈이다.

이런 제도에서는 시험문제 맞추기식 독학 자습이 훨씬 효과적이다. 다시 말해 학교에서 널리 여러 전공과목을 열심히 공부하기보다 출제위원이 될 만한 이들의 책을 암기하거나, 사설학원에서 출제경향에 정통한 강사들의 '족집게식' 강의를 듣는 것이 더 효율적이란 말이다.

필자가 아는 한, 선진국들의 경우에는 각 전문직 내지 기술자 단체와 대학 그리고 국가기관 간의 합의에 따라, 대학에서의 해당분야 전공 교육과정 이수(履修)학점/시간 수와 일정기간의 실무경력 및 자격시험 결과에 따라 자격이 주어진다. 그리고 중요한 것은, 어느 대학 졸업생이 이런 자격 혜택을 받으려면 그 대학의 전공 교육과정이 해당 기술자 단체의 적합성 인증(認證, *accreditation*)을 받은 것이어야 하는 것이다.

이 같은 제도의 취지는, 실무 기술인력 수준의 공인(公認)을 당대의 전문기술계(界)와 학계와 국가기구/정부의 합의에 의해 하자는 것이다. 요컨대 사회적 서비스를 하면서 보상을 받는 현장 기술자의 자격 공인방법과 절차는 대학 내외의 합의에 의해 정해야 한다는 것이다. 그래서 한 전문/기술직의 공인 자격자들은 대학교육을 통해 공통적인 전문지식/기술을 갖추게 하고, 그것을 확인하는 장치로 시험을 치르게 하는 것이다.

때늦은 감은 있지만, 우리도 이제 실무 전문기술자 교육과 자격공인제도의 연계에 관해 공론(公論)을 열어야 할 때이다. 교육과 자격공인은 별개의 것처럼 해놓음으로써, 수많은 이들이 별별 '전문대학원', '특수대학원'을 졸업하고서도 그 이름에 걸맞은 일자리에 종사하고 있지 못하고, '특수/전문 대학원'들의 교육내용도 지리멸렬한 상태이다. 이런 형편은 사회적으로 큰 인적 경제적 낭비이고, 대학과 대학교육에 대한 불신을 키울 뿐이다.

전문 지식/기술 분야에서 이런 합의를 이끌어내는 일은 결코 쉽지 않은 일인 줄 잘 안다. 법조 전문가를 전문대학원 교육과 자격시험 제도를 연계해 선발하자는 안(案)은 1960년대 후반 박정희 정권 때 이미 정부의 한 위원회에서 논의를 시작했는데, 21세기가 되어서야 성사(成事)되었으니 얼마나 어려운 일인지 알 만하지 않은가.

당시 나는 이 위원회의 한 실무 전문위원으로 참여하게 되어 이해 당사자들 간의 합의는 고사하고 의사소통마저 얼마나 어려운 일인지 옆에서 지켜볼 수 있었다. 1970년대 초 서울대 환경대학원 설립 이후 이 대학원 교육의 전문성 공인(公認)을 위해 새로운 이름의 전문 석·박사학위 제정을 추진했을 때도, 관련당사자들의 기득권 내지 현상유지 입장이 완고한 걸림돌이 되어 결국 성사되지 못했던 기억이 지금도 생생하다. 당시에는 학위명칭도 교육법 시행령의 규정사항이었기에, 정부와 학계 실무계의 협력이 필수적이었다.

이 같은 기득권과 현상 유지경향에 대응해 변화의 단초(端初)를 만드는 선도자는 역시 정부이고 변화의 구상(構想)에는 학계가 앞서야 한다. 여기서 말하는 변화는 한국의 거의 모든 대학들의 '대학원' 교육의 앞날뿐만 아니라 이 나라 실무 전문지식/기술의 수준을 좌우하는 것이기에, 정부와 학계가 앞서 사회적 합의를 이끌어내야 한다.

이제 대학이 마음대로 개설할 수 있는 이른바 '특수대학원'의 시대는 끝내야 한다. 국가/사회의 공인을 요건으로 하는 실무전문가 양성을 위한 '전문대학원' 체제로 탈바꿈해야 한다. 연구실과 강의실에서 연구와 교육을 전업으로 할 학술/연구 인재의 양성은 전적으로 대학에 맡기되, 실무 전문기술로 사회적 서비스에 종사할 인재의 교육과정과 자격인정은 한 묶음으로 국가 사회적 공인체제에 의해 질적 수준이 관리되어야 한다. 이렇게 되면 실무기술인 집단의 공신력을 한층 높이는 데도 큰 보탬이 될 것이다.

맺는말: 입시에서 교육으로

지난 반세기 동안 대학문제에 대해 한국 정부가 가장 열심히 대응한 것은 입학시험이었다. 정치적 민주화 전후 다름없었고, '보수'정권도 그랬고 '진보'정권도 그랬다. 역대 정권의 대학정책은 곧 입학시험 대책이었다.

그동안 일관된 입장은 입학시험을 '쉽게' 준비할 수 있도록 하고 그리고 '부정'을 방지하는 것이었다. 앞서 말했듯이 처음에는 부정 방지에 힘을 기울이다가 지난 한 세대 이래 '쉽게' 하는 데 열중해 왔다. 2011년 이명박 정부도 한층 더 쉽게 하는 데 보탬이 되려고, '수능'을 더 '쉽게' 출제하고 '논술 비중'도 더 줄이라고 한다.

어느 정권도 쉬지 않고 이런저런 '쉬운' 입시 개선안을 내놓고 대학은 또 그 모든 주문을 받아들였다. 정부의 개선안들과 그에 따라 각 대학이 조금씩 변용한 전형방법이 계속 첨가된 끝에, 2012년도 이 나라 모든 대학들의 입시 전형방법을 합산하면 3,696가지나 되리라 한다. 200여 개 4년제 대학들은 한 대학 평균 18가지 전형을 시행하는 셈이라고 한다.

그 결과 아이러니컬하게도 이제 진학 당사자는 물론이고 고등학교 선생들조차 어느 대학 어느 학과의 입학전형 방법이 어떤 것인지, 그리고 어떻게 대처해야 하는지 모른다고 한다. 이렇다 보니 사(私)교육 업자들과 이른바 '컨설턴트'란 사람들의 벌이만 더 좋아지고 있다. 이들은 이제 대형체육관 또는 컨벤션센터 같은 거대한 장소를 빌려서 수천 명의 학부모 고객들을 대상으로 입시전형방법 설명회를 개최한다고 한다.

역대정권이 이처럼 '쉬운' 입학시험을 위한 정책에 집착하는 것은, '쉬운' 입시방법일수록 더 평등한 입학 경쟁조건이 된다고 보기 때문이다. 입학시험이 쉬울수록 그 준비를 위한 비용부담이 적을 터이고, 해서 학부모들 간의 사회 경제적 차이로 인한 진학기회의 불평등을 완화할 수 있다는 생각에서이다. 이 불평등을 정치적으로 큰 부담으로 여겨는 것이다.

1970년대 초 '개발독재' 정권이 과감하게 시행한 고등학교 평준화 시책도 같은 맥락의 것이다. 학군제를 실시하여 몇몇 전통적인 '엘리트 고교'의 터전을 없앰으로써, 일찌감치 대학입시 준비의 불평등조건을 싹부터 없애려는 것이었다. 대학 아래단계 전반에 대한 이른바 '공교육' 강조도 기실(其實) 대학진학 준비과정의 불평등 시정(是正)책의 일환이다.

이 나라의 다른 어떤 분야보다 대학진학에 부정부패를 일찍 그리고 열심히 단속한 사실도 같은 맥락의 현상이다. 부정부패의 비용을 감당할 수 있는 층과 그렇지 못한 층 간의 불평등이 자녀교육기회의 불평등으로까지 이어질 가능성이 다른 어떤 부정부패보다 정치적 부담이 크다고 여겼기 때문이다.

대학입시에 대한 정권의 태도가 이처럼 일관되었던 까닭은 역시 자식교육을 위한 우리네 학부모의 정(情)이 남달리 치열했기 때문이다. 그리고 학부모와 정부가 공감하는 교육 정(情) 표현의 극치가, 예나 지금이나, '대학보내기'였기 때문이다. 대학에서 무엇을 배우느냐보다 '대학 들어가 졸업하기'이고, 그리고 가능하면 '좋은 대학 보내기'란 말이다.

자식 '대학 보내기' 정(情)과 열의(熱意)는 이미 오래전에 사회적 윤리가 되고 정치를 움직이는 여론이 되었다. 그래서 될 수 있는 대로 많은 젊은이들이 수월하게 대학에 갈 수 있게 하는 정책은 당연한 것으로 여겨졌다.

건국 이후 한국의 대학정책 가운데 세계적으로 자랑할 만한 것이 있다면, 반세기 남짓한 사이 대학의 수가 수백 개 늘어난 것일 터인데, 이야말로 그 많은 부모들의 자식 '대학 보내기' 열의에 화답(和答)하는 손쉬운 방법이었다. 반면 '기부금 입학제' 같은 것은 어느 정권도 감히 생심(生心)도 못할 일이다.

이상과 같은 정치 사회적인 여건에서 태어나고 유지되어온 수많은 한국의 대학들이 이제 생사(生死)의 기로에 서게 되었다. 탄생과 성장이 너무 수월했던 만큼 언젠가 당면할 일이었을지 모르지만, 앞장에서 말한 바와 같은 큰 세상변화 때문에 훨씬 일찍 스스로는 거의 아무런 준비도 없는 채, 위기를 맞이하게 된 것이다.

최근 수년 내 한국 대학들이 가장 절실하게 맞이하고 있는 세상변화는 대학진학 연령층 인구의 급격한 감소이다. 이 나라의 대학생 연령층 인구의 급격한 감소와 진학대상대학 선택의 세계화 때문이고 이미 여러 대학 또는 학과들이 정원을 채우지 못해 문 닫아야 할 형편에 이르렀음은 위에 말한 바이다.

머지않아 대학입시 경쟁은 옛 이야기처럼 될 것이다. 일류 유명대학들의 경우에는 그들대로 다른 나라 유명대학들과의 학생 유인 경쟁이 한층 더 치열해질 것이고, 그렇지 못한 경우에는 나라 안에서 서로 사활을 건 경쟁을 해야 할 것이다. 입학에 관한 한 대학과 학생 간의 주도권 관계가 머지않아 수요자(需要者)인 학생 쪽으로 크게 기울게 될 것이다.

이런 상황에선 입시 경쟁조건의 평등을 위한 정부의 개입은 별로 절실한 일이 아니게 될 것이다. 절실하지 않은 만큼 정치적으로 인기 있는 일도 아니게 될 것이다. 조만간 정부가 대학입학시험에 대한 개입을 그만둬도 좋을 때가 올 것이다. 사실 따지고 보면 한 반세기쯤 늦었다 함이 옳다. 머지않아 일부 일류대학교와 인기학과들을 제외하고, 대부분의 경우 진학지원자들이 여러 대학의 입학과 교육조건을 비교 검토해서 선택하게 될 것이다.

이 글을 마치려는 즈음 여당대표의 발언과 그에 귀를 기울이는 듯한 정부의 태도로, 새삼 뜨거운 사회적 쟁점이 되고 있는 대학 등록금 반액삭감안(案)도 문제다. 이 또한 입학시험만큼 정치적인 호응(好應)을 얻을 수 있는 것이지만, 그에 대한 직접적인 개입은 입학시험만큼 대학의 자율성을 제한하는 결과가 될 수 있다. 그래서 지난 2002년 이후 국공립대학에게도 등록금 자율화를 허용치 않았던가.

단도직입적으로 등록금을 '반액'(半額)으로 하겠다는 것은 무책임한 태도다. 학생의 부담이 학교재정과 직접적인 관계가 있음을 잘 알고 있는 정치인일진대, 그 양자관계 가운데 국가/정부가 어떤 역할로 어느 정도까지 개입해야 할 것인지 먼저 심사숙고해서 말했어야 할 일이다. 나도 한국 대학들의 수업료가 세계적 수준에서의 교육의 질에 견주어 너무 비싸다는 데 동의하지만, 정부가 나서 무조건 '반액'으로 하라고 지시하는 것은 등록금 액수에 그치는 문제가 아니다. 정부와 대학과의 관계 전반에 중대한 변화를 전제로 하는 것이다. 등록금 '반액' 제안은 결국 용두사미(龍頭蛇尾)가 되어버리고 말겠지만, 부디 이를 계기로 정부와 정치인들이 대학문제에 관한 정치적 관심을 자제해주기 바랄 뿐이다.

신입생 선발은 더욱 정치와 정부가 관여할 일이 아니다. 본디 대학 신입생 선발방법은 대학교육의 시작이고 가장 중요한 한 부분이다. 대학의 신입생 선발은 개인별 수학(修學)능력을 평가하는 일인데, 정부가 나서 논술성적의 비중을 높여라 낮춰라, 사정관 심사의 대상을 늘려라 줄여라 하는 식의 간섭은 대학 교육방법에 대해 비(非)전문가가 시시콜콜 간섭하는 것과 다를 바 없다.

교육과학부 산하 '교육과정평가원'과 대학교 총장들로 구성된 '한국 대학교육협의회' 등 전문기관과의 협의와 관리에 의한 것이니 전문적 배려가 없는 것은 아니지 않느냐 할지 모른다. 하지만 예나 오늘이나 한국의 정치 행정 현실에서 정부산하 또는 협력기관의 관여는 정치적 관료적 결정에 종속적일 수밖에 없음이 사실 아닌가.

게다가 이들 기관과 조직은 대학교육 전반에 관해서 일반적인 전문성은 다소 갖추고 있을지언정, 각 대학 여러 전공교육의 특수성까지 이해하여 배려한다고 할 수는 없지 않은가.

정부가 대학교육에 간섭하게 된 것은 본의(本意)가 아니고 학부모들의 사(私)교육비 부담을 줄이기 위한 부득이한 것이라고 하기도 한다. 하지만, 앞서 말했듯이, 정부가 나서 전국 대학에 획일적인 선발방법을 시행케 할수록 사교육시장은 그만큼 넓어질 뿐이고, 따라서 정부의 본래 의도와 목적은 훼손되기 마련이다. 그래서 지난 수십 년 동안 옥상옥(屋上屋)식의 대책이 쌓여 온 것이다.

이제 이 악순환의 고리를 끊을 절호의 기회다. 그야말로 발상의 전환을 하여, 학생선발은 일체 각 대학의 자율에 맡겨야 한다. 사실 신입생 선발이야말로 교수들의 자율적 참여를 무엇보다 자극하는 일일 게다. 자신들의 일자리의 장래가 걸린 일이니 말이다. 국가/정부는, 다른 모든 기관과 개인의 경우와 같이, 불법과 부정행위에 대한 단속에 그치는 것으로 만족해야 한다.

정부가 대학입시에 대한 일체의 간섭을 그만두면, 최근 학생모집이 어려워지고 있는 대학들은 별별 대학답지 못한 방법으로 학생유인에 나설지 모른다. 이미 몇몇 대학에서 학생신분과 학위를 돈 받고 파는 것과 같은 행위를 하고 있다는 보도도 있었음을 위에 언급한 바이기도 하다.

대부분의 대학들은 이런 부정하고 비교육적인 짓은 안 하겠지만, 대학마다 각자의 형편에 따라 별별 방법이 시행될 것이다. 유명하거나 인기 있는 대학과 학과들은 경쟁적으로 우수한 학생을 모집하려고 이런저런 선발방법을 시행할 터이고, 반면 응모자가 적은 대학/학과들은 경쟁적으로 수월한 방법으로 학생을 유인하려 할 게다.

어쨌든 그러나 오로지 학생정원 채우는 데만 혈안(血眼)이 되어 대학답지 못한 방법을 시도하는 대학은 조만간 자멸(自滅)의 길을 가게 될 것이다. 학생정원보다 진학자 수가 적어지는 이 시대에, 부정하고 비교육적인 행위를 하는 대학은, 전보다 훨씬 더 빨리 사회적 지탄과 배척을 당해 학생을 잃게 될 터이기 때문이다.

이런 시대상황에서 정부가 해야 할 일은 기존의 교육수준마저 낮추면서 학생모집에 급급한 대학들은 하루속히 폐교하도록 하는 것이다. 정부의 일체 지원을 끊는 것은 물론이고 스스로 폐교결정을 하는 데 장애가 되는 제도들도 개정해야 한다. 이렇게 하는 것이 한국 대학 전체의 교육수준을 높이는 데도 기여할 것이다.

국공립대학의 폐교는 근본적으로 정부의 결정에 의한 것이니 정부의 선택이고, 사립대학의 경우는 재단의 폐교 결정이 수월하도록

도와주자는 말이다. 최근 거론되고 있는, 사학재단 해산의 경우 잔여재산이 국고로 귀속되게 하고 있는 현행 법률을 고쳐 재단에 귀속케 하여 부실대학의 자진 퇴출을 수월토록 하는 법 개정안이 도움이 될 것이다.

최근 보도에 의하면, 학생정원 채우기에 어려움을 겪고 있는 20여 개 대학에, 정부가 2억씩 지원하여 학과 통폐합 또는 대학 간 합병 인수 등의 '구조개혁' 방안 연구를 하게 한다고 한다. 그리고 이 지원비는 경영 컨설턴트 등으로 구성된 전문 경영진단 팀의 자문 대가로 쓰이는 것이라 한다.

그러나 이렇게 외부전문가들에게 의뢰한 구조개혁 방안은 대부분의 경우 '서류상 계획'(*paper plan*)으로 끝나 버리기 십상이다. 교수들은 스스로 참여 없는 구조개혁안(案)에 대해서는 항상 방관자로만 남거나 사후 비판에만 열중하는 것이 보통이다.

어떤 구조개혁 방안도 발안(發案)에서부터 시행에 이르기까지 전체 교수진의 자발적 참여와 합의 없이는 해당학교뿐만 아니라 사회적으로도 큰 갈등비용만 치르게 될 것이다. 정부가 먼저 해야 할 일은, 교수진과 학교당국이 함께 적극 참여하여 개혁하지 않으면 조만간 자멸할 수밖에 없음을 자각(自覺)하도록 하는 것이다.

신입생 선발방법을 비롯한 학교의 모든 일을 각 대학 그리고 그 교수진이 자율 자치로 하는 경험이 쌓일수록, 자신들이 처한 위기에 대한 자각과 함께 자구(自救)노력의 절실함을 깨닫게 될 것이다. 자율과 자치로 실천해야만, 자신들이 처한 위험과 기회를 실감(實感)하게 되고 나아가 자신들의 능력으로 성취할 수 있는 해결책을 찾아낼 수 있다. 이런 자율 자치의 의욕도 없고 자구의 절실함도 깨닫지 못하는 대학이라면, 자멸의 길을 가도록 두는 것이 모두를 위해 현명한 선택이다. 교수들이 변하지 않고 대학이 변할 수 없다.

지금껏 대학에 대한 정부의 규제와 감시는 입학시험에만 그치지 않았다. 교수의 임용에서부터 학생정원, 교수의 책임 수업시간, 학칙의 제정 개정, 도서관의 장서(藏書) 규모, 캠퍼스 내 건물신축 등을 포함해 허다한 사항에 대해 규제 간섭하고 있다. 정부의 이런 규제와 감시는 국공립대학에만 한정된 것이 아니고 사립대학에 대해서도 크게 다르지 않다. 최근 서울의 상당히 큰 사립대학교 총장이 퇴임하면서 한 신문과의 인터뷰에서, "가장 규제를 많이 하는 조직이 교과부인 것 같다"고 한 탄식이 생생한 증언이다.

정부의 이처럼 세세한 규제와 감시의 명분은 대학교육의 질(質)을 감독해야 하기 때문이란 것이다. 반세기 남짓한 세월에 수백 개의 대학들이 문을 열었으니, 대학으로선 상당한 정도 자업자득(自業自得)이라 해도 좋을 게다. 위의 인터뷰에서 2011년 퇴임한 총장은 "교과부 공무원들은 학교란 원래 잘못하는 곳이니 감시하고 규제해야 한다는 생각에 사로잡혀 있는 것 같다"고 아쉬워하지만, 그동안 많은 대학들의 개교와 성장과정을 보면 정부의 감시 감독을 탓할 것만 아닐지 모른다.

하지만 문제는 실제 대학교육의 질 감독기능은 교육 주무(主務) 부처의 관료들에게 맡겨져 있다는 사실이다. 입학시험에 대한 정부의 간섭은 보다 정치적인 데 견주어 대학교육의 질에 대한 감독 규제는 일상적이고 관료적이고 행정적인 게 특징이다.

행정 관료적 감독과 규제는 불가피하게 피상적이고 형식적일 수밖에 없다. 그래서 대학들은 눈가림에 급급하고 감독 감시담당자는 획일적인 잣대에 의지하고 주로 문서상 관리에 그친다.

역대 정부는 대학교육의 이런 특수성을 배려하려 해서인지, 교육부 장관직에는 꾸준히 교육 '전문가'를 앉혔음은 앞서 언급한 바이기도 하다. 그러나 교육 전문가가 곧 교육관료 행정관리(管理) 전문가는 아니기에, 이명박 정부의 현 교육과학기술부 장관도 "정권 초기(장관 취임 전)에는 교육관료들과 열심히 싸우겠다더니 장관이 되더니 조용해졌다"(위에 인용한 퇴임 사립대 총장의 말, 괄호 안 필자). 이런 모습은 오래전부터 있어 왔던 사실임은 앞서 지적한 바이기도 하다.

대학이란 조직은 본디 주체인 교수 각자의 실력과 집단적 자율 없이는 발전할 수 없고 생존할 수도 없는 것이다. 국가/정부의 개입 간섭의 실효성은 제한적이기 마련이고, 민주정치 시장경제 체제에서는 더욱 그렇다.

그럼에도 정부가 대학교육에 대해 계속 개입하고 있으면, 자칫 국공립 사립을 불구하고, 개별대학의 생존문제조차 정부의 책임처럼 정치적 쟁점이 될 수도 있다. 앞서 언급한 노무현 정권의 NURI 시책처럼, 개별대학의 생존 여부가 지역균형개발 정치의 쟁점이 될 수도 있다. 지금껏 대학입시가 뜨거운 정치 문젯거리가 되어 있는 것을 보건대, 조만간 개별대학의 존폐가 정치적 쟁점이 안 되리라는 보장이 없다.

정부는 하루 속히 신입생 선발문제를 비롯한 대학의 이런저런 교육과 행정에 대한 일상적 감시 간섭을 하지 않을 것을 원칙으로 해야 한다. 다만 재정적 지원은 하되, 그 선별은 대상사안에 대한 대학의 자율자치적 기여 정도에 따라 해야 한다.

대학교육의 전문가는 교수이다. 대학교육 전반에 관한 전문가는 있을 수 없다. 공학교육의 전문성, 이학교육의 전문성, 인문학 사회과학 교육의 전문성이 다르다. 대학교육의 내용과 방법이 전문적인 만큼 교육방법과 교과과정의 구성논리가 다르고 따라서 그 지원 방법도 다를 수밖에 없다. 때문에 대학교육의 질적 향상은 결국 교수들의 자율과 자치에 맡기는 수밖에 없다.

우리가 여기서 강조하려는 것은, 교수 각자 자신의 강의나 연구 지도에 최선을 다 하도록 맡겨 두는 것만으로는 한 대학이 전체로서 발전하는 데 충분치 않다는 것이다. 한 대학교 전체 교수진이 협의하고 합의하여 실천하는 자율 자치여야 한다. 역사가 일천(日賤)하고 명성이 널리 알려지지 않은 한국 대학들의 경우에는 더욱 그렇다.

끝으로, 대학에 대한 정치적 간섭이 하루 속히 끝나게 하고 대학 스스로 자율 자치하는 능력으로 발전할 수 있게 하는 데는, 공론(公論) 매체인 신문 방송 등 언론의 협조가 긴요하다. 대학입학시험에 대한 우리네 언론의 보도는 세계적으로 유별나고 대학에 대한 정치 사회적 관심을 넓히는 데 크게 기여하고 있다.

입학/수학능력시험일(日)을 전후해서는 거의 국가적 대사(大事)처럼 보도한다. 시험현장 수험생들의 이런저런 인간적 에피소드에서부터 시험답안 소개, 문제의 난이도(難易度) 평가, 시험결과 예상성적 수준에 따른 입학가능 대학, 사교육시장의 이모저모 등에 이르기까지, 여러 페이지 여러 시간에 걸친 보도를 한다.

대학 신입생 선발은 독자와 시청자의 다수인 학부모들의 절실한 관심사이기에 이해할 만하다. 그러나 어떤 문제를 특히 집중보도하느냐는 보도주체의 판단이 크게 작용하는 것이 사실 아닌가.

대학입학시험이 대학교육의 중심적이고 사실상 거의 유일한 정치적 관심거리가 된 데는, 언론매체도 상당한 기여를 했다고 하지 않을 수 없다. 정치권과 언론이 상호보강적으로 이 문제를 집중 부각시켰다고 해도 과언은 아닐 것이다.

다른 한편 세칭 '폴리페서'를 만드는 데도 언론매체가 일조(一助)하고 있음을 부인키 어려울 게다. 대학교수가 캠퍼스 밖에 널리 이름을 알리는 데 대중언론매체 노출보다 더 좋은 기회는 없으니 말이다. 이들은 대부분 정치 사회적인 시사(時事)문제와 관련하여 '전문가'라는 명분으로 언론에 의해 자주 초대받는 사람들이다. 대중언론매체가 시사문제에 관해 대학교수들을 초대하여 발언케 하는 사례는 아마 한국의 경우가 다른 어떤 나라보다 많지 않을까 싶다.

일반 독자와 시청자들은 정파나 사회 경제적 이익집단들이 한창 서로 다투거나 논쟁하고 있는 문제에 대해서는 '전문가'의 말도 그 내용보다는 결국 어느 편을 들고 있는가에 귀와 눈을 기울이기 마련이다. 언론매체들도 이제 그것을 알아서인지 최근 한 세대 동안에는 많은 경우 아예 편을 갈라 자리를 마련하기도 한다.

사실 대중언론매체에서 뜨거운 시사문제와 쟁점에 대해 '전문가'의 발언에 할애할 수 있는 자리와 시간은 극히 제한적일 수밖에 없다. '전문'적 논거를 대중이 이해할 만큼 설명할 시간도 지면도 할애하기 어렵고, 그런 설명에 귀를 기울이는 시청자도 독자도 별로 많지 않다. 언론에 초대받는 대부분의 교수들도 그런 사정을 잘 알고 있다. 그럼에도 선뜻 초대에 응함은 '전문적' 소견보다 정치 사회적 참여에 관심이 더 많기 때문이 아니겠는가. 이제 진정 '전문적' 자문을 듣고 전할 터이면, 그에 합당한 문제를 선택하고 걸맞은 자리를 마련하여 하는 것이 언론과 대학 양편에 도움이 될 것이다.

우리 언론은 최근에 이르러서 대학교육의 질에 관해서도 다소간 지면과 시간을 할애하는 것은 반가운 일이기는 하다. 하지만 그 대부분이 한국 대학교수들의 이른바 SCI 대상 연구논문 편수를 외국 대학교수의 그것과 비교하여 세계적 순위를 매기는 것은 좀 아쉽다.

우리 대학들에게 바야흐로 치열해지고 있는 세계적 경쟁상황을 경고하는 방편으로는 힐 민한 일이긴 하지만, 연구논문 편수는 대학의 질의 한 단면일 뿐이다. 한국의 대학과 외국대학이 처한 상황과 각 대학의 내실(內實)과 전통을 감안치 않은 순위보도는 한 대학 전체의 발전역량 향상에는 큰 도움이 되지 않는다.

바라건대 정녕 이 나라 대학의 발전에 도움이 되려면, 각 대학의 내부상황과 여건에 관한 심층조사 보도에 더 많은 지면과 시간을 할애해 주었으면 한다. 오늘의 대학은, 세계 어느 나라 어떤 대학도, 외부인이 함부로 접근하기 어렵고 해서 안 되는 '상아탑'이 아니다. 대학캠퍼스 안팎의 협력과 상호비판이 필요한 기관이다.